지방선거
승리의
선거캠프

지방선거 승리의 선거캠프

초판 1쇄 펴냄 2025년 7월 30일

지은이	이기호
펴낸이	김경섭
펴낸곳	도서출판 삼인
전화	(02) 322-1845
팩스	(02) 322-1846
이메일	saminbooks@naver.com
등록	1996년 9월 16일 제25100-2012-000045호
주소	(03716) 서울시 서대문구 성산로 312 북산빌딩 1층
ISBN	978-89-6436-286-0 03340

이 책의 출판권은 도서출판 삼인에 있습니다.
저작권법에 의해 보호받는 저작물이므로 무단 전재와 복제를 금합니다.

지방선거 승리의 선거캠프

후보자와 참모진이 꼭 알아야 하는 **당선 매뉴얼**

이기호 지음

삼인

책을 시작하며

　과거 전국동시지방선거의 광역단체장선거에서 포지티브 캠페인positive campaign을 고수한 후보자가 있었다. 경쟁 후보자보다 지지율이 20~30%p 뒤지고 있었지만 경쟁 후보자의 약점을 거론하는 걸 극도로 자제했다. 명백하게 드러난 경쟁 후보자의 실수조차 언급하지 못하도록 선거캠프election camp를 단속했다. 없는 사실을 끌어오거나 작은 사실을 부풀리는 흔한 기존 선거판 셈법과는 전혀 달랐다.
　토론에서든 논평에서든, 그 후보자는 경쟁 후보자를 존중했다. 너그럽게 대우하고, 실수를 관용하면서 네거티브 캠페인negative campaign을 거부한 채 끝까지 승자의 태도를 견지했다.
　전략적이었다. 미래와 발전, 희망을 반복해서 언급했다. 점차 '큰 정치인'이라는 인식이 확산했고, 유권자의 표심이 몰리면서 초반 열세를 뒤집고 완벽한 승리를 거둘 수 있었다. 포지티브 positive는 네거티브 negative보다 힘이 세다.

*

이 책은 2026년 6월 3일 수요일에 실시되는 제9회 전국동시지방선거 출마자를 위한 선거캠프 (운영) 매뉴얼이다. 1995년 지방자치단체장 직선제를 도입하면서 시작한 전국동시지방선거(이하 '지방선거')는 지방의회의원과 지방자치단체장, 교육감을 선출하는 선거다. 2022년 제8회 지방선거에서는 시·도지사(광역단체장) 17석, 구·시·군의 장(기초단체장) 226석을 포함해 총 4124석의 선출직 공무원이 배출됐다.

2008년 6월 4일 이전 출생한 대한민국 국민은 2026년 지방선거에 출마할 수 있고, 투표권도 갖게 된다. 2025년 6월 제21대 대통령선거 이후 1년 만에 치러지는 선거인만큼 대선에서 승리한 정당에 유리할 가능성이 높지만, 최근 '허니문 기간 honeymoon period'도 짧아지고 있고, 만일 집권 초기에 집권 여당의 지지율이 폭락한다면 정반대 결과가 나올 수도 있다.

우리나라는 대통령선거와 국회의원총선거, 지방선거를 3대 선거로 꼽는다. 대한민국 국민은 선거를 통해 정치지도자를 선출한다. 선거는 민주사회의 기본이자 핵심이며 일반적으로 다음과 같은 함수로 판가름한다고들 한다.

- 구도(프레임) 60%
- 인물(후보자) 30%
- 캠페인 10%

기술적으로는 유권자의 30%를 확보하면 이긴다. 그 30%를 잡기 위해 10%에 집중해야 한다.

목적과 규모, 범위, 영향력에 따라 다양한 선거가 존재하고, 주요 선거 때마다 목 좋은 곳에 자리 잡은 선거사무소들은 흔한 풍경이다.

그런데 막상 내 선거가 되면 당황스럽기 마련이다. 선거법 내에서 체계적으로 선거캠프를 꾸리고, 핵심 인력을 인선하고, 선거 운동을 진행하는 일은 생각만큼 쉽지 않다. 선서 때마나 선거캠프 경험자와 선거기획사의 인기가 높아지는 이유다.

선거 출마는 인생에서 가장 큰 결심이 필요하다. 한 사람과 그 가족의 전체를 걸어야 하는 모험이다. 특정 분야에서 일가를 이룬 많은 이들이 화려한 권력의 세계에 혹해서 한 번씩 기웃대지만, 출마과정과 정치 현실을 알아보다가 포기하기 십상이다. 정치판의 현실은 냉정하다.

이런 현실을 무릅쓰고 기어이 출마를 결심했다. 그런데 막상 시작하자니 다시 막막하다. 선거캠프를 기획하고, 만들고, 운영해야 하는데 주변엔 선거 경험이 부족하거나 선거 한 번 뛰어보지 않은 초짜만 북적거린다. 정규 훈련을 받지 않은 오합지졸烏合

之후로는 정예군과의 싸움에서 이길 수 없다.

선거캠프를 바라보는 후보자의 속은 새까맣게 타들어 간다. 혜성같이 등장해서 일거에 혼란과 위기를 타개했다는 역사소설 속 영웅을 21세기에 바랄 수도 없다.

그렇다고 후보자나 선거캠프의 핵심 인사가 참모진의 일천한 선거 경험을 탓하거나 작은 것까지 하나하나 다 챙기려고 하면 선거캠프 분위기는 순식간에 냉랭해진다. 기세를 올려도 부족할 판에 사기를 꺾는다? 자충수自充手다. 모든 선거캠프가 웃으면서 시작하지만 대부분 해단식도 없이 마무리한다.

출마를 확정했다면, 대충할 수는 없다. 쉽게 검색되는 시대에서는 모든 게 역사다. 선거는 반드시 이겨야 한다. 혹여 지더라도 미래를 기대할 수 있는 의미 있는 결과를 만들어야 한다.

*

선거캠프election camp는 후보자의 당선을 위해 공약과 정책을 만들고, 효과적인 선거캠페인election campaign을 진행하기 위해 마련한 임시조직인 동시에 물리적인 공간을 뜻한다. 선거 전략을 수립하고 실행을 담당하는 핵심적인 역할을 하는데 단기간 운영된다. 속도가 생명인 셈이다. 그렇게 '속도가 생명'인 선거캠프의 특성상 세련된 CScustomer service나 행정절차를 제공하기는 어렵다.

선거는 대단히 변화무쌍하고 긴급하다. 그리고 비상非常한 시기는 비상한 운영을 요구한다. 소수 인력으로 마치 국가를 운영할 수 있다는 듯 대응해야 한다. 사실상 상향식bottom up 선거캠프 운영은 불가능하고, 하향식top down을 채택할 수밖에 없는 현실이다. 결국 실력과 경험이 검증되고 선거캠프를 매끄럽게 이끌 수 있는 소수에게 권한을 부여해야 한다.

이 책은 선거에서 이겨야 하는 후보자와 그 후보자를 위해 뛰는 이들을 위해 선거캠프 운영의 핵심을 매뉴얼 형식으로 풀어냈다. '도대체 선거를 어떻게 해야 하지?', '이 상황을 어떻게 돌파하지?'라는 궁금증에 대한 시원한 해결방안이 담겨 있으니 이 책의 내용만 꼼꼼하게 지키면 선거 초보자도 무리 없이 당선을 향한 선거캠프를 운영할 수 있다.

선거캠페인을 본격적으로 시작하는 시점은 후보사와 선거구에 따라 달라진다. 상황에 따라 유연하게 적용하면 된다. 이 책은 선거캠페인을 1년으로 생각하면서 선발대와 1·2차 선거캠프 순으로 조직 구성 등을 구분했는데, 기간이나 조직 형태에 얽매이지 말고 본질적인 내용을 챙기는 게 핵심이다.

선거캠프에 대한 기본 개념과 구성, 역할, 주의사항까지를 소개하고 있는 이 책은 선거 전반을 세부적으로 다루기보다는 선거캠프와 스태프의 기능과 실무에 집중한다. 대통령선거부터 국회의원총선거, 광역단체장선거, 기초단체장선거, 전당대회까지 다양한 후보자와 선거캠프 현장에서 쌓은 실무 노하우를 꼼꼼하게 담았다.

세상의 모든 이치는 상통한다. 선거캠프 현장 역시 운영자의 뚝심과 기획력, 직관력과 분별력에 의해 좌우된다. 완급을 조율하고, 유능한 인력을 확보해서 선거 승리를 이끌도록 하자.

선거캠프에 처음 참여할 때부터 지금까지 정리한 내용을 세상에 내놓는다. 이 책의 많은 분량이 가족이 있는 독일에 머무는 동안 완성됐다. 오랜만에 만난 아빠를 각별히 배려해준 아들과 딸, 그리고 아내에게 특별한 사랑을 전한다. 졸저拙著의 상재上梓를 위해 수고해준 출판사 관계자들께도 깊은 감사를 표한다.

차례

책을 시작하며	4
대한민국 선거 훑어보기	15
본격적으로 읽기 전에 흐름과 개념 정리부터!	20

1부 후보자부터 세팅한다

1장 후보자 자문자답

01. 후보자는 자신부터 돌아본다	26
02. 목적은 당선인가, 알리기인가?	30
03. 호감도 및 인지도 쌓기	34
04. 가족을 돌아보자	38
05. 선거는 '략'의 싸움	41
06. '시대정신과 프레임', '인물과 바람' 이해하기	44
07. 솔로몬 후보자와 제갈공명 참모진	46
08. 의사결정그룹 '컨트롤 타워' 꾸리기	48

2장 후보자 세팅과 체크포인트

01. 출마, 너무 이른 준비는 없다	52
02. 소셜 미디어 개설과 관리	56
03. 중앙당과 당원 관리	59
04. 주요 커뮤니티를 공략하라	62
05. 소모임, 어린이, 청소년도 챙기자	64
06. 문자보다는 전화, 전화보다는 대면으로 리스크를 관리하라	67
07. 웃자! 긍정 이미지 기획과 브랜딩	69
08. '긍정의 언어'를 사용하라	71
09. 침 뱉지 말라! 부정 이미지는 순식간	74
10. 선거판 흔드는 성인지 감수성	76

3장 확 바뀐 4차 산업혁명 시대의 선거

01. 4차 산업혁명 시대에 맞춰야 하는 미디어 전략	80
02. 모바일 및 온라인 전략이 우선	83
03. 세대별로 달라지는 소셜 미디어 전략	86
04. 빅데이터, 손쉽게 확보할 수 있다	90
05. 인공지능으로 만드는 선거기획서와 정책·공약	94

2부 후보자를 세팅한 다음은 선발대 세팅

4장 선거 기초 전략과 초기 로드맵
- 01. 선거캠프의 기본원리　101
- 02. 선발대 만들기　104
- 03. 독자적인 로드맵을 기획하라　108
- 04. 역대 선거를 분석하라　112
- 05. 정책 개발, 현장을 누벼라　114
- 06. 필수적인 여론조사 분석 및 활용　118

5장 선거와 연결되는 모든 것을 종합적으로 분석하라
- 01. 지기, 후보자 SWOT 분석　125
- 02. 선거구 분석: 세대별·이슈별·지역별　129
- 03. 정세를 파악하기 위한 정치·경제적 분석　134
- 04. 지역 이슈, 유권자의 최대 관심사　141
- 05. 지피, 경쟁자를 분석하라　144

6장 퍼센트에 집중하라
- 01. 30% 잡으면 승리! 10%에 집중하라　150
- 02. 표적집단은 집중 관리 대상　152
- 03. 유권자 프로파일링, 마음을 읽어라　155
- 04. 10%를 겨냥한 STP 전략　157
- 05. 시장 세분화에서 모빌라이제이션까지　159

3부 선발대 세팅 다음은 1차 선거캠프 세팅

7장 1차 선거캠프 조직

01. 선거캠프 구성의 필수 요건 — 166
02. 1차 선거캠프의 구성은 이렇게 하라 — 169
03. 사무장과 법무팀, 그리고 수행비서 — 173
04. 수행비서의 덕목은 센스와 신뢰 — 175
05. 회계책임자와 민원관리자 — 178
06. 후원회 설립과 자금 조달 계획 — 180
07. 선거 비용과 정치 자금의 차이 — 183
08. 선거 비용 모금과 제한액 관리 — 187
09. 정치자금법 사각지대: 선거 자금펀드와 출판기념회 — 191
10. 선거 비용 보전제도인 '선거공영제' — 195
11. 선거사무소의 5대 조건 — 201

8장 메시지와 커뮤니케이션

01. 강렬하게 그리고 간결하게 — 206
02. 메시지에는 임팩트가 있어야 한다 — 209
03. 캐치프레이즈는 8·15 — 212
04. 스토리텔링, 어떻게 전달할까? — 215
05. Reach 3+, 메시지를 반복하라 — 218
06. '경제라고, 바보야', 성공한 메시지 전략 — 222
07. 주목받는 보도자료 작성의 기술 — 225

9장 위기관리와 네거티브 전략

01. 다양한 위기관리 대응 전략 — 242
02. 위기관리 매뉴얼 만들기 — 246
03. 네거티브는 조심스럽게, 그리고 막판에 — 251
04. 네거티브 성패 사례와 '푸시폴링' — 253

4부 1차 선거캠프 세팅 다음은 2차 선거캠프 세팅

10장 1차 선거캠프를 2차 선거캠프로 확대할 시간
01. '2차 선거캠프' 조직도 그리기 — 260
02. 임명장 아끼지 말라 — 264
03. 선거사무원, 자원봉사자에게도 교육이 필요하다 — 267
04. '프로' 연설원과 '다다익선' 자봉 — 269
05. 자원봉사자를 예우하라 — 272
06. 자연스러운 내부 소통문화 만들기 — 274
07. 28년 만에 인상된 선거사무원 수당 — 276

11장 '슬기로운 선거캠프' 본격 가동
01. 선거캠프 공간 배치에도 계획이 필요하다 — 280
02. 캠페인 일정표는 단계별로 만든다 — 283
03. 캠페인 효과를 극대화하는 이벤트 및 행사 기획 — 286
04. 캠페인 자료, 홍보 실행에도 전략이 필요하다 — 290

12장 '여론 주도'의 언론 활용 극대화 전략
01. 공보팀장은 반드시 있어야 한다 — 294
02. 기자들과 좋은 관계를 맺어야 한다 — 296
03. 기자들의 눈높이에 맞춘 보도자료의 중요성 — 299
04. 기자회견, 인터뷰의 타이밍 — 302
05. 미디어 이벤트를 기획하자 — 304

5부 본선보다 경선이 더 치열하다

13장 예비후보자제도
01. 예비후보자 등록에 필요한 것들 — 310
02. 시·도지사는 D-120, 군수·군의원은 D-60 — 314
03. 예비후보자 홍보물 제작 전략 — 317

14장 온·오프라인 조직팀이 움직일 때가 왔다
01. 조직팀의 역할 — 322
02. 실행은 외부조직이 한다 — 324
03. 공조직과 사조직의 함수 — 326
04. 외부조직과의 시너지 전략 — 329

15장 당내 경선은 '국가대표 선발전'이다
01. 본선보다 어려운 경선 — 332
02. 우선 집토끼를 잡자 — 335
03. 각 당의 경선과정 살펴보기 — 338
04. 여론 조작이 시도되는 이유 — 344

6부 드디어 본선이다

16장 준비한 캠페인은 흔들리지 않는다
- 01. 후보자 등록 전 점검 사항   352
- 02. D-20 후보자 등록, 활시위를 떠났다   355
- 03. 문자메시지는 8회 발송까지!   358

17장 창의적인 유세로 기선을 제압하라
- 01. 고전에서 배우는 온·오프라인 선거 전략   362
- 02. 선거 로고송 제대로 만들기   365
- 03. 이슈를 주도하고 선점하라   368
- 04. '구관이 명관', 현수막 기획   371

18장 시청률 1%, 그래도 중요한 토론회
- 01. 공부도 토론도 '평소 실력'이 기본   376
- 02. 그래도 필요한 '벼락치기'   379
- 03. 비언어적 표현이 중요한 TV 토론회   381
- 04. 각급 단체가 주최하는 토론회의 내서법   384

7부 유종의 미, 깔끔한 마무리

19장 승자의 품격을 늘 유지하라
- 01. 초반에 승기를 잡고, 끝까지 실기하지 말자   390
- 02. 'D-7-D-1'의 선거 기획   393
- 03. 끝까지 '웃는 후보자', '웃는 선거캠프'   397

20장 드디어 디데이! 투표일에 할 일
- 01. 투표일 체크리스트 및 투표 관리   400
- 02. 투표참관인 파견   402
- 03. 미디어를 위한 선거캠프 세팅   404

21장 선거 분석과 향후 행보 수립
- 01. 결과 분석과 피드백을 위한 백서 만들기   408
- 02. 당선인, 낙선인이 해야 할 일   411

대한민국 선거 훑어보기

《지방선거 승리의 선거캠프》는 2026년 6월 지방선거 출마를 희망하는 이들을 위한 책이다.

2026년 1월 5일까지 인구수 등이 통보되면 24일까지 선거 비용 제한액과 예비후보자 홍보물 발송 수량이 공고된다. 예비후보자등록 개시는 2월 3일 시·도지사 및 교육감 선거, 2월 20일 시·도의원, 구·시의원 및 장의 선거, 3월 22일 군의원 및 장의 선거 등의 출마자를 대상으로 진행한다. 사전 투표는 5월 29일과 30일, 본투표는 6월 3일 진행한다(체크리스트 ① 참고).

대한민국의 역대 대통령 중 이승만과 윤보선, 박정희, 최규하, 전두환은 국민의 직접선거 없이 당선된 경험이 있다(이름 뒤에 붙는 직위 생략). 이 중 1~3대 대통령으로 12년을 재임한 이승만과 5~9대 대통령으로 16년을 재임한 박정희는 직접 투표로 당선된 경험을 동시에 갖고 있다.

선거의 4원칙은 보통선거, 평등선거, 직접선거, 비밀선거다. 선거일 다음 날 기준으로 만 18세 이상 국민은 남녀노소 가릴 것 없이 참여할 권리를 가진다. 우리나라는 5년 주기의 대통령선거(대선)와 4년 주기의 국회의원총선거(총선), 지방선거(지선)를 3대 선거로 꼽는다.

우리나라 역대 대선은 21차례, 총선은 22차례 있었다. 지선은 2026년에 9회를 진행한다. 최근 선거를 살펴보면, 2022년 상반기에 대선과 지선, 2024년 총선, 그리고 2025년에 다시 대선이 있었다. 2년마다 총선과 지선이 번갈아 열리며, 대선은 5년 주기로 진행하는데, 탄핵이 발생하면 기간이 단축된다. 재보궐선거(이하 '재보선')를 포함하면 거의 매년 선거가 열리는 셈이다.

대선은 현직 대통령의 임기 만료일로부터 64~70일 전 수요일인데 만일 투표 당일, 전날, 다음 날이 공휴일이면 1주 연기된다. 다만 궐위闕位(어떤 직위나 관직 등이 빔)로 인한 선거일 경우 궐위 발생 60일 이내에 실시한다. 피선거권자는 투표일 기준, 국내 5년 이상 체류한 만 40세 이상의 대한민국 국민이다.

총선은 현직 국회의원 임기 만료 44~50일 전 수요일이며, 피선거권자는 투표일 기준 만 18세 이상 대한민국 국민이다. 지선은 현직 선출직의 임기 만료 24~30일 전 수요일이며, 피선거권자는 투표일 기준 60일 이상 체류한 만 18세 이상 대한민국 국민이다. 투표 당일이나 전날, 다음 날이 공휴일이면 다음 주 수요일로 투표가 연기된다. 총선과 지선, 재보선 다 마찬가지다.

재보선은 대선의 경우 궐위 및 직위 해제 등의 사유 발생일로부터 60일 이내에 공고한다. 지역구 국회의원과 지방의회의원의 보궐선거, 재선거, 지방의회의원의 증원선거는 2월까지 선거 사유가 발생하면 4월 첫 번째 수요일, 3월 이후는 다음 해 4월에 선거를 시행한다.

지방자치단체장의 보궐선거와 재선거는 전년도 9월부터 2월까지 선거 사유가 발생하면 4월 첫 번째 수요일, 3월부터 8월 사이에 발생한 선거 사유는 10월 첫 번째 수요일에 적용된다.

총선이나 지선이 있는 해에 실시하는 상반기 재보선은 선거일과 같은 날에 실시한다. 지선과 같이 치르는 국회의원 재보선은 3월부터 4월까지 선거 사유가 확정된 경우도 같이 실시한다.

대선이 있는 해에는 그해 1월까지 선거 사유가 발생할 경우 같은 날 재보선을 치르고, 4월 재보선과 10월 재보선은 본래대로 실시한다. 단, 그해에 총선이나 지선이 겹친다면 4월에 치르는 상반기 재보선은 해당 투표일에 같이 실시한다. 선거 무효로 인한 재선거는 사유 발생일로부터 30일 이내에 치른다.

대선, 총선, 지선 등 3대 선거를 제외한 주요 선거에는 교육감선거와 조합장선거가 있다.

교육자치제가 실시되고 교육위원회 사무장이 집행기관장으로 승격되면서 교육감선거 시대가 열렸다. 교육감은 시·도의 교육·학예에 관한 사무집행기관으로서 조례안 작성, 예산안 편성, 결산서 작성, 교육규칙 제정, 학교·교육기관의 설치·이전·폐지, 교육과정의 운영, 과학·기술교육의 진흥, 평생교육과 교육·학예진흥, 통학구역 운영, 재산의 취득·처분 등의 권한을 지닌다.

전국 17개 시·도에 교육청이 설치돼 있다. 교육감은 지방선거를 통해 선출된다. 즉, 광역자치단체 단위다. 행정부 의전 대우 기준으로 동일 광역자치단체장과 의전 서열이 같다. 서울특별시 교육감은 장관급, 그 외 교육감은 차관급 대우를 받는다. 3회 연임, 최장 12년 재임할 수 있다. 모든 초·중·고교와 유치원, 학원은 교육감의 절대적 영향력 아래 있다. 전국 시·도의 교육청은 세종특별자치시교육청을 빼면 모두 교육지원청을 두고 있다.

전국동시조합장선거는 중앙선거관리위원회가 농업협동조합, 수산업협동조합, 산림조합으로부터 선거사무를 위임받아 실시한다. 전국 단위 조합장선거로 19세 이상, 각 협동조합 조합원들만 투표에 참여할 수 있다. 2015년 이후 4년마다 3월 둘째 주 수요일에 투표하며 당선자는 3월 20일에 임기를 시작한다. 새마을금고 이사장선거도 2025년부터는 직선제로 열린다.

애초 폐쇄적인 영리사업체인데다 감시가 부족한 단위조합의 특성상 금품 제공과 조작 등 부정선거가 만연했다. 하지만 2011~2014년에 걸쳐 농협법과 수협법, 산림조합법을 개정해서 전국 조합장 임기 종료일을 2015년 3월 20일로 맞추고, 그해 3월 11일 제1회 전국동시조합장선거를 시행하면서 투명성을 확보했다는 평을 받았다. 이처럼 선거 환경은 꾸준히 개선되고 있다.

[체크리스트 1] 2026년 제9회 지방선거 일정

기간	주요 내용	비고
~1/24	선거 비용 제한액 공고 · 통지	·
	예비후보자 홍보물 발송 수량 공고	
2/3~	시 · 도지사 및 교육감선거 예비후보자 등록	·
2/20~	시 · 도의원, 구 · 시의원 및 장의 선거 예비후보자 등록	·
~3/5	공직자 사퇴시한	입후보 제한 공직자 대상
3/5~6/3	의정 활동 보고 금지	선거일 전 90일 ~선거일
3/22~	군의원 및 장의 선거 예비후보자 등록	·
5/12~16	선거인 명부 작성	·
	거소투표자 신고	
	거소투표자 신고인 명부 작성	
	군인 등 선거 공보 발송 신청	
5/14~15	후보자 등록 신청	09:00~18:00
~5/18	선거 벽보 제출	·
5/21	선거 기간 개시일	·
5/21~6/2	대담 · 토론회 개최	선거방송토론위원회 주관
~5/22	선거 공보 제출	·
	선거 벽보 첩부	·
5/22	선거인 명부 확정	·
~5/24	투표소의 명칭과 소재지 공고	·
	거소투표 용지 발송	공보 · 안내문 포함
	투표안내문 발송	·
5/29~30	**사전투표소 투표**	06:00~18:00
6/3	**본투표(선거일)**	06:00~18:00

본격적으로 읽기 전에
흐름과 개념 정리부터!

이 책은 선거에 처음 출마하는 후보자를 포함해서 선거캠프와 선거캠프가 진행하는 선거캠페인(선거 운동)을 처음 경험하거나 전체적인 관리 경험이 없는 선거사무원들을 위한 매뉴얼이다. 보통 출마 결심부터 선거일까지를 1년으로 보고 세팅한다.

- D-365 후보자 출마 결심
- D-300 선발대 세팅
- D-180 1차 선거캠프 세팅
- D-120 2차 선거캠프 세팅
- D-90 경선
- D-30 본선

이렇게 디데이D-day 순으로 후보자와 선거캠프의 업무를 정리하면 좋다. 그렇다고 기간에 너무 신경을 쓰기보다 단계와 과정에 집중하자.

'선거캠프'는 후보자가 소수의 최측근과 준비하는 시기에는 '선발대'로, 후보자 명함 배포가 가능한 선거 180일 전후에는 (선발대에서 확대된) '1차 선거캠프'로, 예비후보자 등록 전후에는 (1차 선거캠프에서 확대된) '2차 선거캠프'로 구분해 표기했다.

내부조직과 외부조직은 역할과 공간 개념으로 구분했다. 내부조직은 선발대와 1·2차 선거캠프를 관통하며 후보자와 기획팀장(후보자의 최측근인 선거기획자)의 지휘 및 통제를 받는 상근 인력으로 구성된다. 핵심 메시지와 정책·공약 개발, 공보·홍보, 일정·상황, 온·오프라인 조직의 관리 등 선거캠페인 전반을 운용한다.

외부조직은 선거캠프 외부에서 지지자 모임을 비롯해 선거캠프(내부조직)와 연대를 형성한 지역 커뮤니티, 정책자문그룹, 후원회 등 자발적으로 형성된 비상근 인력으로 구성된다. 특정 분야를 지원하고 후보자 홍보와 서명 운동, 온라인 활동을 통해 선거에 간접적으로 기여한다.

공조직official organization과 사조직private organization은 내·외부조직과 일부 개념이 교차하지만 차이점도 분명하다. 공조직은 내부조직을 포함해서 캠프 외부에서 선거와 캠페인을 지원하는 조직들이다. 후원회와 정당조직, 정책·법률 자문, 홍보 대행 등 공식적으로 위촉된 경우를 뜻하고, 사조직은 주로 외부에서 자발적으로 형성된 비공식적 지지자그룹을 의미한다.

선거 운동election campaigning은 선거캠페인election campaign과 유사하지만 차이가 있다. 선거 운동은 후보자·정당을 지지·반대하는 모든 행위를 포괄하는 상위 개념이다.

선거캠페인은 선거 운동의 특정 기간 중 후보자·정당이 유권자의 지지를 얻기 위해 조직적으로 수행하는 일련의 활동을 뜻하는 하위 개념이다. 선거 운동은 전체집합, 선거캠페인은 부분집합이다. 따라서 선거캠프가 진행하는 모든 선거캠페인은 선거 운동으로 볼 수 있다.

주요 정당의 당원 분류에서 더불어민주당의 권리당원, 국민의힘의 책임당원은 매월 1000원 이상의 당비를 내는 소위 '유료당원'으로 정당 차원에서 임의로 만들어 낸 용어다. 정당의 후보가 되기 위해서는 각각 권리당원, 책임당원 신분이어야 하며 3~6개월 이상 당비를 납부해야 경선 투표에 참여할 수 있다. 정당에 따라 주권당원, 으뜸당원, 진성당원 등으로 부르기도 한다.

1부

후보자부터 세팅한다

후보자는 자신부터 시작해서 핵심 참모진과 선거사무원, 자원봉사자를 어떻게 세팅(setting)할지 고민해야 한다. 세팅은 '주변물과의 미적관계나 일의 목적 따위를 고려하면서 사물을 배치하거나 새로 갖추는 일'이다. 소규모 선거캠프 세팅은 후보자 1인을 시작으로 선발대 2~5인, 1차 선거캠프 5~10인, 2차 선거캠프 10~20인에 이르기까지 점층적으로 확대하는 모양새를 취한다.

출마를 결심한 후보자는 자신을 세팅하는 게 우선이다. 시간적으로 여유 있게 결단한 후보자는 충분한 시간을 들여 내용을 심화하면서 선거캠페인의 퀄리티(quality)를 높여야 하고, 상대적으로 출마 결심이 늦은 후보자라면 과정을 압축해서 밀도 있는 선거캠페인을 진행해야 한다.

1장
후보자 자문자답

출마를 최종적으로 결정하기에 앞서 후보자 스스로 묻고 답하는 과정이 필요하다. 주변의 요청이나 제안에 의해 떠밀리듯 나선다든지, '선출직'에 대한 막연한 로망을 실현하고 싶다든지, 사회적 성공 이후 딱히 할 일이 없어 다음 단계를 모색한다든지, 선출직 지인에 대한 부러움과 질투 때문이든지, 어린 시절 꿈이 입신양명(立身揚名)이든지 간에 출마의 변(辯)을 스스로 정리해야 한다.

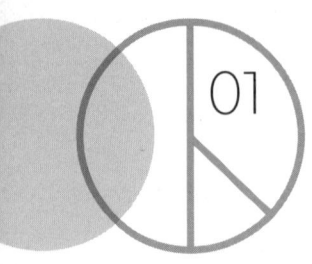

후보자는 자신부터 돌아본다

후보자 스스로 묻고 답하는, 자문자답自問自答의 경우 육하원칙(5W1H)으로 정리하자.

- why: 왜 출마하는가?
- who: 나는 선출직을 감당할 그릇인가?, 누가 도와줄 것인가?
- what: 무엇을 준비했는가?, 무엇을 할 것인가?
- when: 적절한 시기인가?, 현실적으로 기대하는 당선 시점은 언제인가?
- where: 어느 지역에서 출마할 것인가?, 지역을 충분히 알고 있는가?
- how: 어떻게 승리할 것인가?, 어떻게 자금을 확보할 것인가?

선거 출마를 결심했다면 먼저 후보자 스스로 자신의 가치관과 능력, 강점과 약점 등을 최대한 객관화시켜서 돌아봐야 한다. 가족과 친구, 이웃을 설득할 수 있는 정치 입문의 계기를 명확히 정리하고, 출마를 통해 유권자에게 전달할 수 있는 진정성 있는 메시지를 개발해야 한다.

먼저 동기와 비전을 살펴보자. 출마하려는 이유가 개인적인 성취를 위한 것인지, 국가와 사회를 위한 사명감에서 오는 것인지를 자문해 보자. 정치가 해결할 수 있는 범위를 산정하고, 스스로 당선을 통해 이루고 싶은 것이 있는지, 목표나 비전이 구체적이고 실현 가능한지, 목표를 위해 함께할 동지同志들이 있는지, 자신을 넘어 지역주민에게 도움이 되는지를 고민하자.

정치인으로서 가치관과 원칙을 세워야 한다. 출마 기회를 제공하는 정당을 우선시하는 게 현실이지만 평소 자신이 지켜온 신념과 철학을 통해 우리 사회에 기여할 수 있는지를 확인해야 한다. 또, 이해관계가 충돌할 경우 어떻게 풀어갈 것인지, 선거에 패했을 때라도 일관성 있게 지역사회를 위해 봉사할 준비와 여건을 갖추고 있는지를 꼼꼼하게 점검하는 것이 필요하다.

리더십과 인화력, 소통 능력, 주요 이슈에 대한 솔루션, 조직 관리, 출마지역과의 상성相性 등을 자신의 강점과 약점에 대비할 수도 있다. 강점은 정치 활동 전면에 부각해야 하고, 약점이나 개선이 필요한 부분은 핵심 참모나 연구를 통해 최대한 보완해야 한다. 단시일 내에 보완이 어려운 문제라면 선거 기간 중에 주요 이슈가 되지 않도록 꾸준히 관리해야 한다.

출마지역과의 인연과 경험도 중요하다. 수도권의 경우는 해당 지역 출신 여부가 지방에 비해 영향력이 떨어지지만 수도권에서 멀어질수록 지역 출신 여부가 중요하다. 지역 내 학교 졸업생이 유리하다. 지역 정서가 허락한다면 해당 지역 학생들이 주로 진학하는 인근 학교까지 포함할 수 있다.

단순히 고향 사람을 선호한다고 볼 문제는 아니다. 해당 지역 출신들이 인식하는 지역 경제와 문화, 역사, 숙원사업 등 지역민의 삶과 정서는 '뜨내기'에 비해 상대적으로 범위가 넓을 수밖에 없다. 정책이나 공약을 개발하는 과정에서도 주민들의 '진짜 요구'를 반영하는 등의 차이가 있기 마련이다. 곤란한 문제가 발생했을 때도 돌파든, 설득이든 더 빠르게 판단할 수 있다.

이밖에도 경험과 전문성, 진정성 있는 공감 능력과 소통 능력, 지역의 존경을 받을 수 있는 윤리의식과 책임감, 결과에 상관없이 지속적으로 봉사할 각오, 위기를 극복할 수 있는 네트워크와 솔루션이 있는지를 돌아보자. 선거 무대에 오르자마자 검증 대상이 된다는 점에서 자신과 가족의 과거 삶의 궤적들을 돌아보고, 불법적이거나 관행적 특혜가 없었는지도 살펴봐야 한다.

마지막으로 가족과 주변의 도움을 받을 수 있는지, 선거 운동에 충분한 시간을 낼 수 있는지, 이번 선거에 꼭 당선돼야 하는지, 패배하더라도 충분히 감수할 수 있는지 등 제반 환경을 충분히 검토한 뒤에도 여전히 확신할 수 있다면 최종적으로 출마 결심이 섰다고 볼 수 있다.

[체크리스트 2] 후보자 자문자답

5W1H	체크리스트	답변
WHY	왜 출마하는가	
WHO	나는 선출직을 감당할 인물인가	
	가족의 동의와 도움을 받을 수 있는가	
	누구와 함께할 것인가	
	참모진은 경험과 정무감각이 있는가	
WHAT	무엇을 할 것인가	
	무엇을 준비해야 하는가	
	후보자와 가족의 리스크는 무엇인가	
WHEN	적절한 시기인가	
	현실적으로 기대하는 당선 시점	
WHERE	어느 지역에서 출마할 것인가	
	지역을 충분히 알고 있는가	
HOW	어떻게 승리할 것인가	
	어떻게 자금을 확보할 것인가	
etc.	선거 운동에 충분한 시간을 낼 수 있는가	
	패배를 충분히 감수할 수 있는가	

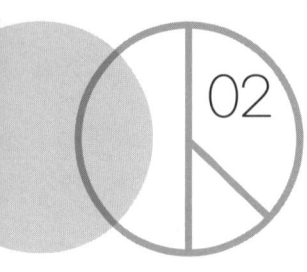

목적은 당선인가, 알리기인가?

첫술에 배부를 수 없다. 처음 출마한 선거에서 당선되리라 기대하기도 어렵다. 떨어질 게 뻔한 선거에 후보자들이 기어이 출마하는 데는 이유가 있다. 무리한 주장인 줄 알면서 토론회에서 바득바득 우기는 것도, 심하다 싶을 정도로 상대 후보자나 정당을 비난하는 것도, 냉대받을 자리인 줄 알면서도 얼굴에 철판 깔고 나타나는 것도 다 '다음 선거'를 기약하기 때문이다.

첫 출마에서 덜컥 당선되면 언론을 통해 '화려한 정치 신인'으로 부상할 수 있지만 그런 운 좋은 경우는 전국 단위 선거에서도 몇 명 되지 않는다. 일단 출마지역을 지배하는 정당의 공천 같은 관운官運이 필요하다. 일정한 학벌과 직업, 탄탄한 가문과 깔끔하고 호감을 줄 수 있는 외모, 매끄러운 언변과 유머 감각을 두루 갖춘 후보군에서도 상위 몇 %에 들어야 가능하다.

구도가 60%다. 지역 정서가 뚜렷한 지방의 경우 정당 지지도가 압도적인 경쟁력을 제공한다. 지역 출신은 기본이고, 관내 중·고등학교를 졸업해야 한다. 인근 지역의 학교라면 최소한 동네에서 '공부 좀 하는 학생들'이 주로 진학하는 학교가 유리한 게 현실이다. 지역색이 옅은 수도권에서도 정당 지지층의 결집도와 충성도, 연령대별 투표율 등에서 당락이 좌우된다.

결국 문제는 인지도다. 대통령실이나 국회, 유력 정당, 광역·기초자치단체에서 내세울 만한 근무 이력이 없고, 이전에 해당 선거구에서 출마해본 적도 없으며, 유튜브를 비롯한 소셜 미디어에서 주목받은 바 없고, 그렇다고 TV나 라디오, 영상 플랫폼, 언론이 선호할 만한 '매력적인 출연자'로서 이름과 얼굴을 알릴 수 있는 공중전空中戰이 어렵다면 출마가 최고의 기회다.

이런 이유로 지방선거, 총선, 재보궐선거 가리지 않고 출마하는 이들이 있다. 주요 정당의 공천을 받기 위해 기를 쓰다가 안 되면 공천을 보장하는 군소정당을 찾게 되고, 그래도 안 되면 무소속 출마를 강행한다. 그런 식으로 몇 차례 선거를 치르다 보면, 특히 포스터를 찍어 선거 후 당선될 후보자와 나란히 게첩揭帖이라도 되면 '당선자급'에 육박하는 인지도를 쌓을 수 있다.

'의미 있는 패배', '졌잘싸(졌지만 잘 싸웠다) 선거'로 만들어가야 한다. 불가피하게 패배를 감수해야 한다면 이런 현실을 전화위복轉禍爲福의 계기로 만들어야 한다. 근거 없는 '정신 승리'와 주변의 덕담이나 위로에 만족하지 말고, 해당 선거에서 얻을 수 있는 것들을 최대한 확보한다는 각오로 뛰어야 한다. 시간과 예산과 정성을 들인 선거에서의 의미 있는 패배는 미래의 양분으로 작용한다.

단, 잦은 당적 변경과 너무 많은 낙선사례가 쌓이면 이미지 하락이 불가피하다. 템포tempo와 총량을 지켜야 한다. "또 나왔어?"라는 반응이 나오거나 '선거 중독' 이미지가 고착되면 공천하는 정당도, 투표하는 유권자들도 선택하기 힘든 카드가 된다. 정치인으로서 출마는 인지도를 쌓을 수 있는 가장 확실한 기회인 동시에 신선한 이미지를 소비시키는 '양날의 검'이다.

[체크리스트 3] 후보자의 철학과 조직 검토

분석 요인	체크리스트
후보자의 철학과 목표	후보자의 정치 철학은 무엇인가
	후보자의 장단기 목표와 미션은 무엇인가
	외부적으로 선언한 변화의 목표는 무엇인가
	후보자의 정책과 공약과 실행방안은 무엇인가
	후보자의 선거 예산은 확보가 용이한가
	선거를 치르기 위한 후보자 내부 관리와 관련한 원칙은 무엇인가
후보자의 역사	후보자가 해당 지역에 출마한 이유는 무엇인가(지역과 인연)
	지역주민과 어떻게 관계를 맺고 있나
	후보자가 지역에 각인될 중대 사건이나 이슈가 있었나
	그동안 지역에서의 핵심 역할은 무엇인가
	가장 큰 실수는 무엇인가
	후보자의 성공·실패는 무엇이며, 성공요인과 이유는 무엇인가
	상대, 정당, 특정 그룹 등 지역에서 선거에 영향을 미칠 요인은 무엇인가
후보자의 조직 구조	선거캠프는 선거 운동을 수행하도록 잘 정비돼 있는가
	선거캠프에 어느 정도의 권한을 위임하고 있는가
	선거캠프 총괄이 따로 있는가
	조직별 총괄이 있고 후보자와 직접 소통하고 있는가

03 호감도 및 인지도 쌓기

 풍운의 뜻을 안고 출마를 결심한 초보 정치인이라면 정치 인생의 목표를 길게 설정할 필요가 있다. 앞서 설명했듯이 처음 출마하는 후보자는 보통 당내 경선까지 가는 과정에서 정리되는 경우가 많다. 기존에 지역에서 활동해왔거나 유력 정치인과 정치 여정을 함께해온 경우가 아니라면 장기간 계획을 세우고, 지역 유권자에게 자신을 알리는 입문과정으로 활용해야 한다.

 천 리 길도 한 걸음부터. 초보답게 인지도를 높이기 위한 효과적인 방안을 찾아야 한다. 선거법이 허용하는 범위에서 점퍼를 입고 명함을 돌리며 목 좋은 곳에 선거사무실을 얻어 좋은 이미지를 연상시키는 대형 현수막을 걸어야 한다. 스스로 당장 당선을 기대하지 않는다는 식의 발언이나 분위기를 전달할 필요는 전혀 없다. 지역의 미래를 책임질 인재로 포지셔닝positioning하자.

뜻밖의 기회가 오기도 한다. 희박한 확률에 목숨 걸듯이 매달릴 필요는 없지만 유력 후보자가 법 위반이나 건강, 사생활 등의 이유로 갑자기 사퇴한다든지, 당과 지역정치권 내 문제로 부득불 출마를 포기하는 경우가 의외로 많다. 출마할 여건이나 경력을 갖추지 못했고, 내심 다음을 기대한다 해도 지레 포기하거나 불성실한 태도를 보이는 것은 절대 금해야 할 일이다.

떨어질 게 빤한 선거에 출마했다고 해도 플래카드와 포스터, 홍보물 정도로 성의 없이 대충 운영한 선거캠프는 어떻게든 알려지기 마련이다. 불필요한 지출을 감수하라는 게 아니다. 정성껏 준비하고, 성실하게 운영해야 한다. 최선을 다했다는 이미지를 남겨야 한다. 준비된 후보자는 본인의 선거사무원과 선거캠프 팀원들에게 인지되고 시나브로 지역사회에 인식된다.

진정성과 일관성을 유지해야 한다. 지역 현안을 검토하고, 해결방안을 연구하며, 일관된 메시지와 꾸준히 주민과 소통하는 모습을 통해 신뢰를 쌓아야 한다. 지역사회와의 우호적인 관계를 형성하고, 주민 한 사람 한 사람, 작은 모임에도 성실히 참여하는 태도를 유지해야 하며, 지역 커뮤니티와 단체, 상인회 등과 관계를 형성하면 향후 선거에서의 지지 기반을 확대할 수 있다.

끝내 출마 기회를 얻지 못했거나 낙선했다면, 후보자는 이유를 분석해야 한다. 선거과정에서 얻은 경험은 큰 자산이다. 실전을 통해 겪은 시행착오를 통해 자신이 놓쳤던 부분이나 부족했던 정책을 보완하고, 주민의 의견을 반영한 정책과 공약으로 업그레이드해야 한다. 이렇게 쌓인 경험치는 정치인으로서의 역량을 높이고, 차기 선거에서 한층 성장한 모습을 입증한다.

자신의 '첫 실패'를 웃음으로 승화할 수 있어야 한다. 긍정적인 태도를 유지하면서 주민에게 신선하고 진정성 있는 이미지를 심어주고, 선거 전후의 모든 과정을 미래 권력으로서 유권자에게 인지되는 과정으로 삼아야 한다. 끊임없이 유권자를 만나고, 지지자를 늘려가면서 핵심조직을 구축한다면 어느새 무시할 수 없는 정치인으로 자리매김한 자신을 발견할 것이다.

[체크리스트 4] '후보자 vs. 경쟁자' 평가

분석 요인	체크리스트
지역 내 평가	지역 유권자의 후보자 평가는 어떤가
	지역 유권자의 후보자 소속 정당의 평가는 어떤가
후보자의 역사, 장단점	후보자에 대해 설명하라
	후보자가 당선되면 주민에게 어떤 이익이 있는가
	후보자의 잠재적인 문제나 취약한 점은 없는가
	후보자 장점과 단점은 무엇인가
	후보자의 역사는 어떤가, 항상 성공적이었나, 어떻게 성장했나
	지역 발전을 위한 계획은 무엇인가
경쟁자의 장단점	경쟁 후보자에 대해 설명하라
	경쟁 후보자가 당선되면 주민에게 어떤 이익이 있는가
	경쟁 후보자의 장점과 단점은 무엇인가
	경쟁 후보자에게 후보자가 가지지 못한 이점과 약점이 있는가
	지역을 성장시키기 위한 경쟁 후보자의 계획은 무엇인가
지역 성향	후보자가 속한 정당에 대한 최근 유권자 반응은 어떤가
	최근 10년간 선거 결과는 어땠는가
	지역에서 중요시하는 것은 무엇인가(외모, 경력, 학벌 등)
	이번 선거에서 유권자들은 어떤 측면에 주목할 것인가

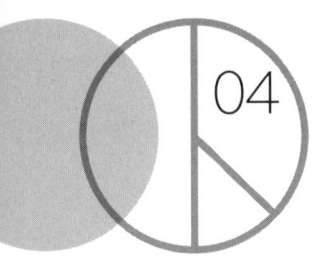

04 가족을 돌아보자

후보자에게 선거 출마는 입신양명의 꿈을 이룰 기회이지만, 가족에게는 개인의 일거수일투족一擧手一投足과 밝히고 싶지 않은 과거사를 낱낱이 대중에게 드러내야 하는 불편한 결단을 요구한다.

선거에는 후보자 가족의 희생이 불가피하다. 따라서 가족의 이해와 지원은 절대적이다. 후보자의 가장 중요한 지지 기반이자 마지막까지 후보자와 함께할 최후의 보루이기 때문이다.

출마를 결심했다면, 우선 가족의 동의를 받자. 가족의 동의란, 단순한 허락 이상을 뜻한다. 가족이 출마를 적극 지지하고, 함께 선거과정에 뛰어들게 되면 선거 운동을 이끌 강력한 원동력이 된다. 가족회의를 통해 출마 배경을 설명하고, 의견을 경청하자. 출마가 가족생활에 미칠 물리적·심리적 영향을 상의하고, 가족 구성원의 우려에 대한 해결책과 대안을 제시해야 한다.

가족의 역할을 분담하고, 가족의 노출 시기를 조율한다. 선거 규모와 주목도에 따라 다르지만, 가족은 언론의 타깃인 동시에 지역 여론의 입길에 오르내리는 단골 소재가 된다. 가족의 이미지가 선거에서 중요한 요소로 작동한다는 점에서 배우자에 대한 지역사회의 평가, 자녀의 학창 생활과 교우관계 등 '가족 리스크'를 관리해야 한다. 괜한 구설수를 낳지 않도록 주의한다.

또한, 선거를 치르다 보면 한 번씩 경험하게 되는 게 바로 후보자의 배우자 및 가족과 핵심 참모진 간 의견 충돌이다. 절실한 가족 입장에서는 선거캠프나 일부 파트가 설렁설렁하는 듯 보일 수도 있고, 사적인 친소관계에 따라 불편한 상황을 초래하기도 한다. 이런 현상은 당선 이후에도 비슷하게 이어진다. 가족과 핵심 참모진 간의 갈등은 정치 역사 내내 반복된 숙명이기도 하다.

결론부터 말하자면, 선거 운동과정에서는 경험과 전문성을 갖춘 참모진의 의견이 우세하게 받아들여지고, 당선된 이후에는 가족의 의견에 힘이 실리기 마련이다.

선거 승리에 초점을 맞춰야 한다. 전문성을 갖춘 참모 입장에서는 비전문가인 가족의 역할과 영향력을 최소화하되, 선거 이후 절교할 요량이 아니면 존중의 태도로 대하면서 조급한 마음을 다독여야 한다.

정치·선거에서 전문가가 아닌 가족이나 측근이 비전문적인 의견을 주장하거나 감정적인 결정을 내리면 선거 전략을 효율적으로 진행할 수 없게 되고, 이런 주먹구구식 비합리적 운영은 선거캠프 내부의 신뢰를 무너뜨린다. 기본적으로 선거캠프는 선거전문가 중심으로 움직여야 한다는 점을 후보자가 인지해야 한다. 오직 후보자만이 아내와 가족, 측근을 제어할 수 있다.

유권자 역시 후보자가 주도적으로 정치력을 발휘하길 기대한다. 가족이 선거 운동을 돕는 범위 이상으로 개입하거나 영향력을 행사하게 되면, 후보자에 대한 호감도는 떨어지기 마련이다. 가족은 미디어 노출을 자제하고, 주요 행사에서도 자리를 양보해야 한다. 어차피 당선 이후의 과실은 후보자와 가족이 독차지하게 된다. 짧은 기간을 참지 못하면, 당선 확률도 하락한다.

기본적으로 후보자 가족의 지나친 간섭은 선거캠프 구성원의 전문성을 무시하는 것으로 보일 수 있다. 선거캠프의 사기는 떨어지고, 결속력도 약화된다. 좋은 분위기는 시나브로 지역사회에 전해지는데, 나쁜 분위기는 순식간에 퍼진다. 억지를 써서라도 사기를 높여야 할 마당에 사사로운 감정으로 큰일을 그르치지 말아야 한다. 가족은 철저하게 지원 역할로 한정하자.

05 선거는 '략略'의 싸움

'선거選擧'는 다수 선거인에 의한 공무원 선임행위로 규정한다. 기술적인 문제로 이해하기 쉬운데 민주적인 가치 실현에 결정적인 역할을 수행한다. 직접군주제·권력분립제·대표민주제에서 적합한 선거제도를 채택한 국가에서 선거는 헌법의 요소가 된다. 선거를 국민 권리의 강제위임이라고 보는 설도 있으나 오늘날에는 대표 위임이라고 보는 것이 유력한 학설이다.

앞서 언급한 대로, 선거는 '구도(프레임) 60%, 인물(후보자) 30%, 캠페인 10%'의 함수로 갈린다. 출마지역과 소속 정당, 선거를 앞두고 발생하는 이슈 등 일정한 양상을 띤 채 고정된 구도와 후보자의 자질에 의해 승부의 90%가 결정된다. 구도는 시대정신時代精神, zeitgeist을 바탕으로 분석한다. 구도 자체를 임의로 바꾸는 일은 거의 불가능하다. 대신 이슈를 선점해야 한다.

선거 초반 혹은 선거 이전 여론조사 지지율과 실제 득표율이 10%p 범위 밖으로 크게 차이가 나는 사례들이 있는데, 선거과정에서의 불거진 대형 변수가 아니라면 후보자의 자질, 즉 인물론에서 파생된 결과일 가능성이 대부분이다. 즉, 애초 알려지지 않은 후보자들의 인품이나 후보자 간 역량 차를 유권자가 선거과정을 겪으면서 확인했고 투표에 반영됐기 때문이다.

따라서 선거캠프는 승부의 과반을 점하는 판세(구도)에 대한 명확한 이해를 바탕으로, 후보자의 능력과 자질을 유권자에게 최대한 홍보해야 한다. 30%에 달하는 인물론에서 우위를 점하고, 10%에 불과한 선거 운동을 효과적으로 진행할 수 있는 인력과 기획, 조직을 갖춰야 한다. 스윙보터swing voter(어떤 후보에게 투표할지 결정하지 못한 유권자)를 흡수할 수 있는 유능한 참모진과 선거캠프가 필요하다.

선거는 정치적 소통이 폭발하는 공론의 장으로서 시대를 지배하는 시대정신을 찾게 하고, 시대정신을 실현하는 데 필요한 시대적 과제를 발견하게 한다. 계략計略, 모략謀略, 병략兵略, 전략戰略, 지략智略, 책략策略 …, 선거는 략略의 싸움이다. 한자 '략略'은 '계획'과 '꾀'를 뜻하는데, 선거의 핵심 개념이다. '판세를 읽는 략'과 '대세를 얻는 략'을 가져야 한다.

후보자는 충분한 시간을 들여서 해당 선거의 시대정신과 판세를 고민하고, 자신이 당선돼야 하는 당위성을 정리해야 한다. 그런 다음, 본격적인 선거 모드에 돌입하기 전에 핵심 참모진(선발대)을 꾸리고, 그들과 함께 필승 전략과 단계별 선거캠프 세팅을 기획해야 한다.

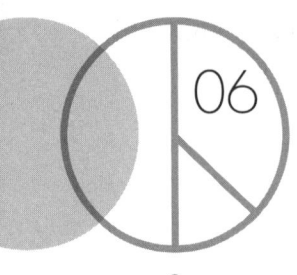

'시대정신과 프레임', '인물과 바람' 이해하기

 관념론 철학자인 헤겔은 시대를 관통하는 절대적인 정신이 있다고 보고, 시대정신으로 개념화했다. 한 시대가 끝난 때에야 시대정신을 알 수 있다고 말했다. 반면, 현대 사회학은 이보다 조금 가벼운 의미로 그 시대에 통용되는 상식과 변화에 대한 집단적 욕구, 유권자가 선호하는 트렌드(유행)를 시대정신으로 본다.
 정치와 선거는 '시대정신을 읽으려는 당대의 노력'인 정치 노선을 기반으로 진행한다. 모름지기 정치에 투신한 인물이나 집단이라면 시대정신을 읽기 위해 노력해야 한다. 선거의 승패는 시대정신을 올바르게 읽어내는 능력에 의해 갈린다. 정치인은 현재 우리 사회의 요구와 보편적인 정신은 무엇인지, 그에 따른 시대적 과제는 무엇인지를 명확히 이해하고 있어야 한다.
 구도는 흔히 프레임frame으로 표현한다. 사회적 맥락에서 프레임 이론frame theory은 '전략적으로 대중의 사고 프레임을 먼저 규정하는 쪽이 정치적으로 승리하며, 반박하려는 노력은 오히려 프레임을 강화하는 딜레마에 빠지게 된다'는 이론이다. 프레임 업frame up은 '정치적 반대자 등을 대중으로부터 고립시켜 탄압할 목적으로 사건 따위를 날조하는 일'을 뜻한다.

인물론人物論은 말 그대로 '인물 경쟁력'이다. '사람의 인품, 능력, 행적 따위에 대한 평가' 정도로 해석될 수 있는데 불리한 선거 구도에서 열세를 만회할 수 있는 가장 확실한 방법이다. '사회적으로 일어나는 일시적인 유행이나 분위기 또는 사상적인 경향'을 뜻하는 '바람'은 시대정신과 맞닿아 있지만, 상대적으로 지엽적이고 파편적이며 무엇보다 단기간에 끝난다.

따라서 후보자와 선거캠프는 시대정신과 구도를 이해하고, 인물론의 우위와 바람을 유리하게 이용할 수 있어야 한다. 유권자의 선호를 충족할 수 있는 예리한 분석과 이해가 필요하다.

07 솔로몬 후보자와
제갈공명 참모진

선거캠프는 친목단체나 동아리, 사랑방이 아니다. 전쟁을 대비한 조직이다. 그 나름대로 하나의 작은 커뮤니티인 선거캠프는 상호존중을 바탕으로 구성원을 하나로 통합하면서 '이기는 선거캠프' 분위기를 조성하는 게 중요하다. 복잡한 선거 일정 속에서도 전략적으로 결단하는 솔로몬의 지혜와 맥락을 이해하며 문제를 해결하는 제갈공명의 통찰력이 있어야 한다.

비록 단기간 운용된다고 해도 선거캠프를 하다 보면 내부 갈등이 빈번하게 발생한다. 승세를 탔다 싶으면 서로 공功을 다투고, 패색이 짙어지면 잘잘못을 따지기 일쑤다. 많은 의견을 수렴하고, 신상필벌信賞必罰을 분명하게 하고, 제아무리 공정하게 판정하려 해도 모두가 만족하는 결과는 없다. 결국 '최대 다수 최대 행복'의 공리적公利的 리더십으로 결단해야 한다.

선거는 단기간에 복잡하고 빠르게 바뀌는 환경에서 치러진다. 순간순간 복수의 선택을 강요한다. 아무리 학식이 있고 머리가 좋아도 선거캠프 생리에 대한 충분한 이해와 경험이 없으면 잘못된 판단을 내리기 쉽다. 한순간의 실수가 선거 자체를 나락으로 이끌었던 사례는 많다. 따라서 경험이 많고 사려 깊은 핵심 참모진이 선거캠프에서 중요한 역할을 하도록 해야 한다.

통찰력은 말 그대로 사물과 현상을 예리하게 분석하는 능력이다. 입체적으로 사고하고, 전체적으로 볼 수 있어야 한다. 고故 이건희 삼성그룹 회장은 경영의 본질에 대해 "보이지 않은 것을 보는 것"이라고 말했다. 사안의 본질을 먼저 파악해서 다른 문제와 엮였을 때 초래할 수 있는 위기요소들을 예측하고, 돌발 사태를 맞닥뜨리더라도 차분하게 활로를 찾아내야 한다.

일견 평범한 상황에서 여러 가지 정보를 유출해 내거나 관련 없어 보이는 여러 상황을 통해 하나의 맥락을 짚어내는 능력, 정치판에서 흔히 듣게 되는 정무감각政務感覺이다. 정무감각을 갖춘 선거캠프는 유권자들이 중요하게 여기는 이슈와 선거의 흐름을 예측하고, 적절한 전략을 통해 유리한 메시지와 대응을 이끈다. 때론 순발력과 단호한 결단력이 필요하기도 하다.

08 의사결정그룹 '컨트롤 타워' 꾸리기

선거캠프는 전략·기획, 상황·일정, 공보·홍보, 조직·유세, 소셜 미디어 등 다양한 분야에서 정무감각과 전문성을 갖춘 인재를 필요로 한다.

소규모 선거캠프의 현실상 전문 인력을 다 갖출 수 없다면, 최소한 캠페인을 전체적으로 이끌 기획 담당자와 공보·홍보 담당자를 확보하고, 주요 업무를 묶어서 관리해야 한다. 지역 내에 마땅한 인물이 없다면 외부에서라도 충원해야 한다.

선거캠프의 최종 결정권자는 물론 후보자다. 그리고 후보자에게 정기적으로 보고하는 핵심 인력을 중심으로 컨트롤 타워, 즉 의사결정그룹을 꾸린다. 핵심 인력은 기획자, 사무장, 회계책임자, 팀장급 선거사무원으로 구성되지만, 이 중에서도 기획자를 첫손가락에 꼽는다(이 책에서는 기획팀장으로 통칭한다). 언제든 후보자와 소통하고, 후보자의 뜻을 전달하는 역할을 한다.

선거캠프 살림살이를 책임질 사무장은 지역에서 신망 높은 인물을 앉힌다. 지역에 밝고, 선거캠프를 찾는 손님이나 민원인을 잘 응대할 수 있어야 한다. 회계책임자는 선거법과 정치자금법을 잘 이해하는 경험자가 맡는다. 후보자와 내밀한 내용까지 공유할 수 있는 측근이 대부분인데, 재무 이외 분야에는 나서지 않는다. 보통 독립된 공간에서 본연의 업무에만 집중한다.

선거캠프 내 핵심 참모진은 소수정예가 좋다. 광역단체장선거를 핵심 인력 12명으로 운영해서 승리한 사례도 있다. 인연因緣과 의리義理를 기반으로 맺어진 조직은 능동적이다. 상황 판단이 빠르고 사명감이 있으며 성실하고 활동력 있는 이들로 구성해야 한다. 여기에 여성과 MZ세대, 1인 가족뿐 아니라 소외된 7080세대를 위한 조직들을 만들어 촘촘하게 관리해야 한다.

선거캠프 기획팀장은 선거 경험이 많고, 당 안팎과 지역 인맥이 탄탄하고, 조직 관리에 능한 40~50대가 맡는 게 일반적이다. 일견 사소해 보이지만 이후 치명상이 될 만한 사안을 분별할 정무감각이 있어야 한다. 돌발 상황이 발생해도 침착하고 정확하고 빠르게 결단할 수 있어야 한다. 선거 기간 끝까지 평정심을 유지하며 언제든 후보자와 소통할 수 있는 인물이어야 한다.

선거캠프 특성상 빠른 대처를 위한 하향식 운영은 불가피하다. 그러나 팀 간 관계는 수평적이어야 한다. 대놓고 타 팀 업무에 관여하거나 이러쿵저러쿵 품평하지 말자. 치명적인 문제라면 당사자에게 조심스럽게 의견을 제시하거나 후보자나 기획팀장에게 전달하는 것으로 끝낸다.

2장
후보자 세팅과 체크포인트

'출마 결심이 섰는가?'
그렇다면 본격적인 시작이다. 그런데 나름대로 준비했다는 후보자들도 출발선 앞에서 허둥댄다. 무엇을 어떻게 어디에서 시작해야 할지 막막하다. 대부분 그렇다. 선거캠페인이 너무 빠를 필요는 없다. 하지만 선거 세팅은 빠를수록 좋다. 지역을 분석하고, 여론과 동향을 살피고, 현직 의원·단체장과 잠재 후보군을 점검하는 과정은 출마 결심 직후부터 진행해야 한다. 참모진과 함께 논의하면서 하나하나 정리하는 시간을 갖도록 한다.

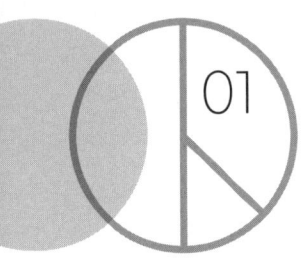

01 출마, 너무 이른 준비는 없다

평소 정치적인 행보가 없었는데 급작스럽게 출마를 결행한 사례는 유력 인사가 비상한 상황을 거쳐 급부상한 때를 제외하고는 흔하지 않다. 2012년 대통령선거 직전의 안철수 후보자와 2022년의 윤석열 후보자가 바로 그런 사례일 것이다. 이들과 비교한다면 고건 전 국무총리, 반기문 전 유엔 사무총장은 평생 공직을 거치며 그나마 정치권 주변에서 훈련된 인물들이었다.

우리나라는 선진국 중에서 유독 강력하고 포괄적인 선거법을 갖고 있다. 예비후보자로 등록하기 전까지는 자신의 정치적 견해를 드러낼 방법이 거의 없다. 그나마 개인적인 능력이 허락한다면 신문 칼럼이나 TV 정치 평론, 유튜브를 비롯한 소셜 미디어나 특정 이슈와 특정인을 중심으로 한 인터넷 커뮤니티 등을 통해 자신의 존재를 알리고 역량과 식견을 과시하는 정도다.

선거법을 위반하지 않는 범위에서 할 수 있는 '최대한의 합법적 방안'을 찾자. 목표하는 선거의 일정을 확인한 뒤 역순으로 중장기계획을 세워야 한다. 특히 예비후보자 등록 전까지 출마를 위해 필요한 준비가 무엇인지를 확인한 뒤 구체적으로 기획해야 한다. 선거기획사에 의뢰할 수도 있지만 기본적인 자료는 인터넷에서 조금만 손품을 팔면 어렵지 않게 찾을 수 있다.

선거구 지도 및 지역사회 특성(최근 투표소별 투표율·지지율, 연령대 분포), 지역 이슈와 숙원사업, 경쟁 후보군(경선·본선), 주요

[체크리스트 5] 선거 단계별 체크포인트

단계	형태	내용
준비 D-1년~D-4개월	선발대	선거 기획 및 캠페인 기조 설정
		기초 전략 수립 및 로드맵 구성
		선거 환경·경쟁 후보군 등 지역구 분석
	1차 선거캠프	핵심 인력 확보
		예비후보자 등록 및 선거사무소 물색
		사조직 구성 및 담당자 선임
경선 D-120	2차 선거캠프 예비후보자~후보자 등록	선거캠프 인력 배치 및 전체 일정 확인
		선거 전략, 정책, 공약, 홍보 콘텐츠 완성
		예비후보자 선거 활동 및 캠페인 진행
		경선 캠페인 진행 및 선거캠프 가동
		조직 가동 및 본선 준비
본선거 D-20	선거캠프 (선거대책본부)	선거대책본부 공식 출범
		본선 캠페인 진행 및 위기관리
		본선 단계별 메시지 및 기획 실행

현장 방문, 여론조사 및 지역 관련 기사 검색, 지역 커뮤니티, 주요 직능·봉사단체, 종교기관 등 출마하고자 하는 지역과 주민에 대해 충분히 공부해야 한다. 여기에 승리를 위해 필요한 표가 얼마나 되는지 구체적으로 파악해야 한다. 중앙선거관리위원회 홈페이지, 포털사이트 등을 참고하자.

다음은 2026년 제9회 지방선거 주요 사무 일정을 정리한 표다(출처: 중앙선거관리위원회). 선관위에서 선거를 앞두고 배포한다. 이번 지방선거를 준비한다면 참고할 만하다.

2026. 6. 3.(수) 실시 제9회 전국동시지방선거 주요사무일정

시행일정	요일	실시사항	기준일	관계법조
'26. 1. 15.까지	목	인구수 등의 통보	인구의 기준일(예비후보자등록신청개시일이 속하는 달의 전전달 말)로부터 15일까지	법§4, §60의2① 규§2①②, §118①
1. 24.까지	토	선거비용제한액 공고·통지 예비후보자홍보물 발송수량 공고	예비후보자등록개시일전 10일까지	규§51①② 규§26의2③
2. 3.부터	화	예비후보자등록 신청 [시·도지사 및 교육감선거]	선거일 전 120일부터	법§60의2①
2. 20.부터	금	예비후보자등록 신청 [시·도의원, 구·시의원 및 장의 선거]	선거기간개시일 전 90일부터	법§60의2①
3. 5.까지	목	각급선관위 위원, 예비군 중대장급 이상의 간부, 주민자치위원, 통·리·반의 장이 선거사무관계자 등이 되고자 하는 때 그 직의 사직	선거일전 90일까지	법§60②
		입후보제한을 받는 자의 사직	선거일전 90일까지(비례대표지방의원선거에 입후보하는 경우 선거일전 30일 : 5. 4.[월])	법§53①②
3. 5.부터 6. 3.까지	목 수	의정활동 보고 금지	선거일전 90일부터 선거일까지	법§111
3. 22.부터	일	예비후보자등록 신청 [군의원 및 장의 선거]	선거기간개시일 전 60일부터	법§60의2①
4. 4.부터 6. 3.까지	토 수	지방자치단체장의 선거에 영향을 미치는 행위 금지	선거일전 60일부터 선거일까지	법§86②
5. 12.부터 5. 16.까지	화 토	선거인명부 작성 거소투표신고 및 거소투표신고인명부 작성	선거일전 22일부터 5일이내	법§37, 규§10 법§38, 규§11
		군인 등 선거공보 발송신청		법§65⑤
5. 14.부터 5. 15.까지	목 금	후보자등록 신청 (매일 오전9시 ~ 오후6시)	선거일전 20일부터 2일간	법§49 규§20
5. 20.까지	수	선거벽보 제출	후보자등록마감일 후 5일까지	법§64② 규§29④
5. 21.	목	선거기간개시일	후보자등록마감일 후 6일	법§33③
5. 21.부터 6. 2.까지	목 화	선거방송토론위원회 주관 대담·토론회 개최	선거운동기간중	법§82의2
5. 22.까지	금	선거공보 제출	후보자등록마감일 후 7일까지	법§65⑥ 규§30⑤
		선거벽보 첩부	제출마감일 후 2일까지	법§64② 규칙§29②⑤
5. 22.에	금	선거인명부 확정	선거일전 12일에	법§44①
5. 24.까지	일	투표소의 명칭과 소재지 공고	선거일전 10일까지	법§147⑧
		거소투표용지 발송 (선거공보, 안내문 동봉)	선거일전 10일까지	법§65⑥, 154①⑤, 규§77
		투표안내문(선거공보 동봉) 발송	선거인명부확정일 후 2일까지	법§65⑥, 153①, §76
5. 29.부터 5. 30.까지	금 토	사전투표 (매일 오전 6시 ~ 오후 6시)	선거일 5일부터 2일간	법§155②, §158
6. 3.	수	투 표 (오전 6시 ~ 오후 6시)	선 거 일	법 제10장
		개 표 (투표종료후 즉시)		법 제11장
6. 15.까지	월	선거비용 보전청구	선거일후 10일까지(기간의 말일이 토요일 또는 공휴일인 때에는 그 익일)	법§122의2①, 민법§161 §51의3①
8. 2.이내	일	선거비용 보전	선거일후 60일이내	법§122의2① 규§51의3②

02 소셜 미디어 개설과 관리

후보자가 평소 출마를 염두에 두고 소셜 미디어(SNS 등)를 관리해왔다면 활용할 수 있다. '페친', '팔로워' 등 구독자가 너무 많아서 포기하기 아깝다면, 공식 계정으로 활용이 가능할 정도로 싹 정리하고 새롭게 세팅하는 방법도 있긴 하다. 하지만 체계적인 관리 없이 사적인 친분을 통제하기 힘들다면 차라리 새로운 계정을 만들자. 일반적으로는 새로 만드는 게 깔끔하다.

페이스북, 인스타그램, X(구 트위터), 유튜브 등 주요 소셜 미디어 계정을 가능하면 동일 아이디로 신속하게 개설하고, 채널 특성에 맞게 주력 상품을 배치한다. 약간 예스럽지만, 포털사이트에서 잘 검색되는 블로그를 개설하는 것도 잊지 말자. 후보자의 주요 비전, 가치관, 약력, 보도자료, 사진자료 등을 게시판 형식으로 정리하면 소셜 미디어 베이스캠프로 기능할 수 있다.

국내 소셜 미디어 활용도를 따지면 유튜브, 인스타그램, 페이스북, X 순이다. 그러나 선거캠프의 공보·홍보업무를 놓고 봤을 때 중장년층에는 페이스북, 젊은 층에는 인스타그램이 효과적이다. 흥미 있는 영상 콘텐츠 제작이 원활하다면 유튜브를 앞세울 수도 있다. X는 한 번씩 '대박 콘텐츠'가 나오기도 하지만 일반적으로 나머지 소셜 미디어의 부수적 기능을 담당하게 한다.

대통령선거나 광역단체장선거급이 아닌 소규모 선거캠프에서 소셜 미디어 담당자는 공보·홍보팀 일원이다. 담당자는 공보·홍보팀에서 제공하는 보도자료, 사진자료에 간단한 멘트를 달아 소셜 미디어에 업로드한다. 컨펌confirm받은 자료들은 콘텐츠 자체가 핵심이기 때문에 굳이 새로운 멘트를 구상하거나 창의력을 발휘할 필요는 없다. 창의력은 필요할 때 마음껏 발휘하자.

소셜 미디어는 후보자에게 관심을 지닌 유권자와 손쉽게 소통할 수 있는 창구다. 후보자 소개, 주요 정책, 일정, 메시지 등을 주간 단위로 텍스트, 영상, 이미지 콘텐츠로 기획해야 한다. 텍스트는 공보·홍보에서 제공한 원본을 최대한 지켜야 한다. 불필요한 애드리브나 개인기를 함부로 사용하면 괜한 오해를 일으키기도 한다. 소셜 미디어 역시 책임자의 컨펌이 필수적이다.

소셜 미디어는 후보자에 대한 홍보뿐 아니라 유권자 반응을 수렴하고, 댓글과 메시지를 통해 성실하게 소통하는 도구로 활용한다. '복사(ctrl+C)→붙여넣기(ctrl+V)'식의 대응은 도움이 안 된다. 메시지의 키워드와 주체를 명시하면서 검토와 조치 등을 약속하고, 공감을 표해야 한다. 소셜 미디어는 후보자와 해당 선거의 이슈에 대한 피드백을 빠르게 수집하고, 분석할 수 있게 한다.

03 중앙당과 당원 관리

출마를 처음 결심한 후보자는 중앙당(시·도당 포함)과의 관계를 잘 맺는 것이 중요하다. 우리나라 정치 현실상 중앙당의 역할은 결정적이다. 실질적인 도움과는 별개로 선거 구도에서 60%를 차지하는 프레임은 사실상 어느 당 소속이냐에 의해 좌우된다. 자신의 이념과 철학에 맞고, 정치 운명을 함께 할 수 있는 정당을 선택한 뒤 출마하고자 하는 지역에서 공천받는 게 우선 목표다.

중앙당은 전체적인 선거 전략과 캠페인 계획을 수립하고, 권리당원이나 책임당원 같은 핵심당원을 통해 선거에서 직접적인 영향력을 발휘한다. 선거사무원이나 TM^{telemarketing} 요원도 대부분 당원이다. 선거 지역구 내 광역·기초의원이나 위원장 또는 위원, 고문은 대개 오랜 기간 해당 지역에서 선거를 뛰어온 산증인들이다. 인사 잘 챙기고, 좋은 관계를 유지하도록 하자.

중앙당은 또 예비출마자들을 대상으로 선거 프로그램을 진행한다. 일반적으로 선거 운동 180일 전부터 허용되는 선거 자금과 사전선거 운동을 대비해서 정당법, 지방자치법, 공직선거법, 정치자금법을 비롯한 선거 실무업무를 교육하며, 선거 자금을 지원하거나 정치후원금을 모금하는 데 도움을 주기도 한다. 법률지원팀을 통해 관련법에 대한 조언이나 상담을 받을 수도 있다.

중앙당에 근무하는 지인이 있으면 좋고, 마땅치 않으면 연이 닿는 지인을 통해서 담당자나 전략·기획 단위와 소통할 수 있는 채널을 구축하자. 중앙당의 주요 일정과 전략을 빨리 확보할수록 좋다. 지역에서 확보한 정보와 상황을 중앙당에 보고하고 피드백을 받는 시스템을 만들고, 비슷한 처지의 후보자나 다른 선거캠프 관계자들과도 네트워크를 확보할 필요가 있다.

당원 관리는 조직 운영의 핵심이다. 평소 교류가 없거나 친하지 않았던 당원들과도 활발하게 소통하고 가깝게 지낼 수 있도록 노력하자. 가깝든 멀든 공천이 확정됐다면 당원 입장에서도 자기 지역을 대표하는 '우리 후보자'다. 억지로 움직이거나 어깃장 놓지 않고 자발적으로 선거 운동에 참여할 수 있도록, 기꺼이 주변을 설득할 수 있도록 겸손하게 도움을 구해야 한다.

소셜 미디어와 문자서비스, 단체대화방을 통해 당원과 대화하고, 이메일과 뉴스레터 등 정기적인 소통 채널을 만들어서 상황을 공유하자. 온·오프라인 간담회를 개최해서 후보자의 비전과 선거 전략을 소개한다. 그러다 보면 당원들로부터 생각지 못했던 정보와 아이디어를 얻는 경우가 많다. 정중하고 깍듯한 태도로 선배 당원들을 모시고, 후배들과 격의 없이 소통해야 한다.

유세팀, TM팀, 소셜 미디어팀이든, 선거캠프 관리든 당원들에게 구체적인 역할과 책임을 부여해서 주도적으로 참여하게 한다. 선거캠프 직책은 아낄 필요가 없다. 당원들이 소개하는 지역 유권자를 소중히 대하고, 영향력 있는 주민들은 가능하다면 선거캠프로 초청해서 간담회나 면담을 하게 한다. 본격적인 선거 캠페인에 앞서 소그룹 행사를 기획하는 것도 좋은 방법이다.

당내 경선에 참여할 선거인단을 확보하는 일도 중요한 업무 중 하나다. 경선에서 투표권이 있는 권리당원(책임당원) 기준에 따라 지역에서 새로운 유권자들을 소속 정당에 가입시켜야 한다. 후보자가 모집한 당원은 많으면 많을수록 정치적으로 큰 자산이 된다. 정당 공천을 받지 못했음에도 무소속으로 출마해서 당선된 정치인들은 이런 탄탄한 조직력을 확보하고 있다.

주요 커뮤니티를 공략하라

　어느 곳이든 커뮤니티가 존재한다. 후보자의 역량으로 새로운 커뮤니티를 만들어 내는 경우도 있지만 드물다. 실사 가능하다고 해도 우선 기존 커뮤니티를 물색해야 한다. 선거에서 영향력을 발휘하는 주요 타깃층을 설정하고, 그들이 활동하는 온라인 커뮤니티를 찾아보자. 일반적으로 맘카페나 특정 지역·직종 커뮤니티 등 이미 알려진 막강한 커뮤니티들이 있다.

　커뮤니티 가입 자격을 갖춘 선거캠프 구성원이나 이미 가입한 선거사무원이 있다면 동향을 점검하고, 거부감을 야기하지 않는 범위에서 커뮤니티 이슈와 관련된 후보자의 주요 일정, 정책을 소개할 수 있다. 후보자가 직접 가입해서 소통하면 좋지만, 어느 곳이나 반대파들이 존재하기 때문에 과도한 활동은 역효과를 야기할 수 있다. 후보자가 직접 활동할 필요는 없다.

대신 오프라인 모임이나 영상 토론 등에는 직접 참여하는 방식으로 커뮤니티별 맞춤형 소통에 나서야 한다.

커뮤니티별 이슈를 파악하고, 커뮤니티가 선호할 수 있는 호감형 솔루션을 제시해야 한다(환호할 수 있으면 더 좋다). 문제의 원인과 핵심 갈등을 파악하고, 후보자의 역량과 경험, 네트워크를 통해 어떻게 해결할 수 있는지를 설명한다면 호감도를 높일 수 있다.

다만 지나치게 홍보적이거나 자신만만한 태도를 보이면 역효과를 초래할 수 있다. 소통하는 태도로 상대의 의견을 충분히 듣고 메모하면서 내용을 이해하려는 진정성 있는 노력을 보이는 게 효과적이다. 의외로 작은 일들이 커뮤니티가 선호하는 후보자로 만든다. 일단 핵심 지지층을 확보한 뒤 수시로 소통하면서 자발적으로 기능하도록 한다면 도움을 받을 수 있다.

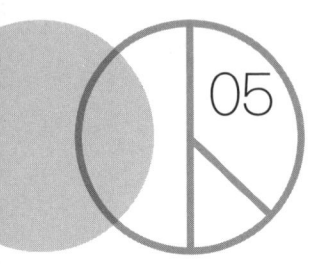

05 소모임, 어린이, 청소년도 챙기자

　규모가 큰 커뮤니티가 아니더라도 소모임과 어린이, 청소년에 대해 관심을 기울여야 한다. 우선순위에 둘 수는 없지만 시간이 허락한다면 직접 찾아가자. 소규모 모임에서 기대하고 있지 않을 때 후보자가 등장해서 소탈한 모습을 보이면, 없던 표심도 생기기 마련이다. 민원을 일일이 파악하기는 쉽지 않고 시간도 많이 낼 필요는 없다. 활달하게 인사하고 빠져주면 된다.
　규모는 작지만 영향력이 있는 모임도 있다. 또, 후보자의 참석을 요청할 정도의 적극적인 유권자들은 다른 활동을 겸하는 경우가 많다. 자연스러운 바이럴viral이 가능하다. 이럴 때는 좀 더 전략적으로 준비된 모습을 보이면 좋다. 내용을 대충 훑고 갔다가 모임의 기대에 반하는 내용을 말하는 사례들이 가끔 발생하는데 '할 말'보다 '하지 말아야 할 말'을 먼저 검토해야 한다.

작은 모임이라도 공을 들여야 할 필요가 있다면 가깝게 자리 잡고 공감대를 만드는 데 주력하자. 지역 핵심 인사나 오피니언 리더들과 안면을 트면서 우호적인 네트워크를 형성할 기회다. 모임 이슈에 부합하는 맞춤형 메시지를 준비하고, 소소한 경험담을 소개하면서 자연스럽게 이슈로 연결할 수 있으면 무난하다. 구체적인 해결책을 제시할 수 있으면 더 좋다.

유권자는 아니지만 어린이와 청소년 관련 공약은 공보물에서 빠지지 않는다. 교육 분야는 정치권에서 빼놓을 수 없는 핵심 공약이다. 우선 대통령이나 교육감도 버거워할 미래 정책은 중앙당에 맡기고, 학부모의 공감을 얻을 수 있는 지역 정책들을 세심하게 살펴야 한다. 지역에서 요청하는 학군, 학교 관련 민원들을 살펴보고 다양한 봉사를 펼치는 학부모단체들을 만나자.

교육 관련 지역 여론을 수렴하고, 학부모가 원하는 어린이와 청소년 공약을 준비해야 한다. 광역단체장이나 교육감, 3선 이상 국회의원 선거캠프가 아니라면 인공지능artificial intelligence 기반의 맞춤형 학습 플랫폼 구축 같은 큰 이슈는 중앙당 정책을 인용하고, 학교 시설이나 등하교 안전대책, 학원가 관리·지원, 교육 환경 개선, 온라인 멘토링, 진로 상담 등 현실적이고 고전적인 공약에 집중하자.

어린이와 청소년은 비록 유권자는 아니지만 미래 유권자인 동시에 현재 유권자인 가족에게 직접 영향력을 미치는 가교 역할을 한다. 방송과 플래카드, 포스터에 등장하는 인물은 소셜 미디어에 진심인 어린이, 청소년에게 경외의 대상이다. 읍소하듯 '맞팔'을 요구하는 아이들이 많은데 의외로 효과적이다. 친구들 사이에 소문은 순식간이고, 애교 섞인 '맞팔 요청'이 이어진다.

  인스타그램, 틱톡, 유튜브 등 소셜 미디어는 젊은 소통 채널로 활용한다. 사진이나 영상을 통해 지역에서 만난 어린이, 청소년들과의 에피소드를 소개하고 재미있는 장면을 발굴해서 밈^{meme}으로 제작하면 청소년 눈높이에 맞춘 콘텐츠로 쓸 수 있다. 꼭 프로급 품질일 필요는 없다. 여간해서는 전담 인력을 배치하기도 힘들다. 선거캠프 현실에 맞게 몇 개만 제작해도 충분하다.

06 문자보다는 전화, 전화보다는 대면으로 리스크를 관리하라

 의도하든 의도하지 않았든 선거는 말 한마디에 뒤집힐 수 있는 살얼음판이다. 대중의 역린을 건드리는 단어 선택의 문제이기도 하고, 특정 그룹을 결과적으로 차별할 수 있는 표현의 문제이기도 하다. 선거법을 비롯한 법령 수위를 엄격하게 지켜야 하는 선거캠프의 입장에서 자칫 오해를 야기하거나 경쟁자에게 빌미를 제공할 수 있는 여지를 남기는 것은 어리석은 일이다.

 특히 중요 직책을 지닌 정치인이 미디어 앞에서 실언하는 사례가 매 선거 반복된다. 하필 좋은 분위기에서 방심하다 나온 실책이다. 바보가 아닌 이상 투표 직전에 의도적으로 특정 세대나 직군, 지역을 저격할 정치인은 없다. 사석이라면 '곤란한 질문에 듣기 좋으라고 한 말'로 치부할 수도 있다. 그러나 어떤 경우라도 문제적 발언이나 행위가 공개되는 일은 치명적이다.

의도하지 않은 실수를 사전 차단하려면 영상이나 문서를 조심해야 한다. 우리 편이 유독 좋아하는 표현은 상대편에게 과격하고 극단적으로 보이기 마련이다. 따라서 보안에 취약한 문서를 만드는 일을 최소화하고, 디지털 포렌식digital forensic 한 번이면 샅샅이 밝혀질 문자나 통화 녹음도 조심해야 한다. 선거과정뿐 아니라 선거를 이긴 후에도 법적 문제가 될 수 있다.

꼭 필요한 사안이 아니면 문서나 문자 대신 전화로, 중요한 내용이라면 보안이 확보된 곳에서 직접 내용을 전달하는 게 좋다. 사진이나 영상도 마찬가지. 무분별한 콘텐츠를 최소화해야 한다. 선거와 직접 관련이 없는 술자리 등 음주가무가 가능한 장소는 아예 촬영하지 않는 게 좋다. 일반 식당에서도 술병이나 술잔이 노출된 사진은 공개하지 않도록 주의를 기울여야 한다.

혹시 모를 실수까지 관리해야 한다. 위기관리crisis management는 보통 상황팀에서 주관하는데, 공보·홍보 쪽도 소식을 알리는 일 못지않게 신경 써야 한다. 공보·홍보 쪽에서 위기를 자초한다면, 근간을 제대로 갖추지 못한 선거캠프로 봐도 무방하다.

선거캠프 공식 책임자가 아닌 인물은 미디어나 공개된 자리에서 의견을 밝히지 말아야 한다. 선거 운동을 하다 보면 사적으로 가까운 지역 커뮤니티나 기자들 앞에서 괜히 우쭐해지거나 실수하는 경우가 있다. 선거판에서의 실수는 온정적으로 이해되지 않는다. 선거캠프와 후보자의 공식 입장은 소수의 책임자에게 확인하도록 안내하는 게 선거캠프 팀원들이 해야 할 일이다.

07 웃자! 긍정 이미지 기획과 브랜딩

선거캠프 기획팀은 후보자와의 인터뷰를 통해 후보자의 핵심 가치와 비전, 슬로건을 정리하자. 성장과정과 정치적 신념을 연계해서 지역과 유권자가 이해하고 공감할 수 있는 스토리텔링을 구성한다. 반전과 결단을 보여줄 수 있는 키워드를 찾고, 후보자가 자기 입으로 직접 말하기 겸연쩍은 내용은 참모와 선거캠프에서 대신 자랑할 수 있도록 스크랩해둬야 한다.

선거에서 후보자의 웃는 표정은 긍정적인 이미지로 이어진다. 선거캠프 외부에 걸린 대형 플래카드나 포스터, 공보물에 어색하리만큼 웃는 사진을 선택하는 것도 이런 이유에서다. 부정 이슈에서 속없이 웃는 그림을 쓸 필요는 없지만, 후보자에 대한 긍정 이미지를 기획하고 브랜딩하기 위해서는 후보자 개인의 매력과 비전, 정책을 친근하고 일관성 있게 정리해야 한다.

비주얼 브랜딩과 동질성identity을 고려해서 후보자를 밝고 긍정적인 이미지로 세팅하자. 정당의 대표 컬러가 우선이지만, 신뢰성과 안정감을 강조할 때는 파랑, 회색 등 차분한 색상을, 인간적이고 감성적 면모가 필요할 때는 노랑, 오렌지색 등 따뜻한 색상을 사용한다. 텍스트와 사진, 영상이 일관된 톤 앤드 매너tone and manner를 유지하는 것도 중요하다.

후보자의 이미지 역시 단계별, 이슈별로 정리해야 한다. TPOtime·place·occasion, 즉 때와 장소와 상황에 맞게 적용한다. 선거 초반과 중반, 후반 일정을 세우고, 시기별 이미지를 준비하자. 앞서 언급했듯이 이슈별 이미지도 중요하다. 재개발·재건축 공약을 소개하는 장면에는 멀끔한 양복에 기름 바른 헤어 스타일보다 안전모에 작업복을 갖춰 입은 이미지가 적합하다.

소셜 미디어는 브랜딩과정에서도 빠질 수 없는 필수요소다. 후보자에 대한 소개와 핵심 공약을 심플한 비주얼 자료로 제작해보자. 도표나 그래프를 동원한 인포그래픽infographic이나 카드뉴스를 만들어 소셜 미디어와 온라인 플랫폼에 게재하고, 후보자가 직접 등장하는 영상 콘텐츠를 만들면 신뢰도를 높일 수 있다. 단, 장광설이나 자기 자랑 등의 요소를 빼고 담백하고 짧게 설명한다.

08 '긍정의 언어'를 사용하라

선거캠페인은 포지티브positive, 네거티브negative, 대조방식 contrastive으로 나뉜다.

포지티브 캠페인은 경쟁자에 대한 언급 없이 후보자의 능력, 자질, 정책, 식견을 소개하는 긍정적인 방식이다. 네거티브 캠페인은 경쟁자의 능력, 자질, 정책, 식견의 부정합不整合을 지적하는 부정적 방식이다. 대조적 캠페인은 후보자와 정책들을 비교하면서 전달하는 방식이다. 의식하든 못하든, 크든 작든 대부분의 선거캠프가 이 세 가지 캠페인을 동시에 진행한다.

네거티브 캠페인은 객관적 정보에 따라 상대 후보자의 약점을 공격하는 정상적인 캠페인방식이다. 상대 후보자의 부실을 지적하는 방식으로 대부분의 선거 전문가가 정당성을 인정한다. 조작된 사실들을 내세워 경쟁 후보자를 중상모략하거나 내부 교란을 야기하는 흑색선전matador과는 다르다. 다만 과열 양상으로 흐르면서 마타도어와의 경계를 아슬아슬하게 오가는 사례가 많다.

선거캠프 구성 초기에 경쟁 후보군을 분석하는 과정에서 네거티브 캠페인 내용을 자연스럽게 정리하기 마련인 데다 선거가 가열되다 보면 네거티브 소재가 많이 제보된다. 일일이 확인이 어려운 경우도 많고, 네거티브 효과가 어느 정도나 되는지 확인하기 어렵다. 절대 사용하지 말라고 할 수는 없지만 과유불급過猶不及이다. 어쩔 수 없이 써야 한다면 최소화하자.

네거티브 캠페인 사용을 자제해야 하는 이유는 그 자체로도 위험성이 있지만, 자칫 우리 후보자의 약점이 역공당할 가능성이 있기 때문이다. "그런 식으로 따지면…"이란 반응이 상대 후보자 측으로부터 나오면 그때부터 이전투구泥田鬪狗가 시작된다. 치고받는 과정에서 서로에 대한 감정적 대응이 지나치게 과열되면 난장판이 된다. 본질은 사라지고, 유권자의 혐오감만 높아진다.

선거과정에서 위기가 닥쳤을 때는 미리 준비한 방식에 따라 전략적이고 체계적으로 대응해야 한다. 감정적 언사를 자제하고, 철저하게 공익적 관점으로 접근해야 한다. 공익과 무관한 사생활은 직접 거론하지 않는 게 좋다. 특히 나이나 성별, 출신, 종교, 학벌, 신체적 특성 등을 공격하는 것은 표를 깎아 먹는 자해행위에 가깝다. 철저하게 상식적이고 객관적이어야 한다.

네거티브 캠페인은 선거 막판이 좋다. 시간적으로 역공을 당할 가능성이 적기 때문이다. 100을 파악했다면 70~80 정도만 거론하자. 피아간 약점과 강점을 대조하되 억지스럽지 않고 자연스러운 게 좋다. 상대 선거캠프를 궁지에 몰아넣을 필요가 있다면, 그만한 방어책을 강구한 뒤 시작한다. 우리 편 눈에 타당하다고 상대 선거캠프나 유권자에게도 타당한 것은 아니다.

말 한마디, 단어 하나에 유의하자. 정치적으로 훈련이 덜된 후보자나 정무감각이 부족한 선거캠프에서 종종 사고를 낸다. 주목받는 데 급해서 금기어나 여론을 자극하는 표현을 함부로 쓰기 때문이다. 기자회견문을 발표한 후 이어진 기자와 질의·응답 과정에서 메시지팀이 기껏 빼놓은 금기어와 위험한 표현을 쓰는 후보자는 언론과 상대 선거캠프의 먹잇감이 될 뿐이다.

정치인은 평소 언행을 관리해야 한다. 공식적인 자리에서 나온 책임 있는 인사의 말실수는 치명적인 결과로 이어진다. 후보자는 특정 유권자가 불쾌하게 느낄 수 있는 표현이나 특정 집단을 폄훼하는 언어를 평소에도 입에 올리지 말아야 한다. 특히 출신이나 직업, 나이, 학벌, 재산 등 예민한 이슈를 말할 때는 공격적 표현보다 조심스럽고 유화적인 언어를 선택해야 한다.

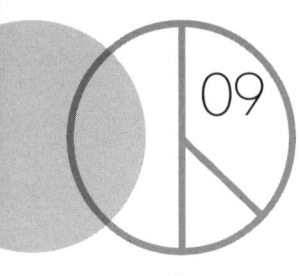

09 침 뱉지 말라! 부정 이미지는 순식간

　미국 메이저리그 올스타 최초로 투수·타자 동시 선발을 기록한 오타니 쇼헤이는 '만화주인공' 같은 야구선수다. 무엇보다 오타니를 돋보이게 하는 점은 훌륭한 인품과 성실한 워크에식work ethic(직업 윤리)이다. 경기장에서 늘 관리인보다 먼저 쓰레기를 줍고, 대한민국 대표팀과 경기를 앞두고도 "한국 야구는 훌륭한 선수들이 많고 멋진 야구를 한다"라며 겸손한 태도를 취했다.

　오타니는 유명인일 뿐이지만 한국인이 가장 좋아하는 일본인이라고 할 정도로 우리나라 야구팬들 사이에서도 인기가 높다. 겸손과 자기 관리, 직업선수로서의 성실성은 공인인 정치인이 배워야 할 점들을 시사한다. 누가 보든 안 보든 한결같은 삶을 살아야 한다. 겸손한 척, 성실한 척하는 행동은 언젠가 드러나기 마련이다. 작은 일에 성실하고 뚝심 있게 할 필요가 있다.

선거 운동에 나선 후보자는 주목의 대상이다. 소소한 일상을 통해 좋은 이미지를 주기도 하고, 나쁜 이미지를 남기기도 한다. 평생 쌓은 습관과 인품을 단숨에 바꿀 수는 없다. 그렇다고 굳이 날 것 그대로를 고수할 필요는 없다. 짧은 선거 운동 기간 중이라도 나쁜 습관은 집중적으로 관리해야 한다. 가족과 참모진 등 주변에서도 적극적으로 개입해서 억지해야 한다.

침 뱉지 말자. 쓰레기 함부로 버리지 말자. 음식 먹을 때 내는 소리, 쉽게 높아지는 언성, 과도한 제스처는 비록 불법은 아니지만 절대 좋은 이미지가 될 수 없다. 젠틀하고 매너 있는 이미지가 필요한 후보자라면 매사 예의 바르고 점잖게 행동해야 한다. 매번 길거리 쓰레기를 주울 수는 없지만, 함부로 버리지 말고 자기가 만든 쓰레기는 반드시 치우는 습관을 길들이자.

토론회나 간담회 같은 공식적인 자리에서는 누구나 조심한다. 정작 문제는 평소 한가한 재래시장이나 인적이 드문 길거리에서 발생한다. 작은 이슈도 소셜 미디어에 오르면 순식간에 퍼진다. 예의와 겸손한 모습을 유지해야 한다. 사람이 많지 않은 곳에서도 잘해야 한다. 평소 인품은 언제고 드러나기 마련이다. 아무도 없는 곳에서의 묵묵한 선행에 유권자는 감동한다.

10 선거판 흔드는 성인지 감수성

 젠더 이슈는 시간의 흐름과 비례해서 급속하게 영향력을 키우고 있다. 성인지 감수성gender sensitivity(성인지성)은 일상 속 성적 차별과 불균형을 인지하는 광범위한 능력을 말하는데, 1995년 중국 베이징에서 열린 제4차 유엔 여성대회 이후 국제적으로 통용되기 시작했다. 우리나라에서도 2000년대 초반부터 정책 입안이나 공공예산 편성 기준 등으로 활용됐다.
 성별에 따른 사회·문화적 맥락을 이해하고 이를 기반으로 정책을 수립하고 실행하는 성인지 감수성은 말과 글, 이미지, 영상, 제스처, 작은 터치, 심지어 눈빛까지 모든 표현방식과 행위를 통해 평가받는다. 성인지 감수성이 부족한 이런 표현이나 정책들은 아무리 좋은 의도로 포장하더라도 환영받지 못한다. 성인지 감수성이 선거 판도를 좌우하는 사례가 급증하고 있다.

허물없는 친구들과의 술자리에서 주고받을 법한 예전 농담을 변화한 시대에 적응하지 못한 채 함부로 반복했다가는 정치 무대에 데뷔하기도 전에 짐 싸야 한다. 외모나 피부색을 웃음 소재로 삼거나 걸핏하면 맥락 없이 뺨을 때려대는 20~30년 전 영화나 드라마, 개그 프로그램, 유행가 가사를 요즘 세대는 전혀 이해하지 못한다. 불과 한 세대 사이에 급격한 변화가 있었다.

성인지 감수성의 중요성은 갈수록 높아지고 있다. 법적인 유무죄 판결을 떠나 단기적으로 발생하는 파괴력을 막아낼 도리가 없다. 해결책도 난망하다. 이슈 특성상 선거 직전 발생할 경우 그 자체만으로도 후보자나 선거캠프에 치명적이기 때문에 매우 신중하고 조심스럽게 관리해야 한다. 선거에서 당선권 내로 꼽혔던 수많은 후보자가 성인지 감수성 문제로 낙마했다.

성비위 근절뿐 아니라 성별 임금 격차, 육아 지원 등 젠더 정책이 많은 후보자의 주요 공약으로 자리 잡았다. 특히 유권자의 과반을 차지하는 여성 표를 잡기 위한 여성 관련 공약뿐 아니라 사회적 약자를 위한 정책 개발이 중요해졌다. 여성단체나 지역 커뮤니티와 만남, 정책 협약, 질의서 등 주요 젠더 이슈에 대한 입장을 표명할 수밖에 없는 환경이 조성된 지는 오래됐다.

국내뿐 아니라 세계적으로 여성 정치인이 많이 증가한 점도 흐름을 가속한다. 여전히 남성 정치인보다 수적으로 크게 부족하지만 여성 정치인의 증가는 더 이상 거스를 수 없는 대세다. 여성의 관점이 반영된 정책들도 자연스럽게 늘어나고 있다. 여성의 정치적 영향력의 증대는 여성 정책을 포함해 젠더 평등과 성인지 감수성에 대한 철저한 준비와 개념화를 요구한다.

3장
확 바뀐 4차 산업혁명 시대의 선거

제임스 와트의 증기기관으로 상징되는 18세기 영국의 제1차 산업혁명, 19세기 말부터 20세기 초까지 독일·미국의 공업 생산력을 끌어올린 제2차 산업혁명, 20세기 중후반 디지털과 재생 에너지로 상징되는 제3차 산업혁명에 이어 빅데이터, 인공지능(AI), 블록체인, 사물인터넷(IoT), 3D 프린팅, 가상현실(VR)과 증강현실(AR)을 기반으로 한 제4차 산업혁명 시대가 시작됐다.

코로나19(이하 '코로나')는 비대면(untact)에 온라인 개념을 결합한 온택트(ontact) 시대를 앞당겼다. 키오스크로 주문하고, 로봇으로 받는다. 스마트폰과 애플리케이션으로 모든 것이 가능하다. 비접촉, 초연결(hyperconnectivity), 초지능(superintelligence)을 특징으로 하는 제4차 산업혁명 시대는 이미 도래했다. 선거 캠페인도 제4차 산업혁명에 따른 변화가 불가피해졌다.

01 4차 산업혁명 시대에 맞춰야 하는 미디어 전략

    4차 산업혁명 시대에 걸맞은 선거 운동이 필요해졌다. 불과 십수 년 전까지 유효했던 홈페이지는 소셜 미디어에 밀린 시 오래됐고, 방송 연설이나 포털사이트 배너 광고도 유튜브를 비롯한 영상 플랫폼 콘텐츠와 비교할 때 효과가 현저하게 떨어진다. 운영방침에 따라 유튜브에 선거 광고를 공개할 수는 없지만, 후보자를 알리는 방법은 직접 광고 말고도 얼마든지 있다.

    커다란 스피커로 무장한 유세차량의 중요성은 감소하고 있다. 특히 코로나 이후 집회를 꺼리는 분위기가 강해지면서 대규모 유세는 오히려 선거캠프에 부담이 된다. 자연스럽게 선거사무소의 대형 현수막이나 공약집, 플래카드와 포스터 사진 같은 이미지의 중요성이 높아지고 있다. 유동인구가 많고 대형 현수막을 걸 수 있는 선거사무소 수요가 높아질 수밖에 없다.

특히 현대 선거에서는 90% 이상의 유권자가 소셜 미디어와 모바일을 통해 후보자를 접한다. 현장의 중요성이 줄어들면서 목청껏 성량을 과시했던 연설 능력의 중요성도 많이 감소했다.

조곤조곤 얘기해도 들리는 세상이다. 유권자는 후보자의 주장을 텍스트로 확인한다. 그래서 겉 포장이 아닌 속 내용이 중요해졌다. 맥락도 내용도 없이 소리를 질러가며 넘어가는 시대가 아니다.

4차 산업혁명 시대는 급속한 기술 발전뿐 아니라 일찍이 보지 못한 새로운 선거문화를 선보이고 있다. 인공지능과 빅데이터, 블록체인, 사물인터넷으로 인한 삶의 변화는 정치, 선거캠페인, 유권자의 정치 참여에 새로운 패턴을 제시한다. 4차 산업혁명 시대 들어 선거캠프 운영의 효율성과 투명성, 유권자와의 소통과 접근성이 크게 향상됐다.

기술적 변화는 잠재된 주요 이슈들을 공론의 장으로 끌어올리기도 한다. 지역이나 이념 갈등에 집중됐던 과거 선거캠페인은 21세기 들어 세대, 젠더, 성인지로 확산했고, 비대면, 소셜 미디어 등 새로운 선거문화와 접목하고 있다. 이런 트렌드는 선거캠페인에도 근본적인 변화를 요구하고 있다. 유권자의 관심을 모으는 새로운 영역은 늘 새로운 캠페인이 필요하기 마련이다.

주요 사회 문제인 문화 지체현상 cultural lag은 선거판에도 어김없이 존재한다. 고전적 홍보를 축소하면 이를 우려하는 '선거 경험이 많은 우리 편들'이 있다. 이들의 성화를 잠재우고 설득하는 일 역시 만만치 않다. 요구가 타당하고, 비슷하게 말하는 주변 사람들이 많다 해도 그 역시 '집토끼'들이다. 우리 편의 심적 위안을 위해 한정된 선거 예산을 투입하는 일은 최소화하자.

02 모바일 및 온라인 전략이 우선

모바일·온라인 관련 선거 전략의 기본은 개인 홈페이지나 블로그다. 일반적으로 페이지 뷰 page view 자체가 높지는 않지만, 후보자와 관련된 기본 자료와 출마선언문·사진 등 정치 데뷔 이후 행적을 정리하는 기능만으로도 충분하다. 유권자들과 언론에서 찾아보기도 용이하다. 특히 블로그의 경우 플랫폼을 제공하는 포털사이트 내 검색에서 우선순위에 오를 수 있어 반드시 챙겨야 한다.

유튜브는 워낙 사용량이 압도적이다. 반드시 챙겨야 하는 채널이 됐다. 후보자의 주요 일정이나 정책을 설명하는 것도 좋지만, 유튜브 내 주요 검색 이슈를 지역 현안과 묶어서 깔끔한 이미지로 표현하거나 촌철살인을 선보이면 좋다. 후보자나 선거캠프에서 직접 운영하면 좋지만 여력이 충분하지 않다면 외주업체나 기존 인플루언서 프로그램 출연으로 대체한다.

인스타그램은 이미지, 페이스북은 텍스트 위주로 운영하고, 짧은 영상은 틱톡, 짧은 텍스트는 X(구 트위터)를 활용한다. 인스타그램과 페이스북도 영상 업로드가 가능하지만, 유튜브를 메인으로 한 뒤 나머지 소셜 미디어는 링크를 통해 영상 콘텐츠 화력을 집결하는 방법도 있다.

결국 콘텐츠가 좋아야 한다. 숫자 채우기식의 부실한 콘텐츠는 올리지 않느니만 못하다. 여러 선거캠프를 동시에 관리하는 기획사를 활용한다면 콘텐츠 수량을 줄이는 한이 있어도 비슷비슷한 콘텐츠가 아닌, 후보자·지역과 관련한 양질의 콘텐츠를 만들도록 주문한다. 킬러 콘텐츠를 일정량 확보했다면, 공통 이슈를 위해 타 선거캠프들과 중복되는 콘텐츠를 허용할 수 있다.

모바일과 소셜 미디어의 변화는 워낙 다이내믹하다. 기성세대가 따라잡기 쉽지 않은 영역이다. 따라서 온라인 선거 전략은 젊은 기획자를 필요로 한다. 소셜 미디어 활용도를 높이면 MZ세대 같은 젊은 층을 효과적으로 공략할 수 있다. 단, 정치 현실이나 선거법에 대한 이해가 부족할 수 있으므로 임의로 후보자의 입장을 대변하는 콘텐츠를 제작하는 일은 없도록 한다.

특히 과유불급이 되지 않도록 한다. 소셜 미디어를 지나치게 의존하거나 시시콜콜한 사안까지 다루는 것은 적절하지 않다. 크고 작은 사고가 끊이지 않는 공간이 소셜 미디어이기 때문이다. 대통령선거에서도 수차례 부정적 이슈들이 제기될 정도다.

계정을 철저하게 관리해야 한다. 소수의 관리자를 통해 운영하되, 엄격한 컨펌 시스템을 가동해야 한다.

03 세대별로 달라지는 소셜 미디어 전략

소셜 미디어는 선거캠페인에서 중요한 역할을 한다. 방송·신문 등 전통적인 미디어뿐 아니라 소셜 미디어를 포함한 디지털 매체를 통해서 유권자와 활발하게 소통해야 한다. 소셜 미디어를 잘 활용하면 후보자의 메시지를 빠르고 넓게 전달할 수 있으며 유권자와 직접적인 소통도 가능해진다. 특히 세대별로 선호하는 매체의 특성을 파악하고, 효과적으로 운영할 필요가 있다.

세대별로 활용도가 높은 미디어 플랫폼을 기반으로 하나하나 준비하자. 중장년층에 인기가 있는 페이스북과 젊은 세대가 선호하는 인스타그램을 축으로 X, 카카오페이지 등 유력한 소셜 미디어를 세팅해야 한다. 고전방식에 속하지만 블로그를 개설해서 출마선언문이나 보도자료, 논평, 관련 기사들을 게시판으로 정리해두면 언론 취재나 후보자 소개에 용이하다.

유튜브 같은 영상 플랫폼에도 채널을 개설해서 주요 활동 영상과 1~3분 쇼츠 등을 게시한다. 이슈가 되는 키워드와 관련된 활동을 기획하고 엮어내는 게 중요하다. 선거캠프 홍보팀 내에 영상을 담당하는 운동원을 별도로 두고, 사진과 영상을 소셜 미디어에 업로드한다. 보도자료를 비롯해서 언론사가 요청할 때 제공하는 프로필 사진과 원본 사이즈 사진도 따로 정리해두자.

세대별로 보면, 실용성과 공정성을 중시하는 20·30대는 인스타그램을 애용한다. 후보자의 이미지와 정책을 직관적으로 전달할 수 있는 카드뉴스와 감각적이고 유쾌한 '짧은 영상reels', 스토리(하이라이트)를 활용하거나 유권자와 직접 소통할 수 있는 인스타그램 라이브 방송을 진행할 수도 있다. 젊은 세대와 소통하는 후보자라는 호감을 확보하는 것만으로도 긍정적이다.

인스타그램만큼 인기가 높진 않지만 페이스북 역시 20·30대에 유효한 플랫폼이다. 적당한 길이의 메시지와 다양한 사진 이미지를 활용한다. 릴레이 챌린지나 페이스북 이벤트 기능을 활용해서 유권자의 참여도를 높이고 정보를 전달할 수도 있다. 호흡이 빠른 X는 짧고 강렬한 메시지와 해시태그를 활용한다. 실시간 이슈에 대응하고, 유권자 의견을 수렴하는 데 유용하다.

40·50대는 사진과 텍스트가 메인인 페이스북과 카카오톡 사용 빈도가 높다. 긴 텍스트보다 짧은 메시지에 반응한다. 일상뿐 아니라 뉴스와 이슈에 대한 정보를 얻고 공유한다. 40·50대는 진보적 가치관과 경험을 기반으로 정치적 사안에 관심이 많다.

페이스북을 통해 주요 정책과 비전을 소개하고, 페이스북 그룹 기능을 활용해서 지역 유권자들과의 소통을 시도할 수 있다.

40·50대의 인스타그램 활용도는 낮지만 점차 높아지고 있다. 시각적으로 명쾌한 이미지와 간단한 메시지로 제작한 콘텐츠가 효과적이다. 후보자의 정책과 역량을 강조하는 이미지나 인포그래픽, 릴스를 이용해서 재미있는 밈이나 패러디물을 만들어보자. X는 분량이 많은 정보보다 간결하고 핵심적인 메시지를 명확하고 빠르게 전달하는 데 활용한다.

60대 이상 고령층도 페이스북을 비롯한 소셜 미디어 사용 빈도를 높이고 있다. 보수 성향이 강한 이 세대의 특성답게 신뢰감 있는 메시지와 관계 중심적이고 감성적인 소통을 우선하는데, 타 연령층보다 블로그나 카페에 관심이 높은 편이다. 따라서 후보자의 인생과 철학, 지역사회에 대한 고민과 해법을 소개할 수 있는 긴 호흡의 블로그와 페이스북도 필요하다.

정보 공유에 적극적이고, 텍스트보다 직관적인 콘텐츠를 선호하는 고령층의 특성을 감안해서 바이럴이 쉬운 사진·영상 콘텐츠를 제공하도록 하자. 과도한 정보나 복잡한 인터페이스를 피하고, 큰 화면과 큰 글씨, 시각적으로 심플한 디자인으로 단순하고 직관적인 사진·영상 콘텐츠를 제작한다. 특히 동영상에 크고 굵은 자막을 추가해서 시각적인 이해를 돕는 것도 중요하다.

유튜브는 전 연령대가 사랑하는 미디어다. 20·30대는 긴 형식의 영상 콘텐츠를 소비하는 경향이 있다. 인터뷰나 정책발표회,

TV 토론, 라이브 방송 등을 통해 후보자의 전문성과 역량, 공정성을 강조하는 게 효과적이다. 40·50대는 뉴스와 정보, 강연 등 일반 정보와 후보자의 진정성을 전달할 수 있는 브이로그, 스토리텔링 형식의 레트로 감성 콘텐츠에 반응할 수 있다.

카카오톡은 연령대를 초월해서 우리나라 전 국민이 가장 많이 활용하는 최강의 소셜 미디어다. 대화형 메신저와 오픈 채팅을 활용한 커뮤니티에서 강점을 보인다. 선거캠프에서 제작한 메시지 전달과 소통이 용이해서 공조직과 사조직 등을 관리하는 데 탁월하다. 장황한 텍스트보다 짧고 간결한 카드 형식이나 사전에 제작한 유튜브 영상을 링크로 연결해서 활용하도록 하자.

각각 장단점이 있지만, 인스타그램, 페이스북, X, 블로그, 카카오톡은 비중의 차이일 뿐 영상, 사진, 텍스트, 게시판 기능을 고루 갖춘 미디어로서 기능한다. 그래서 미디어별, 이슈별로 우선순위를 분별하고, 감각적인 콘텐츠를 제작할 수 있는 홍보요원이 필요하다. 선거 시즌마다 반복되는 인력난 속에서 유능한 홍보요원을 확보했다면 큰 고민을 덜고 시작하는 셈이다.

선거캠페인의 본질은 바뀌지 않는다. 캠페인은 법 테두리를 벗어나지 않은 범위에서 후보자를 알리고, 다수 유권자의 마음을 얻어 투표행위에 참여시키는 것을 목표로 한다. 지지층에 어필하는 것도 물론 중요하지만, 기본적으로 부동층을 흡수하기 위한 홍보방식을 우선해야 한다. 효과가 미미한 고전적이고 형식적인 홍보를 줄이고, 파급력 있는 채널들을 개발해야 한다.

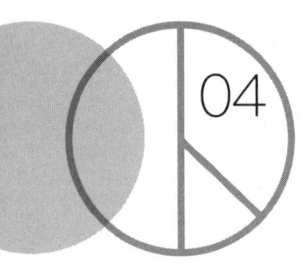

04 빅데이터, 손쉽게 확보할 수 있다

선거에서 활용할 수 있는 데이터는 여론조사, 소셜(미디어) 빅데이터, 공공데이터를 꼽는다. 여론조사를 통해 유권자의 요구와 후보자에 대한 인식을 직접 파악하고, 소셜 빅데이터는 어떤 메시지가 효과적인지를 분석하는 데 활용할 수 있다. 공공데이터는 과거 선거 결과에 대한 통계 수치를 넘어 중앙·지방정부가 제공하는 인구 센서스, 지리, 통계연보, 지역별 주택 현황 등을 말한다.

우선 빅데이터와 인공지능을 활용해서 유권자들의 행동 패턴과 성향, 주요 관심사들을 파악하고 타깃팅을 할 수 있다. 유권자 그룹을 카테고리화한 뒤 인공지능을 통해 그룹별 맞춤형 메시지를 개발하고, 취향에 맞게 바이럴하는 등 정교한 타깃팅이 용이해졌다. 최근엔 국회를 중심으로 하는 오픈 채팅방(익명 커뮤니티) 등에서도 요약한 이슈별 내용을 손쉽게 받아볼 수 있다.

최근 국내외에서도 활발하게 사용하고 있는 챗GPT는 기본적인 선거기획서를 만들어 주기도 한다. 아직 진위를 혼동하는 챗GPT 특성상 내용을 그대로 쓸 수는 없지만 주요 이슈와 방향, 구성 등 형식은 확보할 수 있다. 내용은 철저하게 검증해야 한다. 세부적이고 구체적인 사실을 확보해야 하며, 후보자와 선거캠프가 내세울 수 있는 '고유명사'로 재편해야 한다.

마케팅 관계자들이 활용하는 빅데이터 전문 사이트와 전문가들이 있고, 이메일·문자 대량 발송 시스템에서도 발송자·발송기관과 관련된 간단한 빅데이터 분석이 가능하다. 따로 비용을 투자하지 않더라도 주요 포털사이트에서 제공하는 빅데이터 기능을 활용할 수 있다. 네이버 데이터랩, 카카오 데이터 트렌드, 구글 트렌드, 썸 트렌드, 빅카인즈 등은 선거캠프에서도 용이하다.

네이버 데이터랩을 예로 들어보자. '주제어'에 후보자 이름과 소속 정당, 지역구, 경쟁 후보자, 지역 내 주요 키워드 등을 채워 넣고 기간, 범위, 성별, 연령 선택 등을 선택한 뒤 조회하면 트렌드를 그래프 형식으로 보여준다. 지역 통계를 통해 선거구 내 지역별 이슈를 파악할 수 있으며, 댓글을 검토하면 성별·연령별 정치, 경제, 사회, 생활 등 관심 분야를 볼 수 있다.

빅데이터와 인공지능은 대규모 데이터를 실시간으로 처리하기 때문에 선거 기간의 여론 동향을 공식 미디어보다 먼저 파악하고, 예상치를 제시하기도 한다. 특정 이슈와 관련한 기본 대응 방침을 후보자와 선거캠프 입장에서 검토할 수 있다. 물론 제한된 인원과 예산으로 인해 모든 사안을 양껏 처리할 수는 없다. 옥석을 가리고, 비중을 정하는 것도 후보자와 선거캠프의 몫이다.

가상현실VR과 증강현실AR 기술을 온라인 캠페인에 활용할 수도 있다. 대면 접촉이 갈수록 힘들어지는 현실에서 유권자에게 구체적인 정책과 비전을 제시하고, 가상 환경을 통해 어떻게 바뀔 것인지, 어떻게 나아질 수 있는지를 미리 체험하게 하는 것이다. 젊은 유권자의 관심을 높일 수 있으며, 새롭고 신선한 캠페인으로 미디어와 커뮤니티의 관심을 받을 수도 있다.

AR 기술을 활용하면 애플리케이션 등을 통해 유권자에게 후보자에 대한 정보를 시각적으로 제공할 수 있다. 예를 들어, 스마트폰 카메라를 통해 후보자의 포스터나 플래카드에 포함된 QR코드를 인식시키면, 후보자에 대한 소개나 주요 공약과 정책을 입체적으로 설명하는 영상을 틀어주는 등의 방식이다. 포털사이트 배너나 신문 광고보다 훨씬 더 높은 효과를 낼 수 있다.

사물인터넷을 활용한 스마트 디바이스는 사전에 협의한 유권자들과 상호작용을 통해 실시간 선거 정보 제공이나 알림 서비스 등으로 활용할 수 있다. 유권자들로부터 실시간으로 피드백을 받아 신속하게 선거 전략에 반영할 수도 있다. 사물인터넷을 통한 피드백 역시 옥석을 가리고 우선순위를 정하며 어떻게 처리할지를 결단할 수 있는 안목 있는 책임자가 있어야 한다.

디지털 플랫폼이나 클라우드 환경 구축을 통해 유권자의 정치에 대한 관심과 참여도를 높일 수도 있다. 예를 들어, 온라인 토론 플랫폼 개발, 온라인 설문조사 실시, 온라인 정책 제안 코너 개설 등을 통해 정책 개발에 유권자의 참여를 촉진하고, 정치적 의사결정에 직접 참여하는 기회를 제공하는 방식이다. 단, 기대만큼 반응이 높지 않을 경우도 대비해야 한다.

인공지능 챗봇을 이용해서 온라인 커뮤니티 등 조직 관리에 활용할 수도 있다. 후보자를 연상시키는 챗봇을 통해 유권자들의 질문에 실시간으로 답변하거나 담당자를 소개하는 식으로 활용할 수 있는데, 직접 소통에 익숙한 유권자에게는 다소 답답하거나 제한적이라는 느낌을 줄 수도 있다. 진지한 내용보다는 상대적으로 흥미를 유발하거나 소프트한 범위에서 사용하는 게 좋다.

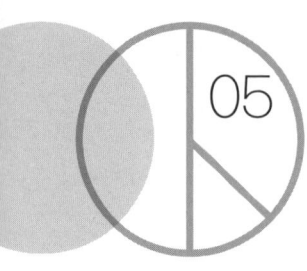

05 인공지능으로 만드는 선거기획서와 정책·공약

4차 산업혁명 시대 들어 빅데이터와 인공지능에 대한 활용도가 늘어나면서 선거캠페인은 훨씬 스마트해졌다. 선거사무원의 역할도 스마트해지고 있다. 과거 여러 명의 인력을 투입해야 했던 업무들이 효율화됐고, 적은 인원으로 과거보다 훨씬 더 많은 일을 해야 하는 시대가 됐다. 이때 빅데이터 기반의 생성형·대화형 인공지능인 챗GPT를 적극적으로 활용해 보자.

2026년 지방선거 선거기획서 작성 시 선거구, 선거 일정과 단계별 전략, 선거캠프 구성, 조직 관리 등의 키워드를 넣어 문서 자료를 요청한다. 정책·공약을 세울 때는 교통, 환경, 교육, 일자리 및 경제 활성화, 문화와 관광, 복지와 시민생활 편의 증진 등과 관련한 키워드를 활용한다. 모범답안은 아니지만, 해당 선거의 흐름을 대략 파악할 수 있는 '참고 내용' 정도는 제시한다.

지역에 대해 충분히 공부하지 않은 후보자나 선거캠프 팀원이라면 챗GPT로 대표되는 생성형 인공지능을 한번쯤 사용해 볼 법하다. 단, 선거캠프 현실에 맞게 활용할 수 있는 방법을 찾아야 한다.

가짜 정보에 취약한 생성형 인공지능의 특성상 모든 내용은 원본을 찾아서 진위 여부를 검토해야 한다. 타이틀뿐 아니라 구체적인 수치나 팩트도 반드시 확인해야 한다.

2부

후보자를 세팅한 다음은 선발대 세팅

캠프(camp)는 군사, 교육, 여가 활동 등에서 다양한 맥락으로 사용한다. 일반적으로는 특정한 목적을 위해 사람들이 모여서 머무르는 곳을 의미한다. 평야나 들판을 뜻하는 라틴어 '캄푸스(campus)'에서 유래했다. 고대 로마 시대 군인들이 야영하는 곳을 의미했는데, 시간이 흐르면서 단순한 군사적 의미를 넘어 다양한 야영 활동을 포함하는 광범위한 개념으로 발전했다.

출마를 기획하고, 후보자를 홍보하며 현행법 테두리 내에서 가능한 선거 활동을 이어가려면 길게는 몇 년, 짧아도 몇 개월간 후보자와 함께할 '선발대'가 필요하다.

선발대는 출마를 결심한 후보자를 돕는 핵심 참모 2~5인으로 구성한다. 이후 선발대는 선거 일정 진행에 따라 예비후보자 등록 전후의 1차 선거캠프, 공식선거 운동을 위한 2차 선거캠프로 그 기능과 역할, 규모가 점차 확대된다.

4장
선거 기초 전략과 초기 로드맵

미국의 35대 대통령 존 F. 케네디의 1960년 대선캠프는 현대 선거캠프의 효시로 꼽힌다. 케네디의 캠프는 그해 9월 처음 도입한 TV 토론을 활용해서 케네디를 젊고 잘생긴 제2차 세계대전의 영웅으로 부각시켰고, 역대 최연소 당선을 이끌었다. 44대 대통령으로 최초의 흑인 대통령을 만든 버락 오바마의 2008년 대선캠프는 소셜미디어와 온라인 모금을 효율적으로 활용했다.

선거캠프는 선거 승리를 위해 존재한다. 단기간 운영되며, 빠르고 정확한 대응을 위해 매우 강력한 중앙집권적 구조를 지닌다. 선거를 주도할 전략적, 조직적 접근방식을 채택하는데 기본적으로 후보자의 이미지를 유권자에게 긍정적으로 소개하고, 후보자의 비전과 정책을 체계적으로 홍보하는 데 주력한다. 유권자의 지지를 이끌어내는 제반과정을 중점적으로 관리한다.

단계별 로드맵은 모든 프로젝트에서 필수적이다. 특히 경험자가 많지 않은 선거캠프에서 로드맵과 집행단위가 모호할 경우 목소리만 큰 비전문가들이 활개칠 개연성이 높아진다. 실제 많은 선거캠프가 제대로 시작도 못해 보고 오락가락하다가 어떻게 끝났는지도 모르게 사라진다.

[체크리스트 6] 초기 단계 기획 및 전략

단계	형태	내용
기획	목표	선거캠페인 방향 설정 및 기초 전략 수립
	후보자 평가	후보자의 장단점, 지역 경쟁력 평가
	선거구 분석	유권자 분포·인구통계 등 선거환경 분석
	선발대 구성	기획·홍보·정책·조직 등 핵심 인력 확보
	캠페인 전략	지역별·시기별 득표율 설정
	정책 개발	지역별 이슈, 유권자 관심사 분석
	후보자 출사표	출마의 변(辯), 출마 선언, 출판기념회 등 추진
전략 수립	목표	초기 캠페인 실행 및 유권자 접촉면 확대
	브랜딩·메시지 개발	후보자 이미지 메이킹과 캠페인 주요 메시지 개발
	공보·홍보	보도자료, 소셜 미디어, 미디어 이벤트 기획
	선거 자금 조달	캠페인 전체 예산 확보 방안 및 후원회 조직
	세부 일정 계획	선거일 기준 일정 세분화, 단계별 우선순위 설정

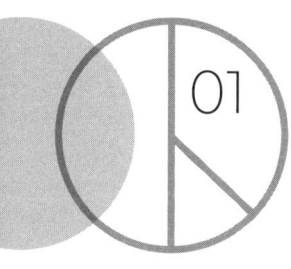

01 선거캠프의 기본원리

    선거캠페인은 데이터 기반의 분석 및 로드맵, 구체적이고 명확한 목표(예: 20대 남성 유권자 투표율 ○○% 달성, 취약지역 지지율 ○○%p 증가), 후보자 브랜딩(예: ○○시의 아들, ○○○의 오른팔), 메시지 기획력(예: 기분 좋은 변화, 품격 있는 ○○시), 유권자와의 소통 능력(소셜 미디어), 강력하고 체계적인 조직력, 위기관리와 선거 비용 등을 필요로 한다.

    물론 전국 단위 선거는 구도, 프레임으로 불리는 항거불능의 시대정신이 크게 작용한다. 보통 선거의 60% 정도로 인정한다. 그렇다고 지역 상황과 무관한 전국 이슈로만 선거를 치를 수는 없다. 선거캠프는 유권자 현황과 여론조사, 역대 선거 데이터들을 통해 핵심 유권자와 스윙보터를 식별하고, 이슈별 주력 홍보 채널과 유세 일정 등 필요한 자료들을 유출해야 한다.

목표는 구체적이고 명확해야 한다. 당선이라는 지상 목표 아래 특정 유권자집단의 관심 이슈를 발굴하고, 선거구 내 특정지역의 목표 득표율을 구체적으로 설정하는 식으로 세분화한다. 이를 통해 후보자와 선거캠프의 장단점을 파악하고, 명확한 목표치를 도출하고 점검하며, 체계적이고 전략적인 캠페인 방향을 제시한다. 나아가 팀원의 공감대와 협력을 끌어낼 수 있다.

선거캠프의 핵심 상품은 후보자다. 후보자를 차별화된 브랜드로 만들어야 한다. 경쟁 후보자들보다 상대적 우위가 명확해야 하며, 후보자의 이미지와 스토리, 가치관과 정치적 역량을 유권자에게 효과적으로 전달해야 한다. 강력한 슬로건과 핵심 키워드를 개발하고, 정체성을 보여줄 이미지를 개발해 톤 앤드 매너를 유지하면서, 인간적 매력과 정치력, 정책 전문성을 어필해야 한다.

캠페인의 원천 기술은 메시지다. 텍스트든, 이미지든 메시지를 기반으로 기획한다. 공개된 자료들과 탐문을 통해 지역 민심을 충분히 파악하고, 필요할 경우 여론조사를 통해 유권자의 잠재된 관심사를 도출한다. 후보자의 비전과 정책을 바탕으로 지역별·계층별 맞춤형 메시지를 개발하고, 이해하기 쉬운 키워드를 시각적으로 잘 담아낼 수 있는 전달방식을 채용하면 된다.

메시지 전달을 위한 홍보 채널을 단기간 구축하는 방식은 많은 비용과 시행착오를 요구한다. 본격 활동에 앞서 다양한 소셜미디어 채널을 개설하고, 꾸준하게 친구와 구독자를 늘려야 한다. 조직팀은 후보자가 직접 관여하는 사조직과 정당이 관리하는 공조직, 새로 소개받은 조직들을 체계적으로 관리해야 하며 선거캠프는 위기관리 시스템과 자금력을 미리 확보해야 한다.

선거캠페인의 기본원리는 모든 선거 운동을 전략적이고 체계적으로 관리해서 승리 가능성을 최대치로 높이는 데 있다. 후보자와 핵심 참모, 선거캠프 팀원과 선거 운동에 관여된 모든 구성원, 나아가 일반 유권자를 서로 연결하며 목표에 동참시키는 과정에서 근간으로 기능한다. 더 효과적이고, 유권자와의 신뢰를 높이며, 선거 승리를 가져올 수 있는 동력으로 삼아야 한다.

02 선발대 만들기

　선거 운동을 위한 조직은 크게 전략을 담당하는 정책 파트와 실무를 책임질 실행 파트로 나뉜다. 내부조직과 외부조직으로 구분하기도 하는데 정책 파트, 실행 파트와 비슷한 기능을 한다. 정책 파트는 정책, 홍보, 조직으로 구성되는 선발대로 볼 수 있다. 일반적으로 2~5명으로 운영한다. 소수의 선발대로 출발해서 1차 캠프로 이어질 기본적인 조직을 구축해야 한다.

　선거대책위원회(선대위)와 선거대책본부(선대본)는 규모가 큰 대통령선거나 광역단체장급 지방선거에서는 차이가 있다. 선대위는 선대위원장(상임·공동)과 위원단, 자문단, 각종 위원회로 구성되며, 전략적으로 최고 의사결정기구로 기능한다. 정치적 상징성과 외연 확장, 통합의 의미를 지닌다. (총괄)선대본부장과 실무팀으로 구성된 선대본은 집행·관리 역할의 실무조직이다.

선거 규모와 중요도에 따라 달라지지만 총선과 기초지자체선거 같은 소규모 선거캠프는 선대본과 후원회를 세운 뒤 사무장 중심으로 정책, 홍보, 상황, 일정, 조직 등 역할을 나눈다. 세분하거나 겸임하기도 한다. 외부인사 영입이나 상징성을 위해 선대위 명칭을 쓸 수는 있으나 선대본 기능으로 충분하다. 기획팀장이 '실질관리인'이라면, 사무장은 '공식관리인'인 셈이다.

사무장은 선거캠프 운용의 전반을 총괄한다. 선거 일정에 맞춰 선거사무소 개소식, 출마 선언, 후보자 등록, 포스터·공약집·플래카드·어깨띠·피켓·유세차량 등을 여유 있게 정리한다. 정기적인 회의를 소집하고, 진행 상황을 공유하며 후보자와 긴밀하게 소통해야 한다. 공식선거가 시작되면 유세 일정을 세우고, 선거캠프 내부를 꼼꼼히 챙겨서 잡음을 최소화해야 한다.

정책과 조직은 선거가 본격화하기 전에 미리 기간별로 전략을 세팅한다. 정책은 주요 공약과 지역, 연령, 가구 형태, 직업별 세부 공약을 정리한다. 언론사와 시민단체 등에서 들어온 정책·공약 관련 답변을 감수한다.

조직은 선거 운동이 허용되는 당원과 출마자를 중심으로 초반에 기반을 다지는 데 주력한다. 온·오프라인 조직의 근간을 마련하고, 단위별 관리자를 선발한다.

공보·홍보는 선거캠프 구성 초반부터 전략·기획 파트와 협업하며, 선거가 진행될수록 역할이 강화된다. 소규모 선거캠프에서는 아예 전략·기획 역할까지 하기도 한다.

공보·홍보는 정책·기획 파트와 함께 선거를 상징할 슬로건과 메시지를 선정한다. 공약집과 플래카드 교열, 기간별·지역별 메시지, 보도자료, 논평, 기자회견문, 인터뷰 답변지 등을 컨펌한다. 선거 기간 중에는 기사와 온라인, 소셜 미디어, 문자메시지를 총괄하며, 기자단도 관리한다. 유튜브나 온라인 단체토론방을 겨냥한 영상도 기획·제작한다.

선거가 진행될수록 선거캠프에서 홍보의 역할은 커진다. 유권자의 선택에 정당 기호와 함께 홍보물, 방송 등 미디어와 소셜 미디어 등 비대면 홍보 활동이 강력하게 작용할 수밖에 없다.

총선이나 지방선거 같은 소규모 선거에서 상황과 일정은 후보자의 비서실 역할을 나눠서 수행한다. 상황은 선거와 관련된 전국적인 이슈와 정당 차원의 동향을 확인하고, 후보자와 선거캠프에 미칠 영향을 분석한다. 정무적 역량이 절대적이다. 선거구와 선거캠프 안팎의 흐름과 경쟁 선거캠프의 상황을 면밀하게 살핀 뒤 일정팀과 조율해서 유세 일정에 반영한다.

선거에 나서기로 했으면, 합법적인 범위 내에서 부지런히 다니면서 유권자를 만나야 한다. 한 번의 아이 콘택트(눈 맞춤)나 악수가 가지는 힘은 의외로 크다.

그러나 아무리 소규모 선거라고 해도 유권자의 5%를 만나는 일조차 쉽지 않다. 따라서 만날 수 있는 5%의 유권자에게 자신의 장점을 분명하고 반복적으로 어필하고, 나머지 95%에 전달될 수 있도록 기획하는 것이 중요하다.

[체크리스트 7] 선발대 주요 업무(기획·홍보·조직)

분야	체크리스트
기획	실행 매뉴얼 작성, 실행과제 점검
전략	선거 환경 분석 및 기조, 로드맵 완성
전략	선거사무소 확보(TM, 대형 현수막 가능)
전략	핵심 인력 선임: 사무장, 회계책임자, 선거사무원 등
전략	기획본부 및 조직 1·2본부 설치
전략	선거기획사 선정
정책	정책 및 공약 완성
공보·홍보	공보·홍보 전략 수립 및 진행
공보·홍보	메시지 수립 및 진행
공보·홍보	홈페이지·블로그 개설 및 운영
공보·홍보	법정 홍보물 제작 및 TM 운영
온라인	소셜 미디어 등 온라인 전략 수립 및 진행
조직	내·외부 조직 이원화, 선거구별 담당자 선정

03 독자적인 로드맵을 기획하라

선거캠프의 필승 전략과 실행 전술은 선거에서 반드시 승리하기 위해 후보자의 상대적 강점을 극대화하고, 명확한 메시지를 통해 유권자와 소통하며 경쟁 후보자들보다 더 큰 지지를 얻어내는 데 핵심을 둔다. 성공적인 선거캠페인은 필승 전략macro strategy이라는 '큰 그림'과 이를 구체적으로 완성할 수 있는 '세부 그림'인 실행 전술micro tactics의 조화로 구성된다.

전체적으로 선거는 장기 전략과 단기 전술을 동시에 구사한다. 일관된 메시지 기획, 진정성 있는 현장 유세 기획, 유권자와 소통 기획에 의해 성패가 갈린다. 선거캠프 구성원은 전략과 전술을 명확하게 이해하고, 상황에 능동적으로 대응해야 한다. 후보자와 선거캠프의 역량, 지지층, 지역 특성을 반영해서 독자적인 단계별 로드맵을 기획해 보자. 형식은 자유로운데 이 책에서는 단계별 로드맵을 예로 들어 다음과 같이 정리해봤다.

- 기획pre-campaign planning: 선발대, SWOT · 빅데이터 · STP 분석
- 준비preparation: 1차 선거캠프, 메시지 · 목표 · 타깃층 설정
- 실행campaign execution: 2차 선거캠프, 미디어 전략, 현장 유세, 조직 가동
- 집중final push: 투표 독려 및 위기관리
- 사후post-campaign evaluation: 해단식 및 백서 작성, 네트워크 관리

단계별 로드맵은 체계적인 실행을 보장하는 최소한의 장치다. 선거캠페인을 혼란 없이 진행하고, 시간과 인력, 자원을 효율적으로 배분하며, 단계별로 예상되는 위기를 사전에 예측해서 대응하게 하고, 정기적인 성과 측정을 통해 선거 승리의 가능성을 높여준다. 무엇보다 선거캠프 구성원과 선거캠프를 주시하는 유권자에게 신뢰를 주면서 전체 캠페인의 질을 높일 수 있다.

[체크리스트 8] 단계별 로드맵 기획

단계	세부 내용	체크리스트
1. 기획 (선발대)	① 선발대 구성	핵심팀(기획·홍보·조직) 구성 완료
		회계담당자 선임
		선거 자금 확보 계획 수립
	② 후보자 SWOT 분석	강점: _____
		약점: _____
		기회: _____
		위협: _____
	③ 유권자 데이터 분석	인구 통계 및 유권자 관심사 분석
		과거 투표 성향 및 선거 데이터 수집
	④ STP 전략	시장 세분화
		표적 시장 선정
		위상 정립
	⑤ 경쟁자 분석	경쟁자 분석 및 차별화 전략 수립
2. 준비 (1차 선거캠프)	① 메시지 개발	핵심 메시지 및 슬로건 개발
		공약 개발 및 지역 관심사 반영
	② 목표 설정	득표 목표 및 지지층 규모 설정
	③ 유권자 타깃	적극 지지층: 결집
		소극 지지층: 투표 참여
		중도층(스윙보터): 설득 논리 개발
		소극 반대층: 투표 포기
		적극 반대층: 최소 캠페인
3. 실행 (2차 선거캠프)	① 미디어 전략	온라인 캠페인: 소셜 미디어·유튜브 등
		콘텐츠(스토리·정책) 개발
		전통 미디어 활용 계획 수립

단계	세부 내용	체크리스트
3. 실행 (2차 선거캠프)	② 현장 유세	거리 유세 메시지 및 일정 구성
		봉사 활동: 후보·가족 정기 참여
		게릴라 유세 기획: 최소 비용 최대 효과
	③ 조직 가동	지역별 조직 구성 및 팀장 선임
		자원봉사자 모집 및 역할 배분
	④ 지지층 결집	커뮤니티 행사 및 정책간담회 기획
	⑤ 성과 측정	여론조사·소셜 미디어 분석
		전술 조정 및 성과 점검
4. 집중 (경선·본선)	① GOTV	투표 독려 캠페인(get-out-the-vote)
		타깃 지역 집중 공략
	② 위기관리	네거티브 대응 메시지 준비
		소통 채널 강화
5. 사후	성과 분석 및 해단	성과 분석 백서(리포트) 작성
		해단식·워크숍: 네트워크 지속 관리
		장기 활동 계획 수립

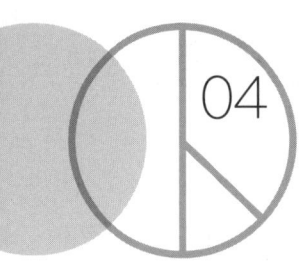

역대 선거를 분석하라

출마할 선거구를 이해하기 위해서 우선 들여다봐야 하는 게 있다. 바로 기본 현황과 역대 선거 분석이다.

앞서 소개한 대로 먼저 지자체 홈페이지를 통해 인구통계학적 정보(나이, 성별, 직업, 교육 수준 등)를 확인한 뒤, 여론조사 등을 통해 유권자의 관심사와 쟁점(경제, 교육, 산업, 부동산, 환경 등)을 검토한다. 그리고 '투표 성향'은 선관위 홈페이지를 통해 확인할 수 있다.

투표 성향은 보통 역대 선거 결과를 분석하는 데서 시작한다. 누군가 정리해준 내용을 훑어보는 것만으로는 충분하지 않다. 역대 선거에서 나타난 지역구의 정치적 성향과 변화, 유권자 행동, 주요 이슈 등을 숙지하기 위해서는 반드시 후보자와 핵심 팀원들이 내용을 충분히 공유하는 기회를 가져야 한다. 다음 체크리스트를 통해 역대 선거 결과를 분석해 보자.

[체크리스트 9] 역대 선거 분석 방법

단계	세부 항목	체크리스트
1. 데이터 확보	공식 자료 검색	중앙선관위·포털사이트에서 자료 확보
	선거 결과	역대 선거, 투표율, 후보자 득표율 수집
	포털사이트	위키백과, 나무위키 등 집단지성 정보 활용
	보도자료·언론 분석	과거 기사와 분석자료 확인
	기타	논문, 지역 언론, 유권자 인터뷰 등 자료 확보
2. 주요 지표 분석	투표율과 득표율	투표율 추이, 득표율 차이 분석
	후보자 정보	역대 후보자 소속·공약·전략 정리
	정당 지지율	정당 지지율과 실제 득표율 간 비교
3. 유권자 특성 분석	인구 통계 분석	연령, 성별, 직업군 등 지역 인구 구조 파악
	지역 이슈	역대 주요 지역 현안 분석
	정치 성향	진보, 보수, 중도 성향 파악
	트렌드 분석	스윙보터 등 선거 구도 변화 확인
4. 경쟁 현황 분석	경쟁 후보자	주요 후보자의 강약점, 공약 분석
	이합집산	연대·단일화 및 무소속 변수 확인
	정치 이벤트	역대 선거의 주요 사건 정리
	추이 확인	엑셀, 태블로(tableau), 파워 BI(power BI) 등 시각 도구 활용
	일관된 패턴 도출	특정 계층의 반복적 지지 패턴 분석
5. 현장 조사	주민 인터뷰	직접 인터뷰를 통한 유권자 의견 청취
	커뮤니티	지역 커뮤니티 및 소셜 미디어 여론 분석
6. 결론	장단점 파악	후보자의 강약점 식별
	맞춤형 정책 개발	지역 특성 반영한 정책·공약·메시지 설계
	선거 전략	효과적인 유세·홍보 전략 채택

05 정책 개발, 현장을 누벼라

　선거에서 주목받는 주요한 정책과 공약은 현장에서 나온다. 후보자는 현장에서 지역 유권자들을 만나면서 직접 현실적인 고민과 구체적인 문제점을 파악할 수 있고, 여러 지역에서 다양한 사례를 접하다 보면 해당 정책에 대한 깊은 통찰력을 키울 수 있다. 무엇보다도 현장에서 직접 만난 지역 유권자와의 소통을 통해 정치인으로서 긍정적인 이미지를 쌓고 신뢰를 높일 수 있다.

　대형 공약은 중앙당 공약을 기반으로 설정한다. 정당 차원에서 추진하는 전국 단위 정책을 지역 실정에 맞춰서 수정·보완하면 된다. 소속 정당과의 일관성을 유지하면서도 지역 유권자가 거부감 없이 수용하는 데 효과적이다. 예를 들어, 중앙당이 '신재생에너지 확대'를 공약으로 내세웠다면, 지역에서 활용 가능한 태양광·바이오 등 구체적 정책방안을 제시하면 된다.

지역 공약은 과거 선거와 기초자치단체의 행정자료를 검색하면 초기 방향을 잡을 수 있다. 선관위 홈페이지를 통해 역대 선거에 등장한 주요 공약을 분석하고, 지자체 홈페이지나 포털사이트 백과사전을 통해 선거구의 예산, 주요 사업과 민원 등을 확인한다. 그리고 유권자 반응을 확인한 뒤 제대로 실현되지 않은 공약이나 현재 진행되는 주요 사업의 개선책을 찾아보자.

직능단체와 지역 커뮤니티를 만나는 일도 소홀할 수 없다. 지역 자영업자협회, 농민회, 상공회의소, 노동조합 등 직능단체와 간담회를 개최해서 분야별로 전문적인 의견을 수렴하고 주요 민원을 점검하자. 주민자치위원회, 통장협의회 같은 관변단체官邊團體는 후보자가 지자체장과 동일한 정당 소속일 때는 큰 힘인 듯 보이지만 생각만큼 위력적이지 않은 경우도 많다.

지역 커뮤니티와의 소통도 중요하다. 특히 학부모회나 아파트 주민 모임, 동호회 등 다양한 커뮤니티와 정기적으로 만나 지역 유권자의 요구를 듣고 정책에 반영해야 한다. 무조건적인 특혜를 요구하는 경우도 있지만 대개 명분을 갖추고 있다. 교통안전, 교통 체증, 노후 공공시설 등 지역주민이 겪는 실질적 불편을 수렴해서 구체적인 정책을 설계한다면 호응도를 높일 수 있다.

단체장선거에 나선 후보자라면 해당 지방의원의 의견을 반영하는 것도 좋은 방안이다. 광역의원이라면 보통 국회의원 선거구의 절반을, 기초의원은 광역의원 선거구의 절반을 관리한다. 지역 현안을 잘 파악하고 있어 현황 파악에 도움이 된다. 지자체나 지방의회와의 소통을 통해 정책 실행방안과 예산·자원을 점검한 뒤 공약을 마련한다면 공약의 신뢰성을 높일 수 있다.

일반 공무원이든 선출직이든 대부분이 성실하고 정직하게 역할을 수행하지만 정치권 주변에서는 이권 개입 소지도 꼼꼼히 살펴야 한다. 특정 단체나 개인이 손쉽게 이권을 확보할 것으로 보이는 공약은 피하고, 공정성과 투명성을 우선해야 한다. 법적인 문제가 없는지, 공약으로 인한 피해자가 없는지, 지역 내 갈등을 유발할 가능성이 있는지를 사전에 파악할 수 있어야 한다.

지역 공약의 경우 지역 유권자의 입장에서 시급한 문제들을 구체적으로 정의한 뒤 우선순위를 설정하고, 공약 실현을 위한 구체적인 예산 조달 계획과 가능성을 명확히 제시해야 하며, 장단기 목표를 구분해서 도로 개선, 공공시설 확충 등 임기 내 가능한 단기 정책과 산업 유치, 스마트 도시 육성 등 임기 이후까지 지속 추진할 장기 비전으로 구분해서 정리할 필요가 있다.

현장에서 주민을 만나서 소통하고 피드백을 받는 과정은 공약과 정책의 완성도를 높이는 역할을 하는 동시에 유권자와 친밀도를 높여 지지층을 확산하는 데도 도움이 된다. 공청회나 간담회를 통해 공약의 초안을 설명하고 주민 의견을 반영해 구체적인 정책으로 발전시킨다든지, 소셜 미디어와 온라인 플랫폼 등을 활용해서 유권자의 피드백을 직접 받아 수정·보완하면 된다.

모든 정책은 실질적이고 명확한 공약으로 표현할 수 있어야 한다. 주요 공약들은 '2030년까지 도서관 7개 건립', '2년 내 지역 영세사업자를 위한 30억 원 대출' 같이 명확한 목표를 수치화하고, 기한을 구체적으로 설정할 때 신뢰도가 높아진다. 특히 지역주민의 언어와 정서를 반영해서 유권자가 쉽게 이해할 수 있는 표현으로 전달한다면 시너지 효과를 기대할 수 있다.

아무리 내용이 좋아도 포장이 허술하면 명품 대접을 받을 수 없다. 좋은 정책과 공약을 마련했다면 '후보자의 언어'로 정리해야 한다. 네이밍naming이 중요하다. 뻔한 일반명사보다는 고유명사화하자. 예를 들어, 이명박 전 대통령이 서울시장 시절 때 내놓은 '청계천 복원'은 정책적 평가는 차치하더라도 유권자의 이목을 집중시킨 공약이었다.

만일 후보자와 선거캠프 역량만으로 여의치 않으면 외부 전문가집단의 조언을 받아서라도 주요 정책과 공약을 정리해야 한다. 그러면서 내용을 완벽하게 이해하고, 대안을 숙지해야 한다. 예상되는 반론까지 정리한 뒤 선거에 돌입하기 전에 '후보자의 언어'로 입에 붙도록 해야 한다. 여기에 정확한 수치와 구체적인 근거를 곁들인다면 정책에 대한 유권자의 신뢰도를 크게 높일 수 있다.

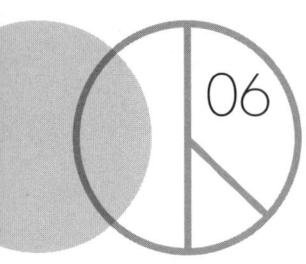

06 필수적인 여론조사 분석 및 활용

후보자와 선거캠프 기획팀이 선거 전략을 세우고 단계별 로드맵을 구축하는 데 있어 여론조사를 이해하고 추이를 분석하는 과정은 필수다.

여론조사를 읽는 데는 전략적인 접근이 필요하다. 여론조사는 단순 데이터가 아니다. 전략을 세우고 유권자와 더 잘 소통하기 위한 핵심 자료다. 수치에 연연하지 말자. 전체적인 추이를 통해 맥락을 이해해야 정교한 캠페인이 가능해진다.

1. 샘플 규모 sample size

- 의미: 여론조사에 응한 사람 수. 결과의 대표성·정확성에 영향을 준다.
- 적정 규모: 전국 단위 1000명 이상, 특정 지역·집단 500명

이상을 권장한다.
- 규모의 중요성: 규모가 클수록 결과의 신뢰도가 상승한다.

2. 표본오차 margin of error
- 의미: 조사 결과와 모집단의 실제 여론 간 오차 범위를 말한다. 결과가 50%일 때 ±3%면 47~53%다.
- 표본오차 기준: 일반적으로 ±3~±5% 사이면 신뢰할 만한 수준으로 평가한다.
- 규모의 중요성: 샘플 규모가 클수록 표본오차는 감소한다.

3. 신뢰 수준 confidence level
- 의미: 조사 결과와 모집단의 실제 여론 반영 가능성을 말한다.
- 신뢰 수준 95%는 동일방식으로 100번 조사하면 95번이 모집단과 일치하는 걸 의미한다.
- 표준 신뢰 수준: 일반적으로 95%를 사용한다.

4. 표본 추출 방법 sampling method
- 무작위 표본 random sampling: 모집단을 공정하게 대표할 가능성이 높다.
- 층화 표본 stratified sampling: 지역·연령·성별 등으로 모집단을 설정한 다음, 무작위로 선정한다.
- 편의 표본 convenience sampling: 쉽게 접근 가능한 응답자 대상

의 방식이다. 대표성이 낮다.

5. 조사방식 survey methodology
- 전화 조사: 빠르고 비용이 저렴하다. 특정 계층이 소외될 가능성이 있다.
- 온라인 조사: 젊은 세대의 접근성이 높다. 반면, 고령층이 소외될 가능성이 있다.
- 면접 조사: 깊이 있는 정보 획득이 가능하다. 고비용에 장시간 소요된다는 부담감이 있다.
- 혼합방식 : 복수의 조사방식을 혼용해서 대표성을 보완한다.

6. 조사 시점 timing
- 의미: 특정 이슈가 부각된 시점의 조사는 일시적일 가능성이 있다.
- 선거 직전: 유권자의 최종 선택을 정확히 반영할 가능성이 있다.
- 추세 파악: 다양한 시점별, 조사기관별 데이터를 비교 및 분석할 수 있다.

7. 질문 설계 question design
- 중립성: 특정 방향으로 응답을 유도하지 않아야 한다.
- 응답 옵션 : 명확하고 균형 잡힌 선택지를 제공한다(예: 매우

찬성, 찬성, 모름, 반대, 매우 반대)

8. 응답률 response rate

- 의미: 조사 대상자 중 실제 응답자 비율을 말한다.
- 적정 응답률: 일반적으로 20% 이상을 권장한다. 낮은 응답률은 결과의 신뢰성을 저하시킨다.

[체크리스트 10] 여론조사 분석 및 활용

단계	세부 내용	체크리스트
분석	기관 신뢰성	조사기관의 신뢰도 및 정확도 평가
	세부 항목 확인	샘플 수량·조사방식, 신뢰구간 확인
	언론사 성향 파악	보도 매체·언론사 성향 파악
	지역·인구 통계 분석	지역·성별·연령별로 세부 분석
수치보다 추이	추세 파악	지지율 상승·하락 추이 시각화
	맞춤형 캠페인 기획	추이에 따라 타이밍별 액션 기획
	경쟁자 현황	경쟁자별 추이 정리 및 약점 파악
	핵심 변수 검토	이슈별 인식 변화 모니터링
시행	객관적 데이터 확보	정기적으로 자체 여론조사 시행
	맞춤형 조사 진행	핵심 지역·계층 대상 맞춤 조사 기획
	공약·메시지 점검	조사 결과로 메시지·공약 조정
	정성적 조사	심층 인터뷰 및 FGI(포커스 그룹 인터뷰) 통한 정성 조사
데이터 → 실행 전략	조사 결과 활용	조사 결과 기반 일정, 메시지 조정
	우선순위 점검	취약지역·계층에 인력·예산 집중
	ASAP 체계 확보	부정 여론 시 신속한 대응책 수립
	검토 및 피드백	지속적 데이터 분석과 전략 수정

5장
선거와 연결되는 모든 것을 종합적으로 분석하라

선거 운동에 본격 돌입하기에 앞서 선발대 핵심 구성원과 함께 해당 선거를 종합적으로 분석해 보자. 형식을 벗어나서 자유롭게 의견을 주고받되 후보자와 기획팀장은 쓸만한 내용들을 꼼꼼하게 메모해서 선거에 활용할 수 있도록 한다. 선거법이나 비용, 들어가는 품에서 큰 차이가 없으면 내부 의견을 수용하는 편이 선거캠프 구성원의 사기진작(士氣振作)에 유리하다.

후보자는 '1장 후보자 자문자답'에서 자신과 가족 중에 출마에 부정적인 영향을 끼칠만한 잠재요소가 없는지 살펴보고, 선거와 관련한 장기적인 구상을 한 차례 점검한 바 있다. 이번 장에서는 선발대 구성 이후 선거판이라는 '도마'에 오른 '생선' 후보자의 장점과 단점, 선거 구도상의 기회와 위기요소를 점검하고, 선거 종합 분석을 통해 전체적인 판을 그려보도록 한다.

[체크리스트 11] 선거 종합 분석

분석	내용	체크리스트	
후보자	SWOT 분석	장점(strengths): _____	
		약점(weaknesses): _____	
		기회(opportunities): _____	
		위협(threats): _____	
		강점·기회(S·O), 강점·위협(S·T), 약점·기회(W·O), 약점·위협(W·T)	
선거구	성별·세대별	청년, 중장년, 고령층, 여성층	
	이슈별	인문, 경제·사회, 환경, 현안, 행정	
	지역별	역대 선거 결과, 정당별 강세지역 등 선거구 분석	
	빅데이터	온·오프라인 자료 출처 및 활용	
정세	정치	정당 간·후보자 간 분열·연대 가능성 및 유불리 영향	
	사회	외교, 국방, 사회 이슈 등 쟁점은 미디어, SNS, 여론조사 분석	
	스윙보터	중도 유권자그룹 겨냥한 캠페인 개발	
지역	관심사 분석	SNS, 언론 통한 선거구 면적·인구·현황 분석	
경쟁자	강약점	프로필, 강세지역·계층·세대, 예상 전략, 인지도, 부정 이슈	

01 지기知己, 후보자 SWOT 분석

 후보자 분석에 정형화된 방식을 고집할 필요는 없다. 우선 인터뷰를 통해 후보자의 과거와 이력, 가족관계, 장단점, 지역과 인연, 인맥, 스토리를 대략 뽑아낸다.

 이 단계는 많은 인원을 필요로 하지 않는다. 선거 기획 경험이 풍부한 1~2명이 인터뷰를 진행하면 된다. 후보자가 자기 입으로 말하기 계면쩍은 자랑거리를 발굴하고, 사전에 약점을 찾아 대응책을 마련해야 한다.

 선거 기획을 위해 기업 경영 전략에 사용하는 SWOT 분석을 도입하기도 한다. 강점strengths, 약점weaknesses, 기회opportunities, 위협threats 등 네 가지 요소를 기반으로 접근한다. 개별적으로 정리한 뒤 내부요인과 외부요인을 결합해서 강점·기회(S·O), 강점·위협(S·T), 약점·기회(W·O), 약점·위협(W·T)으로 분석하면, 선거를 전망하고 향후 전략을 세우는 데 편리하다.

먼저, '강점'은 후보자의 장점과 경쟁력 있는 요소들을 뜻한다. 지역사회에서 높은 인지도와 신뢰도, 공직 경험, (봉사)활동, 특정 분야 전문성, 영향력 있는 정당 소속, 다수의 지지자(당원), 주목받는 정책과 공약, 소통 능력과 친근한 이미지 등을 꼽을 수 있다. 전문성을 부각할 수 있는 정책세미나와 주민간담회, 소셜 미디어 소통을 통해 적극 활용해야 한다.

두 번째, '약점'은 후보자의 근본적인 한계나 부족한 요소를 말한다. 과거 부정적 사건·발언 등 논란, 공직 경험 또는 정당 활동 부족, 소수 정당이나 지역에서 배타하는 정당 소속 등은 단기간에 극복할 수 없다. 조직력이나 선거 비용 부족, 낮은 인지도 역시 쉬운 문제는 아니다. 현상에서 주민을 만나고, 부족한 부분을 인정하고, 겸손한 태도로 소통하면서 진정성을 전달해야 한다.

세 번째, '기회'는 후보자에게 유리하게 작용할 수 있는 외부요인이다. 매번 진화하는 시대정신과 선거지역에 내재한 표심을 읽어야 한다. 정권 교체 열망, 지역 특화 공약 개발, 경쟁 후보자의 부정적 이슈, 경쟁 정당에 대한 비호감도, 새롭게 부각한 유권자층, 소셜 미디어·미디어·온라인 커뮤니티를 통한 유권자와 소통 전략을 활용해서 선거 운동을 기획해야 한다.

마지막으로, '위협'은 후보자에게 불리하게 작용할 외부요인으로 대부분 불가역적이다. 강력한 경쟁 후보자, 경쟁 정당의 높은 지지도, 불리한 지역 구도, 소속 정당 내 불미스러운 언사 또는 사건, 유권자의 무관심, 상대 선거캠프의 네거티브 등은 선거 운동으로 뒤집기 매우 힘들다. 선제적인 대응이 마땅치 않으면, 견지망월見指忘月식 대응, '무응답' 회피방식도 검토할 수 있다.

SWOT 분석에서 내·외부요인의 기준은 '기업이 통제할 수 있는가?' 여부다. 통제가 가능하면 내부요인, 불가능하면 외부요인이다. 선거캠프에 적용하자면, 후보자·선거캠프와 관련된 이슈들은 내부요인, 선거 구도나 중앙당 이슈, 시대정신 등과 관련된 이슈들은 외부요인인 셈이다. 다만 선거판에서는 후보자와 관련된 이슈 중에 제어가 불가능한 요소들이 있는 게 사실이다.

또한, 기업의 SWOT 분석은 이미 종료된 과거 업적들을 배제하고 현재 상황만 놓고 평가하는 데 반해, 선거에서는 후보자의 자질과 장단점을 구분하는 과정에서 과거 이슈들을 걸러내기는 어렵다. 아무리 그럴듯한 모양을 만들어 냈어도 분석을 바탕으로 효과적인 전략을 도출하지 못하면 허망한 일이다. 현실을 최대한 반영한 분석을 바탕으로 매트릭스를 성의껏 채워보자.

SWOT 분석은 현실적인 선거 전략 마련에 유용하다. 외부 기회에 후보자의 강점을 부합시켜서 시너지를 극대화하고, 표심에 어필하자. 현재적顯在的이든, 잠재적潛在的이든 약점에 대한 사전 대책을 마련해서 파장을 약화하고, 유효한 '반격카드'를 확보해야 한다. 또, 실시간 모니터링과 업그레이드를 통해 SWOT 분석을 현행화하고, 유연하게 전략을 수립할 수 있어야 한다.

SWOT 분석 역시 선거 경험이 풍부하고 후보자 관련 정보를 충분히 확보한 전문 인력 중심으로 진행하는 게 좋다. 선거 경험이 일천하거나 후보자에 대한 충분한 정보가 없는 인력이 만든 매트릭스는 설사 모양새가 그럴듯하더라도 통찰을 끌어내기 어렵다. 실제 일부 선거기획사들은 선거캠프마다 돌아다니면서 대동소이한 프레젠테이션을 한다. 실효성을 기대하기가 어렵다.

[체크리스트 12] 후보자 SWOT분석

외부·내부	강점 (strengths)	약점 (weaknesses)
기회 (opportunities)	S·O: 후보자의 강점과 외부 환경의 기회를 결부해서 극대화	W·O: 외부 환경의 기회를 통해 후보자의 약점을 극복 및 보완
위협 (threats)	S·T: 후보자의 강점을 활용해서 외부 환경의 위협을 극복	W·T: 약점을 최소화하고 위협을 돌파 또는 회피

02 선거구 분석:
세대별·이슈별·지역별

    선거구 분석은 선거지역에 대해 가장 기본적이고 종합적으로 이해할 수 있는 수단으로 기능한다. 특히 세대별, 이슈별, 지역별 분석은 필수요소다. 후보자의 말에 담을 수 있는 실질적 내용을 '고유명사', '키워드'로 정리해 보자. 단순한 '정치적 수사'가 아닌, 유권자의 요구와 지역사회의 문제에 대한 고민을 보여줄 수 있는 구체적이고 현실적인 방안을 마련해야 한다.

    세대별 분석은 보통 청년, 중장년, 고령층으로 나눠서 진행한다. 청년층은 일자리, 주거, 환경, 교육, 문화·게임·스포츠 등에 관심이 높고, 중장년층은 지역 개발, 부동산, 경제 활성화 등에 집중한다. 고령층은 연금과 의료, 복지시설에 관심이 높을 수밖에 없다. 청년층은 개인과 국가의 미래, 중장년층은 경제적 현실, 고령층은 자기 세대에 대한 존중과 예우를 원한다.

이슈별 분석은 선거구 내 주요 관심사를 도출하고, 공약을 이슈별로 세분화하는 방식으로 접근한다. 유권자가 실질적으로 공감할 수 있는 스토리텔링과 후보자의 경험을 반영하면 좋다. 선거구별 데이터는 역대 선거 결과와 투표율, 정당 지지율 등을 바탕으로 지역 성향을 파악한 뒤, 기존 지지층을 지키면서 중도층과 충성도가 낮은 상대 지지층 일부를 설득해야 한다.

인구통계학적 정보, 즉 연령대, 성별, 직업, 경제·교육 수준 등의 데이터는 해당 지자체 홈페이지나 국가통계포털(KOSIS), 행정안전부 인구자료 등 정부 차원의 통계를 인용한다. 선거에 필요한 긴급한 정보는 선관위 홈페이지의 유권자 현황이나 포털사이트의 백과사전 등을 통해 확인하고, 소셜 미디어와 여론조사 자료 등을 통해 지역의 주요 데이터를 확보할 수도 있다.

확보한 데이터는 그래프, GIS geographic information system(지리정보체계), 피라미드 차트를 활용한 시각자료로 처리 및 분석할 수 있다. 직업과 소득, 교육 수준을 계층화하고, 산업분포의 집중도를 직관적으로 제시한다. K-평균 군집화 k-means clustering를 활용해서 인구군을 세분화하고, 회귀분석 regression analysis을 통해서 특정 인구군의 투표 성향을 예측한다.

특정 선거구의 연령대별 비율을 분석해서 정책 우선순위를 설정하고, 직업별 집중도를 파악해서 지역별 경제정책에 대한 관심도를 구분할 수 있다. 경제 활성화, 일자리, 지역 개발, 주거, 부동산, 환경, 교육, 문화·게임·스포츠 등 주요 관심사와 쟁점을 설정하고, 여론조사와 뉴스 분석, 소셜 미디어 키워드 및 해시태그 분석, 온라인 커뮤니티 반응을 데이터로 수집할 수 있다.

최근 텍스트마이닝text mining과 데이터마이닝data mining 기법도 등장했는데, 소규모 선거캠프 차원에서는 버겁다. 텍스트마이닝은 '비정형 데이터'인 뉴스, 댓글, 소셜 미디어 등에서 생성하는 방대한 양의 텍스트를 단어 빈도, 긍정 및 부정 반응, 주제 모델링, 키워드 추출 등을 '자연어 처리 기술NLP(natural language processing)'로 분석해서 중요한 정보를 도출한다.

데이터마이닝은 주로 숫자나 표로 정리된 구조화된 데이터를 분석해서 숨겨진 패턴이나 규칙을 찾아내는 데 활용하는 기법이다. 중요 기술로는 분류classification, 군집화clustering, 연관규칙 발견association rule mining, 예측 분석predictive analysis 등이 있다. 유권자를 특성에 따라 그룹화하고, 유사한 데이터를 묶어 패턴을 찾아낸 뒤 미래를 예측하는 방식이다.

포털사이트 등에서는 텍스트마이닝에 많이 쓰이는 툴로 파이썬Python, NLTKnatural language toolkit, 스페이시spacy, 젠심Gensim 등을 소개하는데, 챗GPT, 워드클라우드word cloud를 이용하면 비교적 쉽게 시각화한 자료를 만들 수 있다. 시간의 흐름에 따라 유권자들의 주요 관심사들이 어떻게 변화하는지를 점검하고, 지역별 중요도 차이 등 세분화된 데이터를 확인할 수 있다.

역대 선거 결과, 지지율 등을 기반으로 지역별, 연령별, 직업별 투표 성향과 투표율을 예측하는 작업은 다음과 같이 진행한다.

- 데이터 수집: 득표율, 투표율 등 과거 선거 결과(선관위 홈페이지), 정당과 후보자 지지율(여론조사) 확인 등
- 시계열 분석時系列分析, time-series analysis: 선거구별 지지율 변화 추이, ARIMA auto regressive integrated moving average(자기 회귀 이동 평균) 모델을 활용한 투표율 예측 등
- 공간 분석: GIS 지도 형태로 시각화하고 인구 현황 데이터를 결합해서 투표 성향 패턴 분석 등
- 투표율 변화요인: 날씨, 연휴, 주요 사건 등

빅데이터 분석을 통해 만들어 낸 시각자료는 유권자의 행동 패턴과 관심사를 명확하게 파악하고, 지역·연령별 맞춤형 캠페인과 전체 전략을 점검하는 데 유용하다. 유의미한 사료들을 확보했다면, 정당과 후보자의 지지율이 상승하고 있는 지역과 상대적으로 부족한 지역 등을 구분해서 선거캠페인의 우선순위를 정하고, 지역별로 차별화된 캠페인과 메시지를 구상해 보자.

텍스트마이닝과 데이터마이닝 기법은 주요 포털사이트나 이메일 대량 발송 시스템을 통해 확인할 수 있다. 소위 '유튜브 알고리즘', '네이버 알고리즘' 같은 '맞춤형 콘텐츠 제공' 방식의 추천 알고리즘 체계와 연동한다. 필터 버블filter bubble, 확증편향 현상 등의 폐해가 뚜렷하지만, 특정 지역이나 유권자층의 이슈를 파악해서 선거 전략을 세우는 데는 도움이 된다.

데이터는 시간이 가면 갈수록 많아질 수밖에 없다. 다 좋은 내

용이지만, 선거 한 번 치르면서 모든 버전을 대입할 수는 없는 노릇이다. 수십 년간 지역을 관리해온 지자체에도 없는 분석을 선거캠프 차원에서 해내기는 어려울 뿐 아니라 꼭 필요한 일도 아니다. 많은 데이터 중에서 선거구 특성에 부합하는 데이터와 정보를 구별해내는 것도 후보자와 기획팀장의 능력이다.

[체크리스트 13] 선거구 분석 및 활용

구분	분야	체크리스트
성별·세대별	청년 정책	일자리, 주거, 환경, 교육, 문화·게임·스포츠
	중장년 정책	지역 개발, 부동산, 경제 활성화
	고령층 정책	연금, 의료, 복지, 문화
	여성 정책	물가, 치안, 교육, 주거환경 등
	출처	지자체 홈페이지, 국가통계포털(KOSIS) 등
이슈별	인문	지역별 역사·특성 분석
	경제·사회	지역 경제지표, 주요 사회기반시설, 교통 등
	환경	유치원, 초·중·고·대학교, 보건소·병원, 복지·문화시설
	현안	지역 개발, 교육 환경, 지역 경제 활성화 등 주민 숙원사업
	행정	지역 이슈 관련 행정·법적 이슈
지역별	역대 선거	결과, 투표율, 정당 지지율 추이
	선거구 분석	강세·약세·중도지역, 연령대 비율, 정책 우선순위 등
빅데이터	출처	소셜 미디어, 포털사이트, 온라인 커뮤니티, 여론조사
활용	시각자료	그래프, 피라미드 차트, GIS 활용 분석
	투표 성향	데이터 수집 → 시계열 분석(ARIMA) → 공간 분석 → 투표율 변화요인 분석 → 시각화 콘텐츠 생산

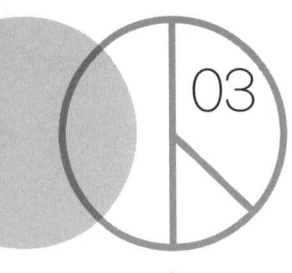

03 정세를 파악하기 위한 정치·경제적 분석

정세政勢는 '정치상의 동향이나 형세'를 뜻한다. 국정國情이나 시국時局으로 바꿔 부를 수 있다. 정세는 당대의 정치와 경제에 대한 유권자의 인식으로 이어지고, 선거 구도frame를 형성한다. 따라서 정세를 정확히 파악하고, 경제에 대한 분석과 문제의식을 바탕으로 유권자를 설득할 수 있는 정책과 공약을 개발해야 한다. 이에 대한 분석방식과 활용방안을 알아보자.

정당 간, 후보자 간 경쟁 구도를 역대 선거 결과를 토대로 분석할 수 있다. 세부적인 데이터 분석 방법은 앞에서 설명한 선거구 분석을 참고하자.

기본적으로 역대 선거에서 주요 정당별 득표율, 후보자 지지율, 정당별 강세지역(텃밭)과 약세지역을 파악한다. 정당과 후보자의 주요 정책·공약과 슬로건을 비교하고, 여론조사를 통해 지역사회에서 효과적으로 인식되는지를 분석한다.

먼저 정치 분야 분석은 주요 정당의 지지율을 통해 수치로 대략 파악할 수 있다. 선거 정국에서는 정당 간, 후보자 간 연대 혹은 분열 가능성을 확인하고 시뮬레이션을 돌려본다. 주요 정당 후보자라면 제3세력이나 후보자의 영향력이나 캐스팅보트casting vote 가능성을 염두에 두고 관리해야 한다. 후보자 단일화 같은 이벤트 성사 가능성, 유불리 영향 등을 두루 점검한다.

선거 운동 기간에 영향을 줄 수 있는 주요 정치·정책 쟁점들도 살펴봐야 한다. 외교·국방·사회 이슈 등 정치 쟁점에 대한 유권자 반응은 미디어·소셜 미디어·여론조사 등을 통해서 파악할 수 있다. 정책 쟁점은 세금, 복지 등 대다수 유권자와 관련된 보편적인 이슈를 두루 점검한 뒤 세분화segmentation과정을 거쳐 지역, 연령대, 성별 등 유권자그룹segment별로 분석해야 한다.

다음은 투표율에 영향을 미치는 요인을 분석하는 '유권자 행동 예측'이다. 특정 스캔들이나 정책 실패로 인한 변수들을 역대 투표율 데이터에 적용한 뒤 투표에 끼치는 영향력을 모델링한다. 이슈가 발생했을 때 스윙보터 역할을 하는 특정 유권자 계층이 지지를 바꿀 가능성을 예측하고, 지지를 끌어올 수 있는 유권자그룹을 효과적으로 공략할 수 있는 캠페인을 기획한다.

정치 이슈에 대한 해석은 워낙 다양하고 천차만별이라 유리한 활용법을 항상 찾아내기는 쉽지 않다. 선거에 미치는 영향은 매우 막강하지만 후보자와 선거캠프가 효율적으로 대응하는 데는 근본적인 한계가 있다. 소속 정당의 입장과 후보자·선거캠프의 특성에 따라 유연하게 대응하면 된다. 유권자의 '역린'을 건드릴 수 있는 부주의한 행보는 조심해야 한다.

경제 분야 분석은 지역별 소득수준과 실업률, 산업 구조 등 지역 경제 데이터를 분석한 뒤 지역별로 선거 전략을 조정해야 한다. 특히 데이터를 통해 지역 간 소득·주거 환경의 격차와 경제적 불만요소를 파악하고, 경제적 불균형 이슈를 선거 공약에 반영해서 메시지를 기획한다. 또한, 지역 커뮤니티와 소셜 미디어, 여론조사를 통해 물가, 부동산, 자영업 등의 중요도와 우선순위를 파악하자.

유권자가 기본소득, 부동산 규제 등에 어떻게 반응하는지를 살펴보고, 선거구 특성에 걸맞은 경제 이슈를 발굴해야 한다. 선거구가 도심권인지, 농어촌인지, 도심권이면 대도시인지 중소도시인지에 따라 관심사가 달라진다. GIS(지리정보체계)를 활용하면 토지, 자원, 도시, 환경, 교통, 농업, 해양 등 이슈별로 시각화할 수도 있다.

거시 경제 트렌드를 이해하고 있으면 어느 순간에 어떤 이슈가 발생해도 능동적으로 분석하고 대응할 수 있다. GDP 성장률, 물가상승률, 실업률 등 경제 상황과 투표 성향의 상관관계를 분석하고, 경제 상황의 긍정과 부정이 정부 지지에 어떤 영향을 미치는지 변화를 모델링할 수 있다. 선거 기간 중에 발표하는 금리 변동 등의 경제지표 등을 대비해서 선거 운동을 기획해야 한다.

경쟁 후보자의 경제 공약도 살펴봐야 비교우위가 가능하고 차별화된 전략을 수립할 수 있다. 상대 후보자 공약의 구체성과 실현 가능성, 유권자 반응 등을 종합적으로 평가한 뒤 구체적인 데이터를 기반으로 대응 전략을 짠다. 가능하다면 세금 등 특정 정책이 지역 경제에 미칠 영향까지 모델링하고, 이를 기반으로 지역별·유권자별로 특화한 다음, 설득력 있는 메시지를 개발해야 한다.

정치와 경제 이슈의 상호작용을 통합적으로 분석할 수도 있다. '취업난' 등의 특정 경제 이슈가 '정권 교체' 등 특정 정치 이슈에 미치는 양상을 데이터마이닝에 쓰이는 알고리즘 연관규칙을 활용해서 시각화하는 식의 분석 등을 예로 들 수 있겠다. 이 정도의 분석은 개별 선거캠프나 시·도당 규모에서는 어렵고, 필요하다면 외주로 진행하자.

현실적으로 총선이나 지방선거에서 후보자와 선거캠프가 지역 범위를 초월하는 중앙당 차원의 정치·경제 이슈를 진단하고 대안을 제시하기는 어렵다. 중앙당과 시·도당에서 제공하는 정책 공약과 현수막 등을 통한 '이슈 파이팅'도 생각만큼 만만치 않다. 데이터를 기반으로 선거 구도를 명확히 이해하고, 이를 지역 현실에 대비해서 실효적인 선거캠페인을 기획하는 게 중요하다.

정치·경제 이슈들 외에도 교육, 환경, 문화, 산업, 부동산, 관광 등 다양한 분야의 요구들이 있다. 모든 분야를 심도 깊이 분석하면 좋겠지만 이 가운데서 1~2순위에 초점을 맞추고, 나머지는 포괄적으로 다루는 게 현실이다. 경쟁 후보자의 주요 공약과 비교할 때 상대적으로 부족한 분야는 이후 정책 발표형식으로 보강할 수 있다. 주력 분야와 나머지 분야를 잘 가름해 보자.

중앙당이나 시·도당과 출마한 선거구 간 이해가 충돌하는 사안이 있다. 예를 들어, 약자를 대변해온 진보정당 소속으로 소득수준이 높은 지역에 출마한다든지, 반대로 기득권이 선호하는 보수정당 소속으로 중소도시나 농어촌 지역에 출마할 때가 이런 경우에 해당한다. 후보자가 지역 표심을 외면한 채 소속 정당의 기존 입장만을 반복하는 선거캠페인을 펼칠 수만은 없다.

유권자를 설득해야 할 이슈가 있고, 유권자를 대변해야 할 이슈가 있겠으나, 선출직 정치인이 유권자를 대표한다는 사실은 변하지 않는다. 정당을 국민보다 앞세우고 선거 승리를 기대할 수는 없다. 공천을 행사한 정당도 후보자와 지역의 특수성을 배려한다. 따라서 당심과 민심이 충돌할 때는 당의 정체성을 훼손하지 않는 범위에서 지역의 요구를 최대한 반영해야 한다.

특정 선거구 내에도 상대적으로 여유 있는 동네가 있고, 개발이 필요한 지역이 있다. 국가 차원에서 보면 지역 간 간극은 훨씬 커진다. 정당이 모든 지역의 입장을 수용할 수는 없고, 국민을 대리하는 정치인은 '정당을 설득하겠다'는 입장을 견지하며 민심을 모아야 한다. 예민한 표현을 피하면서, 유권자가 신뢰할 수 있는 진중한 태도로 분야별 이슈들을 다뤄야 한다.

[체크리스트 14] 정치·경제적 분석

구분	체크리스트	확인
정치 경쟁 구도	역대 선거 정당별 득표율 분석	
	역대 선거 후보자 지지율 분석	
	정당별 강세지역(텃밭) 및 약세지역 파악	
	주요 정당 및 후보자 공약·슬로건 비교	
	여론조사로 지역사회 인식도 평가	
	후보 단일화, 연대 또는 분열 가능성 시뮬레이션	
	제3 후보 영향력 및 캐스팅보트 가능성 고려	
	주요 정치 쟁점(외교, 국방, 사회 이슈 등) 분석	
유권자 행동 예측	투표율 변화 요인(정책 실패, 스캔들 등) 분석	
	스윙보터 성향 예측 및 타깃 설정	
	유권자 그룹별 이슈 민감도 분석(연령, 성별, 지역)	
정책 이슈	보편적 정책 쟁점(세금, 복지 등) 검토	
	유권자그룹별 정책 세분화(segmentation)	
	도심권·농어촌 구분에 따른 주요 이슈 파악	
	GIS 활용 이슈별 시각화 자료 제작	
	경쟁 후보자의 정책 공약 비교 및 분석	
	상대 정책의 실현 가능성 및 반응 평가	
경제 이슈	지역별 소득수준, 실업률, 산업 구조 등 경제자료 분석	
	경제 불균형 이슈 및 불만 요소 도출	
	지역 경제에 영향 줄 주요 경제 정책 모델링	
	물가, 부동산, 자영업 이슈 중요도 조사	
	경제지표 발표 시점 대응 전략 마련	
	거시 경제 변화와 투표 성향 간 상관관계 분석	

구분	체크리스트	확인
정당과 지역 민심	중앙당·지역 간 이슈 충돌 여부 점검	
	정당 노선과 지역 민심 간 균형 전략 수립	
	'정당을 설득하겠다'라는 후보자 태도 설계	
	유권자를 설득할 이슈 vs. 대변할 이슈 구분	
우선 순위	핵심 1~2순위 이슈 집중	
	약점 보완 전략 준비	
	민심 고려한 진중한 메시지 설계	

04 지역 이슈, 유권자의 최대 관심사

지금까지 정치·경제 이슈 같은 전국적인 관심사를 확인했다면 선거지역에서 소구력訴求力 있는 이슈를 찾는 작업은 대동소이하다. 최근 이슈는 지자체 홈페이지, 역대 이슈는 선관위 홈페이지를 살펴보면 알 수 있다.

시장, 군수, 구청장 등 지자체장 코너를 보면, 지자체의 비전과 공약을 통해 주력사업을 소개하고 있고, 선관위 역대 선거자료를 찾아보면 역대 공보물들이 쌓여 있다.

특히 정부와 지자체 홈페이지에서 제공하는 통계자료를 활용하면 지역사회 문제를 객관적으로 파악할 수 있다. 선거구 면적과 인구수를 비롯해 인구밀도, 산업 현황, 실업률, 교통혼잡도, 복지 수급률 같은 데이터를 확인하면서 인근 지역이나 유사한 조건의 지자체, 선거구 현황과 비교할 필요가 있다. 관공서, 학교, 병원, 도서관, 스포츠센터, 은행, 대형 마트 등의 현황도 숙지하자.

지자체와 선관위 홈페이지를 확인했다면 지역신문과 방송을 통해 자주 언급되는 현안을 확인할 수 있다. 지역의 주요 온라인 커뮤니티, 소셜 미디어에 들어가면 막연하게 상상했던 것보다 절실하고 단호하고 강경한 의견들을 많이 접할 수 있다. 오프라인 토론회나 공청회, 지역행사도 놓치지 말자. 직접 참석이 어려우면 온라인 스트리밍으로 현장을 확인할 필요가 있다.

확보한 정보를 기반으로 지역 유권자에게 실질적으로 중요한 문제를 정리해 보자. 예를 들어 교통, 교육, 주거·부동산, 환경, 문화·게임·스포츠 등을 리스트업한 뒤 소속 정당의 정책을 대입하고, 후보자의 입장으로 '재해석'해야 한다. 때론 정당과 결이 다른 태도를 견지해야 한다. 정당의 주장을 그대로 반복하다가는 제대로 시작도 해보지 못하고 반감을 촉발할 수도 있다.

지역 전문가와 시민단체, 학계 등 지역 이해관계자의 의견을 청취하는 것도 필요하다. 생각지도 못한 관점이나 예상 밖의 실마리를 찾을 수 있다. 지역 커뮤니티 내 이슈는 그들에게 솔루션이 있는 경우가 많다. 또, 지역 활동가들은 대부분 영향력 있는 유권자들이다. 자주 묻는 것만으로도 호감을 얻을 수 있다. 진정성 있게 듣고, 묻고, 방안을 찾는 태도를 유지해야 한다.

[체크리스트 15] 지역 이슈 분석

구분	체크리스트	기타
자료 조사	지자체장 공약·주력사업 확인	지자체 홈페이지
	역대 공보물·이슈 분석	선관위 홈페이지
	선거구 면적, 인구, 인구밀도, 산업 현황, 실업률 등	정부·지자체 홈페이지
	관공서, 학교, 병원, 도서관, 스포츠센터 등 인프라 현황	·
	유사 지자체나 인근 지역과 비교 분석	·
모니터링	지역신문, 방송에서 자주 언급되는 이슈 점검	·
	지역 온라인 커뮤니티 및 소셜 미디어 여론 파악	·
	지역 토론회, 공청회, 행사 참석	온라인 시청 가능
이슈 및 해석	교통, 교육, 주거, 환경, 문화 등 분야별 이슈 정리	·
	정당 정책과의 연계 여부 검토	·
	후보자 입장에서 재해석	·
	정당과 다른 태도 필요시 전략적 입장 설정	·
의견 청취	지역 전문가, 시민단체, 학계 의견 청취	·
	현지 활동가와 접촉 및 교류 시도	·
	직접 묻고 듣는 진정성 있는 태도 유지	·

05 지피知彼, 경쟁자를 분석하라

후보자 1차 분석을 마무리했다면 경쟁 후보자로 넘어가자. 공천 확정 이전이라면 경쟁 후보군은 같은 정당 소속 정치인들이고, 공천 이후라면 주요 정당의 후보자들이 해당한다.

이 단계에서의 경쟁 후보자 분석은 SWOT 방식같이 세부적일 필요는 없다. 해당 지역의 유권자 사이에서 주요 경쟁 후보자들을 어떻게 인식하고 있는지, 강점과 약점을 파악하는 정도로 충분하다.

경선과 공천 전후로 여러 단계를 거치면서 다수 경쟁 후보자를 만나는 만큼 초반부터 우리 후보자처럼 연구할 수는 없지만 건곤일척乾坤一擲의 최종단계에서 만나게 되는 후보자는 최대한 상세하게 파악한다. 전문 인력 몇 명으로 겨우 움직이는 선거캠프 현실에서 전담을 두기는 어렵지만 객관적 정보들을 정리하고, 지역주민을 통해 동향을 부지런히 업그레이드해야 한다.

경쟁 후보자의 장단점을 기반으로 다음과 같은 내용을 분석한다.

- 프로필: 인물 경쟁력(평판, 이미지), 경력, 인맥, 학연, 지연, 자금, 지역 활동, 조직 등
- 지지 강세지역, 계층, 연령대(정량적 데이터)
- 예상 선거 전략과 정책
- 의정 활동 및 공약 이행도
- 언론, 온라인상에서의 주목도(정성적 데이터)
- 기초적인 빅데이터 분석
- 판결, 언론 보도 등을 통해 알려진 부정적인 이슈나 사건

먼저 경쟁 후보자의 장단점 분석은 대표 슬로건과 주요 정책 및 공약, 중앙 정치 관련 활동 이력, 미디어 관련 활동 이력, 이미지, 인지도, 여론조사 등을 긍정적이고 객관적으로 평가한다. 반면, 정책 및 공약의 현실성 등 허점, 정치 이력상 일관성 유지 여부, 현역의원이나 공직자였다면 의정 평가 및 세평, 과거 언행, 소속 정당과의 정치적 연계성을 공격적으로 분석하고, 상대적으로 유리한 이미지를 선점한다.

경쟁 후보자의 인물 경쟁력과 지지 기반도 확인해야 한다. 경쟁 후보자가 어느 지역, 세대, 계층에서 지지를 받고 있는지를 분

석하고, 해당 유권자그룹에 대한 공략법을 찾아야 한다. 또, 경쟁 후보자 선거캠프의 주요 인적 구성과 캠페인 전략을 파악하고, 홍보방식과 채널을 모니터링해서 우수한 점은 벤치마킹하고, 상대적으로 약한 지점은 효율적으로 공략할 대안을 찾는다.

후보자와 선거캠프는 경쟁 후보자에 대한 분석 결과를 토대로 다음의 공격 포인트를 설정한다.

- 경쟁 후보자의 약점을 겨냥한 공격 메시지 개발
- 경쟁 후보자와 대조되는 후보자의 강점을 부각한 메시지 전략으로 차별화된 이미지 구축
- 경쟁 후보자의 정책에서 소외된 지역 및 계층의 흡수
- 선거 운동 기간 중 '예상한' 경쟁 후보자의 캠페인에 '준비한' 실시간 대응

여론조사와 빅데이터는 네이버 데이터랩, 카카오 데이터 트렌드, 구글 트렌드, 썸 트렌드' '빅카인즈'와 X 등 온라인상에 공개된 빅데이터 분석 툴을 사용할 수 있다.

경쟁 후보자 관련 여론조사, 언론 보도, 소셜 미디어 반응을 분석해서 실시간으로 대응 전략을 모색해 보자. 좀 더 전문적인 자료가 필요하다면 데이터 스크래핑data scraping 기법 활용을 검토할 수 있다.

[체크리스트 16] 경쟁자 분석

구분	체크리스트	확인
경쟁 후보자	공천 이전 동일 정당 후보군	
	공천 이후 주요 정당 후보군	
기본 정보	경쟁 후보자의 프로필(학력, 경력, 인맥, 지연 등)	
	지역 활동 이력 및 조직 기반	
	자금력 및 후원 세력	
장단점	대표 슬로건, 주요 공약, 정책의 강점	
	정치 이력, 언행, 이미지, 평판, 일관성	
	의정 활동 및 공약 이행도 평가(현직일 경우)	
	부정적 이슈, 언론 보도, 법적 문제 등 리스크	
지지 기반	강세지역, 계층, 연령대 확인 및 정량 데이터	
	선거캠프 주요 인물 구성 및 캠페인방식	
	홍보 채널(온라인·오프라인) 및 메시지 모니터링	
전략 분석 및 비교	선거 전략 및 방향성 예측	
	우리 후보자와 강약점 비교 및 이미지 차별화	
	경쟁 후보자의 소외계층, 지역 정책 공략방안	
	경쟁 후보자의 캠페인에 대한 실시간 대응 전략	
데이터 분석	포털사이트 빅데이터 분석	
	빅카인즈, X 등 소셜 데이터 모니터링	
	여론조사 및 기사 분석을 통한 여론 흐름 파악	
	필요시 데이터 스크래핑 기법 도입 검토	

6장
퍼센트에 집중하라

거듭 강조하는데, 우리나라 선거는 60%의 구도와 30%의 인물, 10%의 캠페인에 의해 결정된다고 보는 게 일반적이다. 구도, 즉 '프레임'은 소속 정당이 지분 대부분을 차지하고 있으며, 수도권을 제외하면 출마지역의 경향성(neigung)에 의해 좌우되는 경우가 대부분이다. 선거는 유권자의 30%를 확보하면 이긴다. 그 30%를 잡기 위해 10%에 집중해야 한다.

불리한 상황이라 해도 지레 포기할 필요는 없다. 어차피 정치는 긴 싸움이다. 구도가 불리해도 후보자의 자질이 뛰어나다면 해볼 만해진다. 거대 담론이 아닌 지역민에게 어필할 수 있는 인물론을 제시한 뒤 세밀한 민생 정치, 생활 정치로 중도층·부동층 10%를 확보하는 데 승부를 걸어야 한다. 지역에 꼭 필요한 정책과 공약을 제시하고, 정쟁이 아닌 능력을 강조해야 한다.

01
30% 잡으면 승리!
10%에 집중하라

선거에서 구도는 출마지역의 정치 환경과 경쟁 상황 등을 말한다. 영남에서 진보정당 후보자의 당선이 어렵고, 호남에서 보수정당 후보자의 당선은 가뭄에 콩 나듯 한다. 지방에서도 지역에 따라 지지 성향이 나뉜다. 이런 지역에서는 그 지역을 지배하는 정당 소속이 최고 경쟁력이다. 지역 구도는 반드시 타파해야 하지만 현실이다. 앞으로 완화될 것으로 기대하지만 요원하다.

정당 충성도가 옅은 수도권에서는 지역구의 정당 지지율과 결집도, 충성도 비중이 높아진다. '보수 텃밭'인 강남 3구(강남구, 서초구, 송파구)와 '진보 표밭'인 노도강(노원구, 도봉구, 강북구)처럼 이념적 성향이 뚜렷한 지역이 있지만 경쟁 후보자 간 구도가 비슷하다면 '양자 대결인가', '다자 대결인가'가 중요해진다. 구도 비중이 60%를 차지하는 선거에서 후보자 개인이 넘기 어려운 벽이다.

불리한 구도 속에서도 변수는 있다. 흔치 않아 이변異變이지만 아주 드물지도 않다. 그래서 불리함을 극복해낼 수 있는 후보자 고유의 경쟁력을 찾아야 한다. 물론 '벼락 스타'는 없다. 이런 경쟁력이 단기간에 완성되지도 않는다. 성실하고 체계적인 선거캠페인을 기획해야 한다.

투표율 60%인 선거구에서 전체 유권자 30%를 자신에게 투표하게 할 수 있는 후보자는 불태不殆의 지위를 갖게 된다. 시간, 자원, 인력 등 제한된 리소스resource로 30% 전체를 설득하는 것은 불가능에 가깝다. 다만 선거지역에서 투표율이 높은 특정 정당의 공천을 받았거나 특정한 이념의 대표성이 있다면, 30% 중에서도 상당한 표심을 확보했다고 볼 수 있다.

그렇다면 목표인 30%를 채우기 위해 추가로 확보해야 할 지지율을 파악하고, '설득 가능성이 높은' 유권자를 찾아 전략적으로 집중해야 한다. 투표율이 낮은 유권자집단에 투자하는 것은 비효율적이다. 제한된 리소스를 투표율은 높지만 아직 지지를 확정하지 않은 중도층, 부동층 유권자에게 투입해야 투자 대비 효과를 극대화할 수 있다. 그러므로 10%에 승부수를 띄워야 한다.

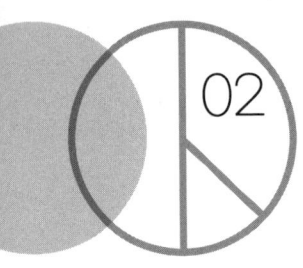

표적집단은 집중 관리 대상

    선거 승리는 득표에 의해 좌우된다. 당선이 가능한 득표수나 득표율 같은 구체적인 수치를 파악하고 필요한 최소한의 목표들을 제시해야 한다. 이렇게 해야 선거구 내 지역, 연령, 계층, 직역職域별 이슈에 따른 목표치가 설정된다. 어떤 이슈로 득표할 것인지를 고민해야 한다. 만일 선거의 기본 전략이 꼼꼼하지 못하고 부실하게 수립된다면 승리로부터 멀어지게 된다.

    2007년 이후 주요 선거 투표율은 2007년 대선 63%, 2008년 총선 46.1%, 2010년 지선 54.5%, 2012년 총선 54.2%, 대선 75.8%, 2014년 지선 56.8%, 2016년 총선 58%, 2017년 대선 77.2%, 2018년 지선 60.2%, 2020년 총선 66.2%, 2022년 대선 77.1%, 지선 50.9%, 2024년 총선 67%, 2025년 대선 79.4%였다. 2025년 기준 최근 10년을 보면 지선 50~60%, 총

선 58~67%, 대선 77~80% 선이다.

선거는 과반을 득표하면 당선되는 구조를 갖는다. 투표율 60%를 가정할 경우 전체 유권자의 30%를 확보하면 무조건 당선권에 진입하는 셈이다. 이 30%는 투표에 참여하는 유권자를 전제로 한다. 투표율이 70%라면 35%, 80%라면 40%로 높아진다. 그렇다고 해도 투표 의사가 확실한 30%를 확보할 수 있다면 해당 선거는 거의 이긴 싸움이라고 볼 수밖에 없다.

선거에서 가장 기본적이고 확실한 전략은 자신의 '집토끼(기존 지지층)'를 확실하게 지키면서 '산토끼(부동층)'를 적극 공략하는 일이다. 승리를 위한 최소한의 표를 확보할 수 있는 표적집단을 잘 선정해야 한다. 표적집단은 영어로 'target group', 'focus group'으로 표현하는데 '여론조사를 위해 각 계층을 대표하도록 뽑은 소수의 사람들로 이뤄진 그룹'을 뜻한다.

선거캠프 내에 조직을 담당할 단위를 확정했으면, 책임감 있는 역할과 영역을 분담한다. 10명 중 3명을 잡기 위한 선거캠페인 전략은 후보자의 이력과 역량, 선거자원과 조화를 이뤄야 한다. 캠페인 전략이 후보자의 자산과 부조화할 때 비효율적일 수밖에 없고, 결국 실행하기 어려운 방안이 제시된다. 후보자와 선거사무원 스스로 자신이 없을 때 선거 운동은 무력화된다.

따라서 과학적이고 확률 높은 선거 전략을 세우기 위해서는 철저한 조사와 분석을 바탕으로 정치적 식견, 선거 경험, 전문지식을 갖춘 외부의 도움을 종합적으로 받아야 한다. 특정 후보자가 경쟁 후보자에 비해 전 분야에서 차별적 우위를 가지는 것은 사실상 불가능하다. 지역 유권자를 세분화해서 후보자의 우위를 점검하고, 이를 기반으로 합리적인 전략을 기획해야 한다.

표적집단은 집중 관리 대상이다. 지역, 연령, 계층에 따라 활발하게 기능할 수 있는 표적집단을 설정해야 한다. 잘 선정된 표적집단을 통해 여론을 수렴하고, 표적집단을 겨냥한 메시지와 공약을 만들어야 한다. 표적집단을 위한 캠페인에 조직과 자원의 모든 에너지를 집중하는 것이 선거 운동의 핵심이다. 집단 내 동향을 파악하고 캠프의 입장을 전할 관리자를 육성해야 한다.

03 유권자 프로파일링, 마음을 읽어라

넷플릭스의 다큐멘터리 '거대한 해킹The Great Hack'은 구글, 페이스북, 애플, 테슬라 등 세계적인 기업들이 고객 데이터를 이용해 큰돈을 벌고 있고, 특정 컨설팅업체는 유권자 데이터를 이용해서 여러 나라의 선거에 관여하고 있음을 폭로한다. 2016년 미국 대선에서 트럼프의 승리와 영국의 브렉시트Brexit에 끼친 영향을 설명하는 내용도 나온다.

우리가 일상에서 만들어 내는 데이터들이 누군가에 의해 분석된 뒤 특별한 과정을 거쳐서 다시 우리의 의사결정에 영향을 미친다. 따라서 후보자와 선거캠프는 유권자 데이터 분석을 통해 표심의 실체를 파악하고, 선거 전략에 활용해야 한다. 동향을 면밀히 주시해서 일정한 패턴을 찾아내고, 이를 선거에 활용하는 것은 유권자의 마음을 읽기 위한 당연한 정치적 노력이다.

STP 전략의 본격 적용에 앞서 선거 이슈와 유권자 분석과정이 필요하다. 이른바 '유권자 프로파일링'이다. 여론조사와 소셜 미디어 분석뿐 아니라 필요하다면 지역별 설문조사를 진행해서 유권자의 관심사를 파악해야 한다. 지역 경제와 일자리, 복지, 교육, 환경 등 주요 이슈를 구체적으로 구분하고, 이슈별로 유권자 그룹별 반응을 명확히 분별해야 메시지를 설계할 수 있다.

04 10%를 겨냥한 STP 전략

선거캠페인에서 유권자 분석과 타깃팅은 선거의 성패를 좌우할 수 있는 중요한 과정이다. 후보자와 선거캠프는 유권자그룹을 심층적으로 세분화해서 특정 집단의 요구와 관심사에 부응하는 효과적인 메시지를 개발해야 한다. 유권자를 잘 분석해서 세분화하고, 타깃그룹을 설정하고, 적절한 이미지 메이킹을 통해 타깃그룹의 요구를 충족하는 후보자의 장점을 부각하는 것이다.

선거를 유리하게 이끌 효과적인 분석을 위해서는 유권자의 연령대, 성별, 직업, 거주지 등에 따른 전반적인 프로파일링profiling이 필요하다. 심리적 요인과 행동 패턴도 살펴봐야 한다. 이런 데이터를 근거로 어떤 메시지가 특정 그룹에 효과적일지를 연구하고, 유권자 입장에서 호감을 유발하는 키 메시지key message를 개발해서 실행 가능한 캠페인을 설계해야 한다.

STP 전략은 시장 세분화segmentation, 표적 시장 선정targeting, 위상 정립positioning의 3단계 프레임워크framework로 구성된 마케팅 전략이다. 단순 제품 판매를 넘어서 선거에서도 유권자 요구에 따라 동질적인 집단을 세분화하고, 내·외부 환경을 고려해서 자신 있는 분야와 그룹을 선정하고, 유권자에게 후보자를 특별하게 인식시키는 강력한 도구가 될 수도 있다.

　거듭 밝히는데, 선거는 전체 유권자의 30%를 확보하면 승리하는 구조다. 30%를 채우기 위해 특정 유권자집단을 표적으로 삼아 집중적으로 설득해야 한다. STP 전략의 세분화한 분석을 통해 '설득 가능성이 높은' 10%의 유권자집단을 선별하고, 충성도 높은 지지층으로 육성해서 관리할 필요가 있다. STP 전략은 경쟁적 환경의 선거에서 매우 강력한 도구로 활용될 수 있다.

05 시장 세분화에서 모빌라이제이션까지

먼저 유권자그룹을 세분화하자. 인구통계학적 기준(연령대, 성별, 직업군, 학력 등), 지리적 기준(거주지역, 소득수준 등), 심리적 기준[가치관, 정치 성향(보수, 진보, 중도), 라이프 스타일 등], 행동적 기준(투표 참여율 등)으로 나눌 수 있다.

[체크리스트 17] 유권자그룹 세분화

인구통계학적	심리적	행동적
2030 남성	중도 보수 ㅣ 병역·취업·주거	투표율 매우 낮음
2030 여성	중도 진보 ㅣ 취업·출산·성 평등	투표율 낮음, 사전 투표율 양호
4050 남성	진보 ㅣ 경제·부동산	사전 투표율 높음
4050 여성	진보 ㅣ 가족·교육	본투표율 높음
60대 이상 남성	보수 ㅣ 은퇴·연금	본투표율 높음, 사전 투표율 상승
60대 이상 여성	보수 ㅣ 건강·복지	본투표율 매우 높음

청년층은 일자리와 주거, 중장년층은 경제와 부동산, 고령층은 건강과 복지, 여성층은 성 평등과 가족에 관심이 높을 수 있다.

이어 타깃그룹을 구체적으로 선정해 보자. 선정 기준은 규모(전체 유권자 중에서 큰 비중을 차지하는 그룹), 접근 가능성(해당 그룹에 대한 효과적인 메시지 전달), 반응률 점검(선거캠프 메시지에 대해 얼마나 많은 반응이 나타나는지) 등을 검토한다. 'A동에 거주하며 자녀를 양육하는 2030 여성', 'B동에 거주하는 4050 자영업자 남성'식으로 타깃팅할 수 있다.

선택한 타깃그룹을 대상으로 후보자의 이미지를 어떻게 차별화할지를 결정한다. 타깃 유권자의 주요 관심사를 반영한 정책 제안과 비전을 핵심 메시지로 정하고(예: 청년 주거 안정 지원, 지역 화폐 발행 및 적용 범위 확대), 후보자에 대한 신뢰도를 높이면서 전문성과 공감 능력을 강조하는 이미지 전략을 구사하며, 경쟁 후보자의 약점과 대비되는 강점을 내세워야 한다.

표적집단을 집중 관리하고, 소통해야 한다. 타깃그룹의 온라인 커뮤니티를 자주 방문하고 주요 활동을 소개한다든지, 해당 집단이 선호하는 소셜 미디어나 영상 플랫폼을 활용한 홍보 전략

[체크리스트 18] 타깃팅과 포지셔닝 사례

Segmentation	Targeting	Positioning
연령: 3040	신도시 거주	핵심 메시지: 초등학교 신설, 육아 수당 인상
성별: 여성	직장인, 학부모	이미지: 교육 행정 전문성, 실천력·신뢰 강조
관심사: 교육·환경	학교·어린이집 신설	경쟁 후보자 대비: 세부 정책 차별화(독일식)

을 세우고, 구성원이 자주 모이는 지역에서 행사나 선거 운동을 진행하는 등 지역 맞춤 캠페인을 펼치면서, 그들의 요구를 충족하는 공약과 비전을 설계해 일관된 메시지를 전달해야 한다.

STP 전략을 짧게 소개했지만 기실 선거과정의 모든 핵심을 관통한다. 여론조사를 통해 유권자 의견과 주요 정책에 대한 반응을 측정한 뒤 이를 기반으로 공약을 개발한다. 온·오프라인 광고를 통해 후보자 인지도를 높이고, 유권자와 직접 만나는 유세를 통해 후보자 신뢰도를 끌어올린다. 대면이 어려운 젊은 층과 기타 유권자들은 소셜 미디어를 통해 꾸준히 소통해야 한다.

유권자의 투표율을 높이기 위한 모빌라이제이션mobilization 전략으로는 먼저 우편 투표나 사전 투표 등 조기 투표를 독려하고, 타깃그룹의 이해를 충족하는 온·오프라인 이벤트를 개최하는 방식으로 참여를 유도한다. 투표 당일에는 소셜 미디어를 통해 투표일을 주지하고, 투표 참여 메시지를 지속적으로 전달하며, 지역사회 리더 등 커뮤니티 네트워크를 활용해야 한다.

유권자와 관련한 데이터는 선거사무소 방문객들과 소셜 미디어 팔로워를 분석하고, 지역 유권자의 연령, 성별, 소득, 정치 성향 등 세부적인 프로파일링을 시도한다. 특정 지역 내에서 영향력이 큰 집단의 이해와 요구를 분석하고, 그룹별로 맞춤형 메시지를 개발해서 유권자그룹과 연결성을 강화하는 게 최종 포인트다. 꼼꼼하게 관리한 유권자그룹은 선거에서 큰 역할을 한다.

3부

선발대 세팅 다음은 1차 선거캠프 세팅

후보자와 함께 2~5명의 핵심 참모진으로 구성된 선발대가 이제껏 선거를 준비해 왔다면, 지금부터는 규모를 10~20명의 1차 선거캠프로 확대한다. 선발대 구성원은 창업 공신으로 1차 선거캠프, 이후 이어질 2차 선거캠프에서도 핵심적인 역할을 수행한다. 직책과 상관없이 팀장급으로 기능하며, 새로 충원된 실무 인력들을 활용해서 선거캠페인을 이끌어야 한다.

후보자(정확히는 후보자가 되려는 사람)는 선거 180일 전(D-180)부터 예비후보자 등록 신청 전까지 명함을 직접 주는 방법으로 선거 운동을 할 수 있다. 단, 화환·풍선·간판·현수막·애드벌룬 등의 설치, 표찰이나 표시물 착용, 후보자를 상징하는 인형·마스코트 등 상징물을 제작 및 판매는 금지된다. 자세한 내용은 공직선거법 제60조의 3 제1항 제2호와 정당법 제37조 제2항을 참고하자.

7장
1차 선거캠프 조직

1차 선거캠프는 선거전 초반, 아직 선거전이 본격화하기 한참 이전에 만들어진다. 실행 전략을 집행할 2차 선거캠프 이전에 필승 전략을 만드는 선거기획단인 셈이다.

공식적이든, 비공식적이든 남은 기간 선거 전략 수립과 실행을 총괄하는데, 정책·공약, 공보·홍보·메시지 기획, 조직, 재정을 담당할 전문 인력으로 구성된다. 철저하게 선거 승리만을 위해 구성된 핵심조직이다.

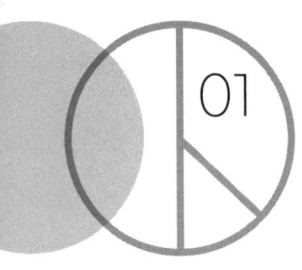

01 선거캠프 구성의 필수 요건

선거캠프는 후보자나 정당의 선거 승리를 위해 조직하는 모든 활동과 노력을 의미한다. 타깃층 설정, 슬로건·메시지 개발, 일정 기획 등 필승 전략을 수립하고, 언론 보도·광고·간담회·소셜미디어 등 공보 및 홍보를 위한 소통 채널을 기획해서 후보자의 강점을 부각한다. 또한, 후보자의 비전을 바탕으로 정책·공약을 수립하고, 선거 운동을 조직하며, 자금을 확보·운영한다.

선거에서 기본조직은 당원과 핵심 지지층이 구성한다. 선거 운동의 기반인 동시에 소속 정당과 후보자를 위해 적극적으로 기능한다. 가장 확실한 '집토끼'로 정당과 후보자가 마지막까지 기댈 언덕이다. 조직은 선거 규모와 선거캠프 구성원의 참여도에 따라 확대된다. 과거에는 전화번호 DB^{database}에 의해 좌우됐는데, 최근에는 개인 정보 유출 문제 등을 꼼꼼하게 검토해야 한다.

참고로 후보자를 돕는다는 명목으로 허락받지 않은 개인 연락처를 가져오는 경우가 아직도 있다. 모금뿐 아니라 문자메시지를 보내거나 메신저 단체대화방에 초대하는 식인데 혹시라도 개인정보보호법 위반 소지가 있다면 철저하게 사전 차단하는 게 좋다. 몇 군데 문자 더 보내려고 욕심부리다가 메신저 탈퇴 러시, 항의 전화, 법적 뒷수습 등으로 진만 빼는 수가 있다.

선거캠프는 상황을 아우르며 전체 기획을 담당할 내부조직과 발로 뛰면서 공식 활동을 총괄하는 외부조직으로 나뉜다. 내부조직은 전략과 메시지를 수립하고, 외부조직은 이를 충실히 전달하게 된다. 기본적으로 기능이 다른데, 상황도 다르다 보니 소통이 부족할 경우 선거 기간 중 갈등을 노출하기도 한다. 애초 두 조직은 역할이 다르다. 상대를 인정하고, 존중해야 한다.

[체크리스트 19] 선거캠프의 내부 및 외부조직

구분		내용
내부조직 (기획, 공보, 일정, 전략, 메시지 수립)	기획팀장	• 공식 직함 불필요: 전체 선거 총괄 • 외부조직의 세부 활동에 관여하지 않음 • 판세 분석, 메시지 관리, 후보자와 자유 소통 가능 • 선거캠프는 기획팀장이 이끄는 게 현실적으로 최선
	홍보· 공보팀장	• 메시지, 소셜 미디어, 연설문, 인터뷰, 보도자료 관리 • 플래카드, 홍보영상, 온·오프라인 홍보물 검수 등

구분		내용
선대본부 (공식조직 관리)	본부장 (위원장)	• 조직관리자로 공식회의 주재 • 선거캠프 내 인력 배치 • 실질적 운영 위해 조직팀장을 두기도 함 • 선거 막판까지 체계적이고 정직하게 운영할 인물
	법무팀장	• 선거법 위반 사항 검토
	회계책임자	• 사무장·수행비서와 함께 법적 책임 감수 • 선거법에 밝아야 함
	상황팀장	• 선거 상황 모니터링
	수행비서	• 센스 있어야 함 • 후보자와 신뢰감 형성 • 좋은 평판과 깔끔한 인상 • 지역과 지리에 익숙한 인물
외부조직 (공조직+사조직)	선거사무장· 연락소장	• 조직팀장을 겸임 가능(외부조직과 소통) • 선거사무원 인건비 관리 • 일당 15만 원×13일(광역선거는 일당 19만 원)
	선거사무원	• 일당 11만 원×13일
	자원봉사자	• 무급
	연설원	• 단정하고 깔끔하게 메시지 전달 • 설득력 있는 논리와 지역 세부 이슈 정리(A4 1장)
	공조직	• 정당의 공식조직 • 전문성 확보. 체계적이고 위계가 있음
	사조직	• 학연·지연·종교 등 후보자의 개인적 인연에 기반 • 충성도 높음

02 1차 선거캠프의 구성은 이렇게 하라

　4차 산업혁명 시대, 온택트 시대의 선거캠프는 소셜 미디어, 인공지능, 빅데이터, 블록체인, 사물인터넷 등 디지털 기술의 실효성을 조심스레 타진하고 있다.

　유권자에게 '가짜 뉴스'가 아닌, 정확한 정보를 제공해서 신뢰성을 높이고, 공식 선거 비용 범위 내에서 캠페인을 극대화할 수 있는 재원을 확보해야 한다. 시대가 바뀌어도 변하지 않는 필수 요소는 유능한 팀원들이다.

　효율적인 선거 운동을 위해 선거캠프는 내부조직과 외부조직으로 나뉜다.

　내부조직은 선거 초반부터 활동해온 선발대로 전문성과 역량을 우선한다. 선대본부 출범 전후로 본부장과 법무팀장, 회계책임자, 상황팀장, 수행비서 등이 합류하면 1차 선거캠프가 된다.

선거사무장은 지역 출신 중 신망 높은 이로 선임하는데, 선거캠프 운영과 내·외부조직 간 소통창구 역할을 한다.

후보를 대신해서 선거캠프를 공식 대표하는 인물은 선거대책본부장campaign chairperson이다. 선거캠프 조직을 전체적으로 관리하면서 공식회의를 주재하고, 후보자를 대리해서 정직하고 뚝심 있게 공식 활동을 이끌어야 한다. 선거지역 출신의 유명인이나 유권자의 존경을 받는 명사 중에 선임하되, 세부적·실무적 운영은 전문성을 갖춘 팀장들에게 전담시키는 게 좋다.

법적으로는 선거사무장campaign manager과 회계책임자accounting manager가 핵심 인력이다. 공직선거법 제265조에 따르면, 이들의 법 위반은 후보자나 가족과 같은 수준으로 처벌한다. 사무장과 회계책임자, 후보자의 직계존비속과 배우자가 기부행위나 정치자금 부정수수죄를 범해서 징역형이나 300만 원 이상의 벌금형을 받을 경우 당선은 무효로 처리된다.

선거캠페인을 실제로 진행하다 보면, 아주 사소하고 지엽적인 사안부터 선거법 위반 여부가 쟁점이 된다. 하나의 사안을 두고 중앙선관위와 지역선관위의 의견이 다른 경우도 많다. 지역 선관위 담당자가 바뀔 때마다 기존에 가능했던 사안들도 서류로 재확인하는 게 좋다. 해당 지역의 선관위 측과 언제든 소통이 가능한 법무팀장을 세우고, 사전교육과 예방에 신경 써야 한다.

1차 선거캠프는 크게 전략·정책, 공보·홍보, 총무·법무, 일정·상황·수행, 네트워크·조직으로 구성된다. 효과적인 팀 구성과 역할 분담을 위해 기획팀은 분야별로 전문 인력을 확보해서 효율성을 높이고, 항상 내부조직과 외부조직 간의 원활한 협력을 도모한다. 사실 소규모 선거캠프에서는 분야별로 인력을 확보하는 일이 쉽지 않다. 핵심 인력이 복수의 역할을 감당해야 한다.

[체크리스트 20] 1차 선거캠프 주요 구성 및 업무

구분		담당 업무
기획본부	전략·정책	선거 전략 기획, 판세 점검·분석
		정책 및 공약 개발
		여론조사 및 유권자 DB 관리
	공보	일일 보도자료 작성 및 배포
		연설문, 기고문, 인터뷰, 축사 작성
		후보자 메시지 작성
		소셜 미디어 후보자 동향 등 콘텐츠 작성
		홈페이지·블로그 개발 및 관리
	홍보	법정 홍보물 기획·제작
		홍보 콘텐츠 개발
		구전 홍보 논리, 메시지 기획
		소셜 미디어·인터넷, 미디어 관련 업무
		각종 광고 기획
	총무·법무	선거·정치자금법 지원 및 운용
		회계 관련 업무
		선관위 관련 업무
		선거사무원 관리 및 교육

구분		담당 업무
기획본부	일정·상황·수행	후보자 지시 업무 집행
		후보자 일정 관리 및 수행
		민원, 각종 제안 수렴·이첩
		후보자 지인 관리
네트워크·조직본부		조직 활동 기획
		선거구 조직라인 세팅 및 관리
		연고자, 지인 추천 활동 총괄
		선거사무원 선임 총괄
		직능, 시민사회, 대외협력 업무

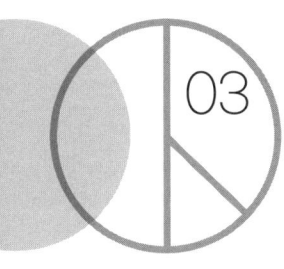

03 사무장과 법무팀, 그리고 수행비서

　선거캠프를 대표하는 공식 직함은 규모에 따라 선거대책위원장(선대위원장)이나 선거대책본부장(선대본부장)으로 세팅한다. 실무적으로 선거캠프 전체 조직을 관리하지만 상대적으로 젊거나 지역 출신이 아닌 경우 기획팀장이나 사무장으로 조율할 수 있다. 선대위원장이나 선대본부장을 지역 내 명망 있는 중량급 인사에게 맡기면 추가로 영향력을 발휘할 수 있기 때문이다.

　사무장은 선거캠프 인력 배치와 선거사무원의 인건비 등을 관리한다. 큰돈은 아니지만 은근히 잡음이 있다. 지나치게 돈을 아끼면 선거캠프에 사람이 없고, 조금 여유 있어 보이면 불필요한 인사들이 휘젓는다. 후보자나 기획팀장이 일일이 관리하기는 힘들다. 결국 사무장의 정직성과 분별력, 전체 예산을 '내 돈'처럼 생각하면서 절약하는 태도가 중요하다.

실제 선거과정에서 돈 개념이 흐려지면서 요구하는 대로 돈을 뿌리는 후보자가 있는데, 무분별한 살포는 선거에 이겨도 문제가 된다. 선거 막판에 들어 그제야 위기감을 느끼고 돈줄을 죌 경우 선거캠프가 휑해지면서 괜히 패배의 전조前兆처럼 여겨져 사기를 꺾이기도 한다. 선거 경험이 있고 믿을 수 있는 사무장에게 전체 예산 범위를 관리하게 하고, 체계적으로 집행하도록 하자.

다음으로는 법무팀이다. 주요 공약이나 홍보, 일정을 수행하는 과정에서 복잡한 선거법 위반 여부를 검토하는 전문가가 필요하다. 선거캠프 규모상 전담을 배치하기 어렵다면 사무장이 선관위와 빠르게 소통한다. 수행비서도 꼭 필요하다. 수행 없이 선거를 치르기는 어렵다. 짧은 시간 내에 최대한 많은 일정을 수행하려면 운전을 전담할 별도의 사원봉사자도 필요하다.

얼핏 역할이 달라 보이는 법무팀을 수행비서와 묶어서 설명한 이유는 일정을 확정하는 일정팀뿐 아니라 수행비서와 운전자도 현장에서 발생할 수 있는 크고 작은 선거법 위반 사안을 반드시 숙지하고, 언제든 법무팀과 소통할 수 있어야 하기 때문이다. 이들은 수시로 사무장과 의논하면서 방향성에 부합하는지를 점검해야 하며 모든 상황을 기획팀장과 공유해야 한다.

04 수행비서의 덕목은 센스와 신뢰

길에서 유권자를 만났다고 가정해 보자. 모두가 '교양인'이면 좋겠지만 현실은 녹록지 않다. 일정이 바쁘거나 급한 업무가 있는데도 붙잡고 놔주질 않는다. 후보자가 대화를 끊거나 거절하면 유독 이런 이들이 구설을 야기한다.

이럴 때 수행비서는 양해를 구한 뒤 후보자를 먼저 보내고 유권자에게 후속 조치를 약속한 다음, 피드백을 해야 한다. 빠른 판단력이 수행비서의 덕목이다.

후보자에게 선거법 관련 이슈가 발생하면 제일 먼저 수사기관에 불려갈 사람은 수행비서다. 따라서 수행비서는 선거캠프 전체가 휩쓸릴 수 있는 위기를 현장에서 간단하게 처리해 낼 분별력과 임기응변을 갖추고 있어야 한다. 수행비서는 후보자 당선 이후 보좌진이나 비서실장감으로 손색없고, 가급적 일반 사회생

활보다 정치권에 몸담았던 이들 중에 고르는 게 효율적이다.

수행비서는 첫째, 눈치가 있어야 한다. 예기치 않은 변수와 돌발 상황을 매끄럽게 정리할 수 있는 센스가 필요하다. 후보자가 놓치고 있는 것들을 챙기고, 알아서 미리 세팅하고, 유리한 방향으로 자연스럽게 동선을 유도하고, 사안의 경중을 따져 우선순위를 분별할 수 있어야 한다. 후보자가 심리적으로 안정감을 느낄 수 있도록 모든 상황을 이해하고 조율해야 한다.

둘째, 신뢰할 수 있어야 한다. 입이 무겁고 충성심이 확고해야 한다. 과묵하고, 보안이 필요한 사안은 꼭 지켜내야 한다. 밀접수행을 하다 보면 선거법 위반 소지가 있거나 실수나 구설에 오를 만한 상황이 종종 발생하곤 한다. 이를 빌미로 본인의 정치적 이득이나 사업상 이권을 요구하는 이들이 있다. 끝까지 후보사와의 의리를 지킬 수 있는 수행비서가 환영받는 이유다.

셋째, 평판 좋고 인상이 깔끔해야 한다. 사전 평판 조회가 필요하다. 거절하기 힘든 추천이나 능숙한 언변과 수완으로 후보자의 환심을 사면서 수행비서가 됐는데 선거캠프나 지역 유권자가 유난스레 싫어하는 인사들이 있다. 그런데 유독 후보자만 모르는 경우도 있다. 후보자가 지역 상황에 어둡다면 더욱 그렇다. 후보자가 모은 표를 수행비서가 깎아 먹는 셈인데 의외로 흔하다.

넷째, 지역과 지리에 대해 잘 알아야 한다. 수행비서는 해당 지역 출신으로 해야 한다. 오랜만에 귀향했거나 바뀐 지리에 익숙하지 않은 후보자를 위해 효율적으로 동선을 잡고, 일정을 조율할 수 있어야 한다. 특히 처음 출마한 후보자라면 넓은 지역 인맥을 가진 수행비서가 지역 내 주요 인사들과 커뮤니티를 연결해줘야 한다. 지역 실정을 잘 아는 인물이 필요하다.

마지막으로 수행비서가 너무 젊거나 연로하면 어색한 조합이 될 수 있다. 특히 후보자보다 연배가 높으면 자신을 앞세우거나 후보자에게 부담을 주는 경우가 있다. 후보자와 세대적으로 큰 차이가 없으면서 약간 젊은 동성同性이 적당하다. 밤낮없이 산더미 같은 일정을 수행하려면 체력이 좋아야 하고 반듯함을 유지해야 한다. 후보자를 편하게 해줄 수 있어야 하는 것이다.

05 회계책임자와 민원관리자

　회계책임자는 법적으로 지정된 선거사무원이지만 후원회 활동을 제외하면 오픈된 장소에서 외부인과 만날 일이 많지 않다. 후보자, 사무장과 소통하면서 선거캠프의 전체 운영 비용을 투명하고 체계적으로 정산한다. 회계책임자는 단순한 경리經理 역할이 아니다. 선거 자금의 법적 한도와 지출요건 등을 꼼꼼히 따져서 법적 문제가 발생하지 않도록 관리해야 한다.

　회계책임자는 선거가 끝난 후에도 후보자, 사무장과 함께 법적 책임을 감수한다. 따라서 선거법과 친밀해야 한다. 선거 관련 회계 규정이 선거 때마다 조금씩 달라지기도 하고 지역 선관위의 재량권과 특성에 따라 다른 선거, 다른 지역에서는 문제가 되지 않았던 사안이 문제가 되기도 한다. 돌다리도 두드려보고 건너는 심정으로 선관위와 자주 소통해야 한다.

선거사무소를 운영하다 보면 민원인을 자처하며 사전 약속 없이 찾아오는 사람이 많다. 이런 사람들을 만나기 위해 기획팀장이나 회계책임자, 조직팀장같이 내부조직에 소속된 관리자급이 응대하는 것은 바람직하지 않다. 내밀한 정보를 다루는 이들은 보안상 문제를 고려할 때 외부인에게 자주 노출되지 않아야 한다. 이 때문에 민원 업무를 전담할 별도 관리자가 필요하다.

상황팀장이 될 수도 있고, 민원팀장이 될 수도 있다. 타이틀 역시 붙이기 나름이다. 외부 손님을 응대하면서 옥석을 가리는 게 1차 역할이다. 실제 필요한 정보를 가진 사람이라면 사무장이나 기획팀장, 조직팀장과의 만남이나 나아가 후보자와의 미팅을 주선할 수도 있다. 물론, 상황팀장은 후보자와 공식회의에서 현황과 주요 내용을 정기적으로 보고해야 한다.

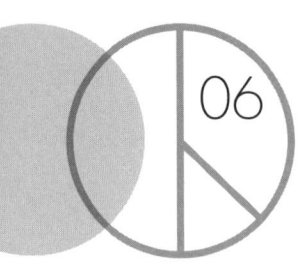

06 후원회 설립과 자금 조달 계획

제아무리 자원봉사자가 많아도 선거캠프 운영에는 예산이 필요하다. 선거캠프의 예산 관리와 자금 확보는 법적·윤리적 기준을 충족해야 하며, 이는 선거의 공정성과 투명성을 유지하는 데 매우 중요한 요소가 된다.

선거 비용은 후원회를 통해 적법한 방법으로 모금하고, 철저하게 법적 요건을 갖춰서 집행해야 한다. 선거법에 밝고 선거 경험이 충분한 회계책임자가 필요하다.

헌법재판소가 2022년 11월 지방의원의 후원회 조직을 금지한 정치자금법 제6조 제2호를 헌법불합치로 결정하면서 2024년 2월 정치자금법이 일부 개정됐고, 그해 7월 1일 이후 지방의원(당선인 포함)과 지방의회의원 후보자들도 후원회를 지정할 수 있게 됐다. 따라서 2026년 6월 실시되는 제9회 지방선거에 출마하려는 지방의원(후보자)은 후원회를 운영할 수 있다.

개정된 정치자금법에 따르면, 지방의원(후보자) 후원회의 연간 모금 한도액은 광역의원 5000만 원, 기초의원 3000만 원이고, 후원인 1인당 연간 기부 한도는 2000만 원 이내에서 광역의원 후원회에 200만 원, 기초의원 후원회에 100만 원까지 기부할 수 있다. 그 이전까지 정치자금법상 정치 활동을 위한 후원회는 중앙당(중앙당 창당 준비위원회 포함), 국회의원(당선인 포함), 대통령선거 후보자와 예비후보자, 정당의 대통령선거 경선후보자, 국회의원선거 후보자와 예비후보자, 중앙당 대표자 및 중앙당 최고집행기관 구성원 선출을 위한 당내 경선후보자, 지방자치단체장 선거의 후보자 및 예비후보자 등만 조직할 수 있었다.

그렇다면 정치인 후원회는 어떻게 설립할까? 후원회는 정치자금법 규정에 따라 정치 자금의 기부를 목적으로 설립·운영되는 단체로서 관할 선관위에 등록된 단체다. 후원금은 후원회에 기부하는 금전이나 유가증권 및 그 밖의 물건이다.

후원회 지정권자인 국회의원과 지방의원을 위해 후원회를 조직하고자 하는 사람은 후원회의 조직 형태, 운영 방법 등을 규정한 후원회 정관을 작성한다. 후원회 대표자는 후원회 지정권자의 지정을 받은 날로부터 14일 이내에 지정서를 첨부한 뒤 정관 또는 규약, 대표자 이름·주민등록번호·주소, 회인會印 및 그 대표자 직인의 인영 등을 관할 선관위에 등록 및 신청해야 한다.

후원회 설립 절차는 정관 작성, 창립총회 개최 및 대표자 선임,

회의록 작성, 후원회 지정 신청 및 지정서 교부, 후원회 인영 조각 및 인영서 작성, 후원회 사무소 설치 및 소재지 약도 작성, 후원회 등록 신청(회계책임자 신고 및 정치후원금센터 이용)을 따르면 된다.

선거는 총성 없는 전쟁이다. 보급은 풍부할수록 좋다. 회계책임자는 후보자의 자금 조달 계획에 따라 꼼꼼하게 예산안을 만들고, 법정 선거 비용에 따라 보전받을 수 있는 비용과 받을 수 없는 비용을 구분한다. 똑같이 제한된 비용 속에서도 회계팀의 역량에 따라 넉넉한 선거캠프와 부족한 선거캠프로 나뉜다. 선거 비용 보전제도를 최대한 활용해서 부담을 최소화해야 한다.

국회의원과 지방의원의 후원회 설립 가이드북은 중앙선관위 홈페이지(www.nec.go.kr)에 접속한 뒤 '자료공간→선거/법규/정당→자료공간' 순으로 들어간 다음, '후원회'로 검색하면 문서 파일로 확인할 수 있다. 후원회 설립 세부 절차를 비롯해 회계책임자 신고, 정치후원금센터 이용 신청 등을 설명하고 있으며, 자주 묻는 질문과 답변, 각종 서식 모임, 전자 정치 자금 영수증 발급 매뉴얼 등도 포함되어 있다.

07 선거 비용과 정치 자금의 차이

선거 비용은 선거 운동에 직접 사용하는 자금이다. 선거 운동 기간 중에만 발생하며 선거법 한도에서만 사용할 수 있다. 내역은 철저히 관리해야 하는데, 후보자와 회계책임자가 정치 자금 관련 회계 실무에서 가장 혼란스러워하는 점이 바로 '선거 비용'과 '선거 비용 외 정치 자금'이다. '선거 비용'은 지역구 선관위가 공고한 제한액이 있는 반면, '선거 비용 외 정치 자금'에는 제한이 없다.

정치 자금은 정치 활동을 위해 소요되는 경비로만 지출이 가능하다. 당비, 후원금, 기탁금, 보조금, 정당의 당헌·당규 등에서 정한 부대 수입, 정당과 (예비)후보자, 후원회·정당 간부와 유급 사무직원 등에 제공되는 비용과 이들이 정치 활동에 소요하는 비용을 뜻한다. 정당운영비, 정책개발비, 의정 활동지원비 등 선거와 무관한 정당 및 정치인의 일상적 활동 자금을 포함한다.

[선거 비용(공직선거법 제119조 참고)]

- 선거사무소(예비후보자 선거사무소 포함)나 선거연락소에 설치 및 게시하는 간판, 현판, 현수막의 제작, 설치, 철거에 소요되는 비용
- 선거사무장 등 선거사무관계자에게 지급한 수당, 실비
- 선거 벽보, 선거 공보, 선거 공약서, 후보자 사진 등 작성 비용과 선거 벽보의 보완 및 첩부 비용
- 거리게시용 현수막의 제작, 설치, 철거에 소요되는 비용
- 어깨띠, 표찰·수기 등의 선거 운동용 소품 등의 구입 및 제작 비용
- 신문, 방송, 인터넷 광고 및 방송 연설에 소요되는 비용
- 공개 장소에서의 연설 및 대담에 소요되는 비용(유세차량 및 방송 장비 임대료 포함)
- 선거 운동을 위한 전화의 설치비 및 통화료
- 선거 운동용 명함(점자형 포함) 제작 비용
- 전자우편, 인터넷 홈페이지를 이용한 선거 운동에 소요되는 비용
- 예비후보자의 선거 운동에 소요된 비용
- 그 밖의 '공직선거법'에 위반되지 않은 선거 운동을 위해 지출한 비용

> **누락하기 쉬운 예외적 선거 비용**
> **(경선 운동 비용과 여론조사 비용은 정치 자금)**
>
> - 위법한 경선 운동에 소요된 비용
> - 예비후보자 등록 신청 개시일부터 선거일까지 4회를 초과해서 실시하는 여론조사 비용
> - 선거사무소 및 연락소를 방문하는 자에게 지출하는 다과류 음식물 비용
> - 후보자 및 예비후보자와 함께 다니는 자에게 통상적인 식사류 제공 비용

[선거 비용 외 정치 자금(공직선거법 제120조 참고)]

- 무소속 후보자의 선거권자의 추천을 받는 데 소요된 비용
- 정당의 후보자 선출대회 비용 및 정당 활동 비용
- 선거관리위원회에 납부하는 기탁금 및 송금 수수료
- 선거사무소와 연락소의 전화료, 전기료, 수도료, 기타 유지비로서 선거 기간 전부터 정당 또는 후보자가 지출해온 경비
- 선거사무소 및 연락소의 설치 및 유지 비용(임대료)
- 정당, 후보자, 선거사무장, 선거연락소장, 선거사무원, 회계책임자, 연설원 및 대담·토론자가 승용하는 자동차 운영 비용
- 제3자가 정당, 후보자, 선거사무장, 선거연락소장 또는 회계책임자와 통모함 없이 특정 후보자의 선거 운동을 위해서 지출한 전신료 등의 비용
- 공직선거법 제112조 제2항에 따라 기부행위로 보지 않은

행위에 소요된 비용. 다만 같은 항 제1호 마목(정당의 사무소를 방문하는 사람에게 제공하는 경우는 제외한다) 및 제2호 사목(후보자·예비후보자가 아닌 국회의원이 제공하는 경우는 제외한다)의 행위에 소요되는 비용은 선거 비용으로 본다.
- 선거일 후에 지출 원인이 발생한 잔무 정리 비용
- 여론조사 지출 비용(단, 예비후보자 등록 신청 개시일~선거일 4회 초과한 조사는 제외)

08 선거 비용 모금과 제한액 관리

'20억 원 쓰면 당선, 10억 원 쓰면 낙선'을 뜻하는 '20당 10락설'이 회자하던 시절이 있었다. 30억 원을 써야 한다는 말도 있었다. 하지만 제도적으로 투명해지고, 소셜 미디어를 통해 모든 게 실시간 생중계될 수 있는 요즘 시대에는 어림없는 일이다.

그렇다고 해도 선거에서 자금의 중요성은 여전히 유효하다. 법의 테두리 내에서 법정 선거 비용 외 정치 자금을 최대한 활용하도록 해야 한다.

선관위는 선거 운동 과열과 금권선거 방지, 후보자 간 경제력 차이에 따른 선거 운동 기회의 불균등 완화, 선거 비용의 과다 사용으로 발생할 수 있는 물가 상승 등 부작용 최소화를 위해 공직선거 때마다 선거 비용 제한액을 산정 및 공고한다. 이른바 법정 선거 비용이다. 이 비용을 0.5% 이상 초과 지출한 사유로 징역형이나 300만 원 이상 벌금형을 선고받으면 당선은 무효가 된다.

지방선거 선거 비용 제한액은 특별시장, 광역시장, 특별자치시장: 4억 원(인구수 200만 미만은 2억 원)+(인구수×300원), 도지사: 8억 원(인구수 100만 미만은 3억 원)+(인구수×250원), 광역의원: 4000만 원+(인구수×100원), 비례대표 광역의원: 4000만 원+(인구수×50원), 지역구 자치구·시·군의원: 3500만 원+(인구수×100원), 비례대표 자치구·시·군의원: 3500만 원+(인구수×50원), 자치구·시·군의 장: 9000만 원+(인구수×200원)+(읍·면·동 수×100만 원) 등이다.

선거 비용 제한액은 공직선거법 제121조(선거 비용 제한액의 산정)에 따라 산정하는데, 참고로 대통령은 '인구수×950원', 지역구 국회의원은 '1억 원+(인구수×200원)+(읍·면·동 수×200만 원)', 자치구·시·군 초과 시 '곳당+1500만 원', 비례대표 국회의원은 '인구수×90원' 등이다. 선관위는 예비후보자 등록 신청 개시일 전 10일까지 선거 비용 제한액을 정당과 후보자에게 공고해야 한다.

일반적으로 선거 예산안은 법정 선거 비용의 90% 이내로 편성한다. 해당 지역구 제한액이 2억 원이라면 1억 8000만 원 내에서 예산을 세워야 한다. 선거법을 위반한 선거 운동에 사용한 비용과 기부 행위 제한규정을 위반해서 지출한 비용이 발견되면 선관위에 제출한 선거 비용에 추가해야 한다. 이 경우 전체 선거 비용을 초과할 수 있고, 어렵게 이긴 선거는 당선 무효로 처리된다.

22대 총선에서 지역구 평균 선거 비용 제한액은 2억 1901만 원이었고, 실제 지역구 후보자 1인당 평균 선거 비용은 1억 6003만 원이었다. 선거 비용 제한액의 73% 수준으로 관리한 셈이다.

현역 국회의원은 매년 1억 5000만 원을 모금할 수 있는데, 전국 선거가 열리는 연도엔 2배인 연간 3억 원까지 가능하다. 22대 국회의원은 지방선거가 있는 2026년, 총선이 있는 2028년까지 2년이 있기 때문에 최대 9억 원까지 모금할 수 있다. 수당, 상여금, 활동비를 포함한 국회의원 세비는 연간 1억 5700만 원(매월 1309만 원)에 달한다. 반면, 원외인사는 선거 120일 전 예비후보자 등록 이후 최대 1억 5000만 원까지 모을 수 있다.

인맥이 약하고, 내세울 경력도 없는 청년정치인은 몇백만 원 수준의 후원금에 머물기 십상이다. 예비후보자 경력을 만들어서 '다른 의도'로 쓸 가능성을 우려했다지만, '기울어진 운동장'이라는 지적은 끊이지 않는다. 그럼에도 불구하고 현재 정치자금법 하에선 다른 방도가 없다.

후원회는 정치자금법에 따라 공식적으로 설립 및 등록한 뒤, 정치 자금을 모금해야 한다. 개인 후원자는 연간 2000만 원까지 기부할 수 있으며, 하나의 후원회에 최대 대통령 후보 1000만 원, 국회의원·지방자치단체장 후보 500만 원을 후원할 수 있다. 이밖에 소속 정당이 배정하는 정당보조금이 있으며, 그래도 부족한 선거 비용은 후보자가 개인 대출 등으로 마련할 수밖에 없다.

4차 산업혁명 시대와 온택트 시대를 맞아 소셜 미디어와 영상, 온라인 미디어를 통한 모금방식으로 진화하고 있지만, 선거 비용 모금의 기본 속성은 변하지 않는다. 모금은 그저 부족한 선거 비용을 채우기 위한 과정이 아니다. 재산이 넉넉한 정치인들도 선거 비용을 열심히 모금한다. 모금 자체가 지지자를 만나고, 지지세를 넓히고, 표심을 확보하는 과정이기 때문이다.

후보자와 선거캠프 구성원의 가족과 친척, 친구, 동료, 동창회, 동호회 등 공략 가능한 모든 개인과 단체를 모금 대상자로 삼되 지나친 부담을 지우지 않도록 주의한다. 후보자의 비전과 승리 가능성, 최신 여론조사 등 독점적인 정보를 통해 후원자를 설득한다. 후원자의 경제력과 후보자와 관계의 돈독한 정도에 따라 예상 금액보다 조금 더 큰 액수를 솔직하게 요청하자.

지역 유권자 중에서 개인적 인연 없이 정당이나 비전 등을 보고 기부를 결정했다면 비록 소액이라도 의미가 있다. 자발적인 선거 운동 참여가 가능한 사람이기 때문이다. 후원 행사와 출판기념회를 비롯한 이벤트와 바자회, 경매 등을 통해 모금 루트를 넓혀가자. 후원자 명단을 정리해서 정기적으로 선거 관련 정보를 갱신하고, 선거 후에도 승패와 무관하게 관리해야 한다.

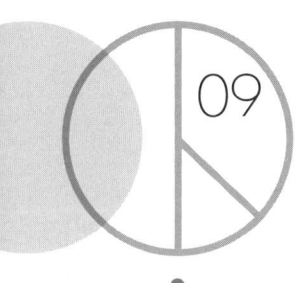

09 정치자금법 사각지대: 선거 자금펀드와 출판기념회

 이렇게 모금했음에도 불구하고 필요한 금액을 채우지 못했다면 선거 자금펀드(이하 '선거펀드')를 활용해 보자.

 모든 정치인이 선거펀드를 출시할 수 있는데 이런 펀드만 모아서 소개하는 사이트가 있을 정도로 관심도가 높다. 유권자의 자발적 참여를 유도하는 과정을 통해서 효과적인 홍보수단으로 쓸 수 있고, 불법적 정치 자금 근절과 정치문화 개선의 의지를 표명할 수도 있다.

 선거펀드는 명칭에 '펀드'가 붙다 보니 금융상품으로 오인한 사례가 많아 초반에 위법 논란이 일기도 했다. 그러나 선관위에서 금융상품이 아닌 개인 간 거래로 합법이라는 유권해석을 내리면서 주요 모금방식으로 자리 잡았다. 즉, 선거펀드는 정치 자금에 속하지 않는다. 위험도가 높고, 수익률은 낮아 사실상 정치

후원금으로 보는 시선이 많다. 공무원도 참가할 수 있다.

보통 선거펀드 수익률은 예금 이율과 비슷한 수준에서 정해지는데 현실적으로 상환 기간이 매우 짧고, 세율도 15.4%를 징수하는 예금보다 훨씬 높은 27.4%를 적용하기 때문에 실질 수익을 기대하기는 어렵다. 3%대 중후반의 이율을 적용할 경우 1000만 원을 입금했을 때 이자는 약 5만 원에 불과하다. 여기에 세금을 고려하면 실질 수익은 3만 5000원에서 4만 원 정도다.

정치인 입장에서는 낮은 금리로 선거 자금을 확보하고 홍보 효과를 누릴 수 있는 수단이다. 그러나 결과와 무관하게 약속한 수익률을 지급해야 하며, 만약 본선(본선거) 진출에 실패하거나 득표율이 10%에 미달하는 등의 이유로 후보자가 선거 비용을 전액 보전받지 못하면, 출자한 유권자 역시 원금을 돌려받지 못할 가능성이 있다. 현행법으로는 법적 책임을 물을 수도 없다.

*

출판기념회와 의정보고회는 공직선거법상 투표일 90일 전부터 금지된다. 출판기념회는 '편법적 정치 자금 조달책'으로 원성이 높지만 많은 정치인이 여전히 선호하는 모금 수단이다. 2020년 6월 1일부터 2024년 1월 10일까지 21대 국회의원 318명 중 4분의 1에 해당하는 77명(24.2%)이 91회의 출판기념회를 개최했다. 91회 중 4분의 3인 67회(73.6%)가 막판 70일에 집중됐다.

현직 의원뿐 아니라 선거 출마를 염두에 둔 정치인들도 출판기념회를 선호한다. 우선 지지세력을 결집하고 과시할 수 있어서 정당 공천에서 유리한 입지를 차지할 수 있다. 영향력이 큰 인사를 초청하면 지지층을 확대하고, 대중적인 인지도를 끌어올릴 수도 있다. 정치권 인맥과 언론, 인플루언서, 지역에서 알려진 이들을 초청해서 북 콘서트 형식으로 기획하기도 한다.

출판기념회는 관할 선관위에서 선거법 위반 여부를 살핀다. 후보자와 후보자가 되려는 자는 다음과 같은 것은 할 수 없다.

- 초청장에 개인에 대한 홍보 포함, 개인을 홍보하는 영상물 등 상영(이상 사전선거 운동)
- 가수나 전문합창단, 전문가 수준의 예술·마술공연
- 무상 또는 저렴한 비용으로 저서 제공
- 출판기념회 전후로 저서를 경로당이나 마을회관 등에 무상 제공(이상 기부행위) 등

출판기념회에서 할 수 있는 것은 다음과 같다.

- 선거일 120일 이전 현수막, 벽보 게시
- 선거일 120일 이전 전화, 초청장 발송
- 초청장에 주최자명, 일시, 장소 등 기재(단, 경력 등 홍보·선전, 후원회 포함 불가)
- 1000원 이하 음료(주류 제외) 제공

- 일반인의 1~2곡 축가 부르기
- 유명인, 연예인의 단순 사회나 행사 진행
- 선거와 무관한 저서 내용 중 저자의 약력과 소개, 주요 내용 동영상 상영
- 의례적인 축사 및 격려사(지지, 선전 불가)
- 의례적인 출판기념회 초청장 이미지의 문자메시지, 이메일, 소셜 미디어 발송
- 시중 가격으로 서적 판매
- 의례적 범위의 축하 금품 수수

정치인에게 출판기념회는 손해 볼 일 없는 이벤트다. 현행 정치자금법의 규제를 받지 않아 큰 무리 없이 진행할 수 있다. 모금액은 경조사비로 분류돼 기존 정치후원금과 달리 한도가 없고, 내역 공개나 신고의무도 없다. 출마를 앞둔 후보자라면 우선적으로 고려할 만한 모금 행사다. 자세한 내용은 공직선거법 제93조, 103조, 112조 등과 정치자금법 2조 등을 참고하자.

10 선거 비용 보전제도인 '선거공영제'

선거에 관한 경비는 법률이 정하는 경우를 제외하고는 정당 또는 후보자에게 부담시킬 수 없다(대한민국헌법 제116조 ②).

선거공영제는 후보자가 선거 운동을 위해 지출한 선거 비용 중 법에서 인정하는 금액을 국가(또는 지방자치단체)가 선거 후에 보전해주는 제도다. 이른바 '선거 비용 보전제도'다. 당선자와 선거 기간 중 사망한 후보자, 유효투표총수의 15% 이상을 득표한 낙선자는 전액을 돌려받고, 유효투표총수의 10~15%를 득표한 후보자는 지출한 선거 비용의 50%를 보전받을 수 있다.

2002년 선거공영제 도입 이전까지 우리나라는 엄청난 선거 비용이 들어가는 국가였다. '관권선거'로 치러진 제7대 대통령선거에는 국가 예산의 15%가 투입됐다는 말이 돌았고, 대기업을 압박하면서까지 막무가내로 정치 자금을 모은다는 소문도 늘 있었다. 수십만 명이 모이는 유세 현장에는 무료 버스와 거마비車馬費가 있었고, 웬만한 부자가 아니면 출마는 꿈꿀 수 없었다.

선거공영제는 재산이 없는 사람도 선거에 출마할 수 있고, 적어도 표면적으로 재산이 많은 사람과 동일한 조건에서 경쟁할 수 있도록 지원하는 제도다. 돈 많은 후보자도 '선거 비용 제한액'을 넘길 수 없기 때문이다. 재원이 넉넉하지 않은 소규모 정당에 중요한 제도인데, 정당의 이익을 챙겨준다거나 세금을 정당 재산화한다는 비판이 있는 것도 사실이다.

선거공영제 실현을 위해 필요한 제도가 앞서 설명한 후원회다. 후원회를 설치한 이후 회계책임자는 '예금계좌 변경 신고→후원회 회원 모집→후원금 모금→정치 자금 영수증 발행→후원회 변경 등록 및 해산(필요시)' 등의 절차를 따른다. 후원회 등록신청서, 표준정관, 후원회 지정(또는 지정철회)서, 회의록, 사무소 약도, 해산신고서 등 국회의원, 지방의원의 후원회 설립·운영 관련 내용은 중앙선관위가 발행한 가이드북을 참고하면 된다.

*

지방선거 후원회 설치와 관련한 전체적인 내용은 다음과 같다.
첫째, 최초 신고한 회계책임자 명의의 정치 자금 수입·지출계좌는 후원회 명의로 변경한다. 후원인이 세액 공제 증빙자료로 금융 거래 입금증을 사용하려면 후원회 명의의 계좌여야 하고,

회계책임자 변경 시 발생하는 번거로움이 있기 때문이다. 후원회 등록증 수령 후 세무서에서 고유번호증을 발급받아 은행에서 후원회 명의 계좌를 새로 개설한 뒤 선관위에 신고하면 된다.

둘째, 후원회원은 정관에 정한 절차에 따라 모집 및 탈퇴할 수 있다. 가입 또는 탈퇴원서를 제출해야 하고, 자유의사에 따라 하나 또는 둘 이상의 회원이 될 수 있으며, 연간 1만 원 이상을 기부해야 한다. 16세 미만 국민, 외국인, 국내외 법인·단체, 국가공무원법·지방공무원법 제2조에서 규정한 공무원과 사립학교 교원·법령에 따라 공무원 신분을 가진 사람은 회원이 될 수 없다.

셋째, 후원회는 계좌 이체, 현금 등을 이용해 후원금을 모금한다. 후보자별 연간 한도액은 광역의원 5000만 원, 기초의원 3000만 원, 지방자치단체장은 선거 비용 제한액의 50%다. 회계책임자는 수시로 계좌를 확인해서 가급적 한도액을 넘기 전에 폐쇄한다. 20%까지 초과할 수 있으나 어차피 다음 해로 이월된다. 20%를 넘기면 5년 이하 징역 또는 1000만 원 이하 벌금을 받게 된다.

후원인은 모든 후원금을 합쳐서 연간 2000만 원을 초과할 수 없으며, 기부한도액은 후보자별로 지방자치단체장 500만 원, 광역의원 200만 원, 기초의원 100만 원이다. 한도를 넘기면 5년 이하 징역 또는 1000만 원 이하 벌금이다. 1회 10만 원 이하, 연간 120만 원 이하 후원은 익명으로 가능한데, 익명 기부 한도액을 초과하거나 타인 명의·가명의 기부금액은 국고에 귀속된다.

이밖에 후원회 비회원도 '정치자금법' 제11조(후원인의 기부 한도 등) 규정에 따라 기부 한도를 초과하지 않은 범위에서 기부할 수 있고, 이동식 신용카드 단말기(정당 및 후보자 지지·추천 집회에서 모금은 불가), 모바일 블로그, 페이팔Paypal 서비스, 클라우드 펀딩 사이트(예: 텀블벅), 후원회 홈페이지 모금 현황 공개 이벤트 등을 통해 모금이 가능하다.

넷째, 후원회는 후원금을 기부받은 날로부터 30일 이내에 정치 자금 영수증을 발행해서 후원인에게 교부해야 한다. 정치후원금센터를 통한 전자 영수증이나 선관위가 제작한 종이 영수증을 통해 발행 및 교부할 수 있으며, 별도의 영수증 발급 프로그램은 불허한다. 발행한 영수증은 후원인에게 직접 전달하거나 우편, 문자메시지, 이메일, 메신저 등을 통해 PDF, 그림 파일로 발송할 수 있다.

후원금은 10만 원까지 전액 공제, 10만 원 초과한 경우 초과금액의 100분의 15(3000만 원 초과 시 100분의 25), 공제금액의 100분의 10에 해당하는 금액을 종합소득산출세액과 개인 지방소득세 등에서 공제한다. 후원회가 고유번호증으로 홈택스 기부금단체 등록을 하면, 연말정산간소화서비스에 후원금 내역을 직접 등록할 수 있어, 후원자가 연말정산 시 손쉽게 세액 공제를 받을 수 있다.

다섯째, 후원회 등록 신청 내용 중 명칭, 소재지, 정관·규약, 대표자 성명·주민등록번호·주소, 회인·대표자 직인의 인영 등 변경사항이 발생하면 후원회 대표자는 14일 이내에 변경 등록을 신청해야 한다. 후원회 지정권자인 국회의원·지방의원이 후원회를 둘 수 있는 자격을 상실하거나 후원회 지정을 철회한 때, 또는 정관에서 정한 해산 사유(법정 해산 외)가 발생하면 해산한다.

후원회 해산 신고는 해산 사실을 단순히 알리는 행위이기 때문에 '사실상 해산되는 날' 이후로는 해산 신고가 없더라도 후원금 모금행위를 일체 하지 못한다. 국회의원, 지방의원은 후원회를 둘 수 있는 자격을 상실한 때부터 14일 이내에 회계책임자를 통해서 관할 선관위에 회계 보고를 해야 한다. 자세한 내용은 정치자금법 제40조(회계 보고), 제51조(과태료) 등을 참고하자.

*

정당이나 후보자는 선거 비용을 지출한 영수증 등 증빙서류를 선거일 후 10일(대통령선거는 20일)까지 청구한다. 누락한 비용은 회계 보고 마감일까지 추가 청구할 수 있다. 여기에서 중요한 점은 '누락'과 '청구하지 않은 것'이 다른 개념이라는 점이다. 애초 청구하지 않은 비용은 보전받을 수 없다. 보전청구서를 제출했으나 일부 누락된 내역만 추가할 수 있도록 허락한다.

선관위는 공직선거법 제122조의 2(선거 비용의 보전 등)에 따라 선거일 후 60일 이내에 당선인과 15% 이상 득표자에게는 선거 비용 전액, 10~15% 득표자에게는 절반을 선거 비용 제한액 범위 내에서 보전한다. 대통령선거는 선거일 후 70일 이내에 보전된다. 선거 비용을 보전받았어도 공직선거법 제263조~265조에 따라 당선 무효가 확정될 경우 전액 반납해야 한다.

선거공영제같이 국가가 정당이나 후보자에게 선거 비용을 보전하는 제도는 전 세계 80여 개국에서 시행 중인 것으로 알려졌다. 득표율에 따라 보전 비용을 결정하는 독일은 정당에 대한 선거 비용 지원을 정교하게 운영하고 있으며, 일본은 득표율 10% 이상 충족하면 보전받을 수 있다. 캐나다와 호주도 일정 수준 이상을 득표한 정당과 후보자에게 지원금을 지급한다.

반면, 미국은 '자본주의의 총본산'답게 선거공영제제도를 두지 않는다. 2010년 '슈퍼팩'으로 불리는 정치행동위원회PAC(political action committee) 규제마저 풀었다. 미국의 모든 선거는 정치후원금으로만 이뤄지며 선거에 세금을 한 푼도 사용하지 않는다. 따라서 전국 단위선거는 주로 민주당이나 공화당같이 일정 규모 이상의 정당이나 재산이 많은 사람만 나선다.

참고로, 규제가 풀리면서 정치행동위원회는 특정 후보자와 직접 연계되지 않은 범위에서 독자적 판단으로 무제한 모금 활동을 할 수 있게 됐다. 미국 정치자금법의 제약을 받지 않은 상태에서 정치행동위원회가 추구하는 정책이나 사상을 무제한의 자금력으로 무제한 광고할 수 있는 셈이다. 실질적으로 편법적 정치 자금 모금, 편법적 후원, 돈세탁이라는 비판을 피할 수 없다.

선거사무소의 5대 조건

선거사무소는 후보자와 선거캠프의 외적 상징이자 캠페인의 거점이다. 크기가 적당해야 하고, 위치도 신경 써서 선정해야 한다. 선거사무소 설치 및 유지 비용은 원칙적으로 정치 자금에 해당하기 때문에 선거 비용 제한액 범위에 포함되지는 않지만, 홍보물과 현수막의 제작·설치·철거 관련 비용은 선거 비용에 해당한다.

첫째, 눈에 잘 띄고 깨끗한 곳이어야 한다. 후보자의 얼굴과 이름, 정당과 캐치프레이즈가 걸리기 때문에 한눈에 잘 들어오고 유동인구가 많은 곳이어야 한다.

사람들의 왕래가 잦기 때문에 후보자 이미지를 고려할 때 깔끔한 건물이 좋다. 건물 자체가 낡고 냄새가 난다든지, 건물은 깨끗한데 유흥업소 등이 있다면 아무리 목(目) 좋은 곳이라도 차선책을 찾는 게 좋겠다.

둘째, 사통팔달四通八達의 선거구 중심부가 좋다. 가급적 후보자와 운동원들이 빠른 시간에 선거구 구석구석에 닿는 곳이어야 한다. 선거를 치르다 보면 유세 도중 선거사무소를 들르거나 잠시 휴식을 취하는 경우가 있다. 장소가 외지면 이럴 때마다 난감한 상황이 연출된다. 필수 차량의 장기 주차가 가능하고, 후보자의 동선이 용이한 곳이면 좋다.

셋째, 전략적으로 공략할 필요가 있거나 후보자 공약과 관련된 지역이 유리하다. 앞서 말한 두 가지 조건을 충족하는 복수의 장소 중 고민이라면 선거구 내 어떤 지역의, 어떤 계층의 유권자를 공략하는 게 유리할지를 따져봐야 한다. 예를 들어, 후보자의 대표 공약이 동남권 개발인데 정작 선거사무소가 서북부에 있다면 어색한 상황이 야기될 수밖에 없다.

넷째, 당연한 말이지만 선거사무소는 선거구 내 소재지에 설치해야 하며, 변경할 때는 지체없이 관할 선거구 선관위에 서면으로 신고해야 한다. 개소식, 현판식에 참석한 이들에게 통상 3000원 이하의 다과나 음료를 제공할 수 있으며, 주류는 제외된다.

마지막으로, 선거사무실은 후보자 명의로 얻도록 하자. 타인의 명의로 얻으면 그 자체가 기부행위가 될 수 있으므로 증빙과정이 복잡해진다.

후보자가 경쟁력이 있고 당선 가능성이 있는 편이라면, 선거사무소는 선거 진행에 따라 비대해진다. 커진 조직과 공간을 효율적으로 관리하기 위해서 명확한 지휘계통을 확립하자.

　참고로, 선거사무소 설치 기간은 후보자 등록일부터 선거일까지다. 따라서 예비후보자 등록 이전까지는 '선거 운동을 위한 사무실'로 공식적인 선거사무소와 법적 성격이나 채용 인원, 활동 범위가 다르다. 선거 운동을 위한 준비행위는 후보자 당선을 목적으로 한 투표 유도행위가 아닌 사무원 선임 교섭행위, 연설문 작성 등 장래 선거 운동을 위한 내부적 절차적 준비를 뜻한다.

8장
메시지와 커뮤니케이션

선거에서 메시지의 중요성은 새삼 거론할 필요조차 없다. 적용이 광범위하다. 선거 슬로건과 카피뿐 아니라 선거과정에서 게첩하는 플래카드, 홍보 영상, 홍보 책자, 피켓, 어깨띠, 점퍼, 8차례까지 발송할 수 있는 문자서비스 등 표현되는 문자와 상징이 모두 메시지다. 주요 이슈에 대한 논평, 기자회견 및 인터뷰 자료, 소셜 미디어도 약속된 메시지를 기반으로 작성된다.

선거는 후보자와 유권자 사이의 의사소통(communication)을 기반으로 진행된다. 선거 메시지는 '일방적인 외침'이 아니다. 단순한 홍보를 넘어 선거의 승패를 좌우하는 핵심요소로 치밀하게 기획해야 한다.

메시지와 커뮤니케이션, 위기관리 전략은 유권자의 니즈(needs)를 면밀하게 분석한 뒤 그들의 마음을 얻고, 상황을 관리하면서 투표장으로 유도하는 데 초점을 맞춰야 한다.

01 강렬하게 그리고 간결하게

메시지는 '어떤 사실을 알리거나 주장하거나 경고하기 위해 보내는 선언傳言'부터 '문예 작품이 담고 있는 교훈과 의도', '언어나 기호에 의해 전달되는 정보 내용' 등의 다양한 사전적 의미를 가진다. 후보자와 유권자 간 의사소통과정에서 보내는 측이 받는 측에 제공하는 정보, 혹은 제공하고 싶은 준비된 정보를 얼마나 잘 전달하느냐에 메시지의 성패가 달려 있다.

메시지는 언어적verbal 메시지와 비언어적nonverbal 메시지로 나뉘며 선거에서도 마찬가지다. 의사소통모델에서 메시지는 '매개체vehicle'가 필요한데 글자로 구성된 문어文語, 말로 하는 구어口語, 그림이나 영상을 이용한 상징체계 등으로 구분한다. 화자가 '전달하고자 하는 내용'을 말과 글, 표정과 제스처gesture, 그림, 영상 등을 총동원해서 전달해야 한다.

메시지의 질質은 압축미壓縮美에 의해 가늠된다. 단순하고 간결하며 신뢰할 수 있어야 한다. 무엇보다 기억에 남을 만한 키워드가 있어야 하며 메시지를 통해 후보자가 말하고자 하는 핵심과 가치를 유권자들이 인지할 수 있어야 한다. 간결할수록 임팩트를 높일 수 있다.

*

선거 메시지는 사실fact을 기반으로 후보자의 비전과 소신, 출마의 당위성, 경쟁 후보자와의 차별성 등을 포괄적으로 응축한다. 효과적인 메시지 관리는 시기-단계-필드-수단별로 진행되는 다양한 메시지 사이에 뚜렷한 일관성을 유지할 때 가능해진다. 반복해서 전달해야 한다.

선거 메시지는 후보자의 가치와 비전을 담고, 유권자의 필요를 반영하며 차별적이어야 한다. 유권자는 자신의 가치관과 비슷하고, 자신의 관심사를 이해하는 후보자를 선택한다. '개혁', '평화', '안전' 같은 메시지는 간단하면서도 강력하게 각인된다. '청년층 일자리 제공', '어르신 복지 확충' 같이 주요 유권자그룹의 현안을 이해하는 모습을 보여주는 메시지도 필요하다.

전국 단위 선거에서의 '큰 메시지'는 정당이 규정한다. 각 지역구 출마자의 메시지 역시 '같은 결'을 유지해야 한다. '경제 살리기', '정권 심판' 등의 기조가 정해지면 지역과 후보자의 특성에 맞춰 조율하는 과정이 필요하다. 유권자는 개인 경쟁력과 더불어 소속 정당의 기조를 담아낼 수 있는 후보자를 선호하기 마련이다. 정당의 브랜드를 상징하는 컬러도 챙겨야 한다.

개인적 이력을 살려서 지역이나 유력한 정치인, 시대에 걸맞은 상징과의 연관성을 잘 찾아야 한다. 예를 들어, '부산의 아들', 'ㅇㅇ의 왕수석', 'ㅇㅇ의 심복', 'ㅇㅇㅇ의 오른팔' 등은 슬로건만으로도 강한 메시지를 전달한다.

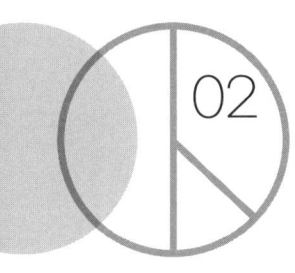

02 메시지에는 임팩트가 있어야 한다

후보자와 캠페인의 차별성과 강점, 시대적 요구와 흐름 등을 나열한 뒤 하나의 문장이나 카피로 압축한다. 이어 화려한 수식이나 주관을 느낄 수 있는 부사나 형용사를 삭제한다. 꼭 필요한 단어들로 문장과 카피를 작성한다.

이후 최종 결정과정에서 꼭 필요한 수식어를 최소한의 범위에서 사용한다. 강렬한 메시지가 주목받는다. 간결하다면 주목도를 훨씬 높일 수 있다.

선거과정에서 두각을 드러내고, 유권자의 마음을 사로잡는 강렬하면서도 간결한 메시지를 만들어 내야 한다. 단순히 눈에 띄는 문구를 넘어, 후보자의 비전을 명확하게 담아서 유권자의 뇌리에 오랫동안 기억될 수 있는 임팩트가 필요하다. 이러한 메시지 제작의 과정을 살펴보도록 하자.

첫 번째, 키워드에 집중한다. 후보자의 비전과 선거의 시대정신을 이해하고, 유권자에게 반드시 전달해야 할 핵심 가치를 정리한다. 브레인스토밍brainstorming과 선거구 관련 자료 조사 등을 통해 메시지의 방향성을 설정하면, 불필요한 아이디어를 거르는 기준이 된다. 이어 불필요한 단어나 형용사를 제거한 뒤, 마치 광고 카피처럼 짧은 문장에 강력한 의미를 담아내는 것이 중요하다.

두 번째, 강렬하고 긍정적인 어휘로 시선을 사로잡는다. 추상적인 표현보다 구체적이고 적극적이며 역동적인 단어를 활용한다. 희망, 변화, 개혁, 청렴, 혁신, 미래, 가능성, 조화, 지속가능성 등 긍정적인 키워드를 찾고, 유권자의 마음을 터치할 수 있는 감성적인 메시지를 기획한다. 이성적인 메시지보나 감성을 자극하는 표현이 '감정적 연결고리'를 형성하는 데 유리하다.

세 번째, 귀에 착 감기는 리듬감과 운율을 살린다. 캐치프레이즈나 슬로건은 유사한 음절 배열 등을 통해 리듬감을 주고, 일반 메시지는 반복적 단어와 구문을 활용한다. 예를 들어, '희망찬 미래, 더 나은 ○○'은 간결한 리듬감으로 청각적 기억 효과를 높인다. 핵심 키워드를 짧은 구문 안에 배치해서 임팩트를 키우고, 유권자가 즉각적으로 뜻을 파악할 수 있도록 한다.

네 번째, 차별화된 아이디어를 고민하자. 기존 선거 메시지의 틀을 벗어나 다양한 관점으로 신선한 표현을 찾는다. 연상기법과 수사를 동원해서 참신한 문구를 개발하자. 식상한 표현이나 빤한 문구로는 이목을 끌 수 없다. 클리셰cliché를 지양하고, 과거 성공적이었던 메시지를 응용한다. 책과 광고, 온라인 트렌드를 분석하고, 이를 바탕으로 독창적인 메시지를 기획한다.

 다섯 번째, 효과적인 전달과정을 확인한다. 발음하기 쉽고, 어색한 단어 조합을 피해야 하며, 자연스럽고 듣기 편안한 표현을 선택해야 한다. 발음이 새거나 특정 지방의 억양이 강하게 드러나는 음절, 단어, 표현은 제작단계에서 배제한다. 슬로건이라면 디자인 친화적인 간결성이 필요하다. 후보자와의 균형을 통해 시너지를 내면서 강력한 브랜드 이미지를 구축할 수 있다.

03 캐치프레이즈는 8·15

캐치프레이즈catchphrase는 선거에서 후보자와 캠페인의 핵심 메시지를 유권자의 뇌리에 간결하면서도 강렬하게 전달한다. 전문적으로 광고 문구를 만드는 카피라이터copywriter나 헤드라인headline을 뽑아내야 하는 기자 출신들이 활약하는 배경이다. 소비자와 독자의 호기심을 자극하되, 철저하게 내용에 근거해서 과장이나 허위사실이 포함되지 않도록 해야 한다.

선거판에서는 캐치프레이즈를 슬로건slogan과 구분하기도 한다. 슬로건을 좀 더 정치·사회적 용어로 보는 경향이 있는데 큰 차이는 없다. 눈에 띄도록, 시선이 머물도록 만드는 도구가 돼야 한다. 인구에 회자하는 명언이나 명대사, 광고 문구를 인용할 수도 있고, 경쟁 후보자들과 대비되는 강점을 대놓고 부각하는 방식도 흔히 사용한다. 어떤 경우에도 내용의 핵심을 포함해야 한다.

캐치프레이즈는 짧고 명확한 단어로 핵심 메시지를 표현해야 하는데 '8·15'를 기억하자. 단번에 이해할 수 있는 8개 단어, 15자 안팎을 의미한다. '기분 좋은 변화, 품격 있는 ○○', '○○의 미래, 홍길동이 함께 합니다', '○○의 아들, 홍길동', '○○○의 오른팔, 홍길동' 같이 단순하고 직관적인 표현을 사용한다. 복잡한 용어는 지양하고 어린이도 쉽게 이해할 수 있도록 한다.

('8·15'를 염두에 두고) 지역성과 연계해서 후보자의 강점을 극대화할 필요도 있다. '30년간 ○○시의 안전 지킴이 ○○○!!', '○○군의 미래를 이끌 젊은 ○○○!!'처럼 타 후보자와 차별화된 가치와 독특한 이력을 앞세울 수도 있다. '○○구 교육 개혁의 적임자 ○○○!!', '낙후된 ○○시, CEO 출신 ○○○이 이끈다'처럼 후보자의 전문성을 부각해서 신뢰성을 높이는 방식도 있다.

또한, 희망과 긍정의 메시지로 미래 지향적 표현을 담아낸다. '새로운 출발, 더 희망찬 내일' 같이 유권자에게 밝은 미래를 제시하는 것이다. 엄혹한 시기에 결기 어린 문구가 등장할 때도 있지만 추천하지 않는다. '경쟁자 돌려 까기'에 몰입해서 비판적인 표현을 쓴다면 세련된 캠페인으로 보이지 않는다. 부정적인 표현보다는 희망과 변화, 긍정의 메시지를 선택하자.

리듬감과 반복성을 활용하는 방식도 있다. '정직, 신용, 청렴, ○○○!' 같이 운율이 좋고 반복되는 리듬감 있는 패턴이나 '젊은 ○○ 시정은 젊은 ○○○과 함께' 같이 핵심 단어를 반복해서 메시지를 강화하면 기억에 남는다. 유권자의 감성을 자극하는

'우리 아이들의 미래를 위해 ○○○', 지역 유권자와의 연대감을 고취하는 '우리를 위한 새 출발, ○○○!' 식도 괜찮다.

캐치프레이즈는 기본적으로 기억에 남는 단어와 표현을 선택해야 한다. 희망, 변화, 개혁, 청렴, 혁신, 미래 등 후보자와 소위 '궁합'이 맞는 강렬한 키워드를 사용해서 긍정적이고 호감 가는 이미지를 연출한다. 빤한 레토릭을 벗어나 독창적인 표현으로 차별화할 때 효과적이다. 여러 가지 버전의 캐치프레이즈를 만든 뒤 선거캠프 구성원이나 전문가의 피드백을 받아보자.

04 스토리텔링, 어떻게 전달할까?

　유권자에게 후보자의 메시지를 효과적으로 전달하기 위해서는 체계적인 커뮤니케이션 전략이 필요하다. STP 전략을 응용한다면, 6장에서 설명했듯이 유권자를 냉철하게 분석하고, 유권자집단의 요구에 부응하는 맞춤형으로 접근해야 한다. 유권자를 세분화segmentation하고, 표적집단targeting을 선정하고, 위상 정립positioning을 위한 고도의 메시지를 기획해야 한다.

　젊은 층은 유튜브와 인스타그램, 페이스북 같은 온라인 미디어를 선호하고, 고령층으로 갈수록 레거시 미디어legacy media(기존 매체)의 영향이 커진다. 알고리즘의 추천으로 연령대를 초월해 '확증편향確證偏向'이 강해지는 것도 현실이다. 유권자의 연령, 지역, 직업, 관심사 등 다양한 데이터를 분석하고, 타깃팅하고, 맞춤형 메시지를 기획해야 한다.

젊은 유권자를 겨냥한다면 소셜 미디어에 적합한 짧고 명료한 메시지가 좋다. 영상이나 사진 등 비주얼 이미지를 활용해서 필요한 키워드만 전달하면 된다. 고령층에게는 후보자의 철학과 비전, 현실에 대한 진단을 담은 내용을 긴 호흡으로 전달할 수 있다. 후보자의 경험을 살려서 이야기하듯 내용을 풀어가는 스토리텔링storytelling 형식을 도입하면 효과를 높일 수 있다.

스토리텔링은 유권자를 설득하기 위해 중요하다. 덴마크 출신의 세계적인 미래학자 롤프 옌센은 현시대를 "물질적인 부가 아닌 문화와 가치, 생각이 중요해지는 꿈의 사회"로 규정하고, "브랜드보다 고유한 스토리를 팔아야 하며, 스토리텔링을 배우지 못하면 사람을 설득할 수 없고, 설득할 수 없다는 것은 원하는 것을 얻지 못한다는 의미"라고 설명했다.

스토리텔링은 알리고자 하는 내용을 흥미롭게 생생하고 감성적인 이야기로 전달하는 방식이다. 단어와 이미지, 소리 등을 통해 상대방에게 전하고자 하는 바를 재미있고 생생한 이야기로 설득력 있게 전달하는 행위다. 핵심은 구성plot과 캐릭터character, 그리고 시점time line인데, 어떤 이야기story를 어떻게 전달telling할 것인가를 고민해야 한다.

정책이나 청사진을 개조식으로 나열하지 말고, 스토리텔링을 통해 유권자에게 감성적으로 접근해 보자. 후보자의 성장과정과 사적인 경험을 바탕으로 유권자의 공감을 끌어내야 한다. 이야기를 전개하는 과정에서 핵심 키워드를 반복하면 후보자의 이미지와 자연스럽게 연결된다. 유권자에게 각인될 수 있는 슬로건이나 핵심 문구를 깔끔한 메시지에 담아 타깃층을 공략하자.

선거캠프 내에서 메시지를 담당하는 인력은 브레인스토밍을 통해 자유롭게 아이디어를 구성하고, 긴 호흡으로 블로그에 올릴 수 있는 초벌을 개략적으로 작성한다. 바로 게재하라는 뜻은 아니다. 초벌을 압축해서 TV, 라디오, 신문 같은 기존 매체를 겨냥한 메시지로 구상하고, 이를 감성적으로 한 번 더 압축해서 소셜 미디어에 적합한 메시지로 가다듬는다.

선거캠프가 메시지 전략을 시의적절하게 실행하면 후보자의 존재와 핵심 비전을 유권자에게 특별하게 인식시키는 위상 정립으로 이어진다. 유권자는 긍정적인 변화를 기대하게 되고, 후보자에 대한 신뢰감은 높아진다. 유권자의 기대와 신뢰는 시나브로 중도층과 부동층에 전달되고, 기존 지지층의 충성도와 스윙보터에 대한 설득 가능성은 갈수록 높아지기 마련이다.

이와 반대로 선거캠프의 메시지 전략이 모호하거나 실행과정이 세련되지 못하면 후보자의 존재감과 비전 역시 흐릿해진다. 유권자의 관심사와 동떨어진 메시지를 기획하거나 복수의 타깃 그룹에 서로 다른 메시지를 전달해서 스스로 일관성을 무너뜨리면 유권자의 신뢰를 받을 수 없다. 또한, 돌발상황에 따른 대처가 느리거나 부적절하게 대응할 경우 실망감만 높이게 된다.

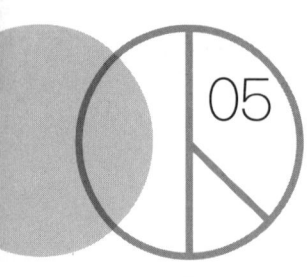

Reach 3+, 메시지를 반복하라

선거는 출마 이유를 단순하고 명료한 언어로 인지시키는 과정이다. 메시지는 전달하려는 정보와 주상이며, 기대한 반응을 얻기 위해 내용을 선정하고 배열하는 메시지 처리과정을 거친다. 따라서 메시지는 치밀한 분석과 전략을 바탕으로 기획해야 한다. 후보자의 정체성, 이미지와도 맞아야 한다. 듣기에 달콤한 말, 화려한 수식과 거창한 구호는 오히려 신뢰성을 약화시킨다.

후보자와 선거캠프의 메시지는 수단보다 내용에 충실해야 한다. 공약과 정책이 지역과 유권자에게 미치는 영향을 고민하고, 오랜 시간을 들여서라도 좋은 표현을 찾아보자. 이런 점에서 기성 정치인에 비해 정치 신인은 불리하다. 지명도가 높을수록 신뢰성도 높아지기 때문이다. 신인은 더 열심히 지역을 분석하고, 자신의 장점에 극대화하는 메시지를 찾아내야 한다.

후보자의 장점과 지역 수요를 반영한 메시지를 만들었다면, 세부 메시지도 일관성 있게 기획한다. 유권자에게 메시지를 얼마나 쉽고 우호적으로 각인시키느냐에 선거 성패가 달려 있다. 세부정책 하나하나를 메시지로 정리하되, 정당의 기조와 충돌하거나 동떨어지지 않도록 한다.

공약과 정책이 유권자에게 효과적으로 인식되기 위해서는 중학교 2학년생이 쉽게 이해할 수 있는 언어로 표현돼야 한다. 아직 우리나라는 정책을 쉽게 메시지화하지 못하고 있다. 공약과 정책을 설명하는 용어들이 너무 어려워서 유권자가 직관적으로 이해하지 못하는 경우가 많다. 아무리 좋은 내용도 유권자의 혼란과 번잡을 야기한다면 결국 실패한 메시지다.

*

대부분의 후보자, 특히 정치적 경험이 부족한 후보자일수록 반복적인 메시지를 지루해한다. 일정한 기간이 지나면 새로운 표현을 원한다. 때로는 "이 메시지밖에 없느냐?"며 무기력을 느끼기도 한다. 그러나 검증되지 않은 메시지, 선거캠프 내에서 충분히 논의하지 않은 메시지, 순간의 트렌드를 좇는 메시지는 혼선을 부를 뿐 아니라 '아마추어' 딱지가 붙기 십상이다.

광고 시장, 특히 TV 광고에서는 유효도달률effective reach을 '3+'로 본다. 시청자가 동일한 광고를 3회 이상 '정주행'할 때 광고 효과가 나타난다는 것이다. TV 광고 시청률을 뜻하는 GRPgross rating point(누적 광고 시청률) 개념도 비슷하다. 얼마나 인상적인 광고인지가 중요하지만, 동일한 메시지를 수차례 반복해도 유권자에게 효과적으로 인식되기는 쉽지 않다.

공중전에서도 마찬가지. 'ㅇㅇ의 아들' 같은 슬로건은 선거가 끝날 때까지 모든 메시지에서 반복해야 한다. 포스터와 플래카드, 어깨띠, 피켓뿐 아니라 보도자료, 출마선언문, 문자메시지, 인터뷰, 소셜 미디어 등 후보자를 소개하는 모든 수단에 포함해야 한다. 슬로건은 대개 기사화과정에서 삭제되지만 그래도 반복한다. 여전히 모르는 사람이 압도적으로 많기 때문이다.

물론, 대통령선거나 광역지자체장선거같이 전국적인 주목도가 높은 선거를 치른다면 전체 일정에 따라 단계별 메시지를 기획할 필요도 있다. 언론과 미디어를 통해 노출 빈도가 충분히 확보되기 때문이다. 그래도 핵심 슬로건은 끝까지 고수한다. 경쟁 후보자의 메시지를 분석해서 효과적으로 상쇄하고, 유리하게 반전시킬 메시지를 기획하는 것도 좋은 전략이 될 수 있다.

[체크리스트 21] 선거 메시지 제작 노하우

구분	체크리스트	확인
키워드	후보자의 비전·핵심 가치는 무엇인가	
	시대정신은 무엇인가	
	선거구의 특성을 정리했는가	
	브레인스토밍과 자료조사를 통해서 방향성을 설정했는가	
	후보자의 장점과 캠페인의 차별성은 무엇인가	
	설정한 방향성에 따라 불필요한 아이디어를 걸러냈는가	

구분	체크리스트	확인
압축과 다듬기	꼭 필요한 단어는 무엇인가	
	불필요한 단어나 부사, 형용사는 없는가	
	문장을 하나의 메시지, 카피로 압축했는가	
	간결하고 강력한가	
긍정적이고 감성적 어휘	구체적이며 역동적인 단어를 사용했는가	
	희망, 변화, 개혁, 청렴 등 긍정적인 키워드를 포함했는가	
	유권자의 마음을 터치할 감성적인 요소는 무엇인가	
리듬감과 운율	캐치프레이즈, 슬로건에 리듬감이 있는가	
	반복과 유사 음절을 활용했는가	
	핵심 키워드는 구문 안에 효과적으로 배치했는가	
	메시지는 직관적인가	
차별화된 아이디어	연상기법, 은유, 비유 등 수사를 활용했는가	
	식상한 표현이나 빤한 문구는 없는가	
	참고할 만한 책, 광고, 온라인 트렌드는 무엇인가	
효과적인 전달	발음하기 쉬운가	
	어색하거나 부자연스러운 단어 조합은 없는가	
	자연스럽고 듣기 편안한 표현을 선택했는가	
	슬로건은 디자인과 조화되는가	
	후보자 이미지에 부합하는 메시지인가	
기타	스토리텔링 형식의 줄거리를 갖추고 있는가	
	유권자에게 효과적으로 반복하고 있는가	

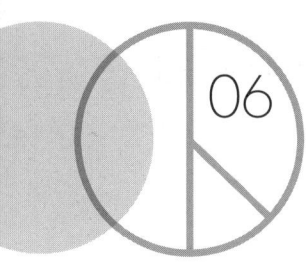

06 '경제라고, 바보야', 성공한 메시지 전략

　선거에서 메시지와 커뮤니케이션은 단순 홍보가 아니다. 후보자와 선거캠프의 흥망을 좌우하는 핵심요소다. 후보자를 소개하고, 비전을 전달하고, 유권자의 신뢰를 확보하고, 투표장으로 유도하고, 후보자를 선택하게 하는 일관된 메시지 기획이 필요하다. 세계 각국의 선거에서 주목받은 슬로건은 짧고, 강렬하고, 유권자의 감성을 자극하고, 비전을 제시하는 공통점이 있다.

　1964년 미국 대통령선거에서 재선에 나선 민주당의 린든 B. 존슨은 'The stakes are too high for you to stay at home(당신이 투표를 포기하기엔 사안이 너무나 막중하다)'이라는 슬로건과 함께 세계 정치사상 가장 임팩트 있는 TV 광고를 선보였다.

　'Daisy Girl(데이지 걸)'로 알려진 이 광고는 데이지 꽃잎을 세는 소녀와 핵폭탄 발사 직전의 카운트다운을 대치시켜 공화당 후보자인 배리 골드워터가 당선되면 핵전쟁이 일어날 수 있음을 경고했다. 린든 B. 존슨은 선거인단 486명 대 52명, 득표율 61.6%로 압승했는데, 61.6%는 미국 대선에서 아직도 깨지지 않고 있는 엄청난 기록으로 남아 있다.

1992년 미국 대선 초반 '호구'로 꼽힌 민주당의 빌 클린턴은 'It's the economy, Stupid!(경제라고, 바보야!)'라는 메시지로 미국의 경제불황을 유권자에게 강렬하게 인식시켰고, 현직 대통령 조지 부시를 꺾었다. 이후 세계 정치권과 언론은 '경제'를 다른 단어로 대체하는 스노클론snowclone으로 이 메시지를 애용하고 있다.

2016년 대선에서 공화당의 도널드 트럼프는 'Make America Great Again!(미국을 다시 위대하게!)'을 슬로건으로 내세웠다. 미국의 위대함을 회복하겠다는 메시지로 변화에 대한 표심과 보수 지지층을 동시에 품어낸 것이다. 2020년 패배 후 권토중래捲土重來를 다짐한 트럼프는 2024년 대선에서 8년 만에 다시 'MAGA'를 내걸고 승리했다.

'철의 여인The Iron Lady'으로 불린 영국 보수당 소속 71대 총리 마거릿 대처는 1978년 선거에서 'Labour isn't working(노동당으로는 안 된다)'이라는 포스터를 공개했다. 구직자들이 직업안내소 앞에 길게 줄 서서 기다리는 그림을 통해 영국의 높은 실업률과 경제 문제를 꼬집는 동시에 노동당Labour Party의 실패를 직관적으로 짚어냈다.

남아프리카공화국의 넬슨 만델라는 1994년 'A Better Life for All(모두를 위한 더 나은 삶)'이라는 대선 슬로건으로 '아파르트헤이트apartheid(인종차별정책)' 극복에 나섰다. 27년간 옥살이 후 1990년 출소한 만델라는 희망의 메시지를 통해 남아공 최초의 흑인 대통령이 됐고, '용서하되 잊진 않는다'는 슬로건으로 국민 화합을 주도했다.

2017년 탄핵 후 대한민국 대선에서 '사람이 먼저다'는 구호로 당선된 문재인 대통령은 취임 연설에서 아직도 회자되는 어록을 남겼다.

"기회는 평등할 것입니다. 과정은 공정할 것입니다. 결과는 정의로울 것입니다."

특별할 것 없는 단어들로 명료하게 작성한 단문이었다. 문 대통령은 임기 마지막 여론조사에서도 지지율 40%를 넘긴 '레임덕 없는 대통령'으로 남았다.

이러한 슬로건들은 짧고 간결하며 누구나 쉽게 이해할 수 있는 '명료성'을 바탕으로 유권자의 희망·불만·공포 등의 감성, 미래에 대한 긍정적인 비전, 전체 캠페인을 관통하는 일관된 반복을 통해 유권자의 뇌리에 남았다는 공통점이 있다. 단순한 문구를 넘어 후보자의 핵심 철학과 비전을 효과적으로 전달함으로써 선거 판도를 바꿀 만큼 강력한 영향력을 발휘했던 것이다.

07 주목받는 보도자료 작성의 기술

　선거캠프뿐 아니라 정부와 기업, 기관, 정치인 등 대외 활동을 중시하는 모든 단위에서 공보·홍보에 공을 들인다. 세련된 홍보에 대한 대중의 기대치는 갈수록 높아지고, 비용은 상승한다. 그러나 제한된 선거 자금으로 움직이는 선거캠프가 홍보에만 많은 돈을 투자할 수는 없다.

　그렇기 때문에 보도자료가 주목받는다. 가장 효율적으로 대중에게 다가가는 홍보 방법이기 때문이다. 단, 좋은 홍보 내용을 잔뜩 집어넣는다고 모두 기사가 되는 것은 아니다.

　기사를 만들고 싶다면 먼저 기자들이 직관적으로 이해하고, 작업하기 쉽게 보도자료를 작성해야 한다. 중학교 2학년생도 이해할 수 있어야 한다. 기자가 모든 분야의 전문가는 아니므로 이해할 수 없는 전문용어를 늘어놓거나 자기 자랑만 한다면 기사화되기 힘들어진다.

1. 보도자료의 개념

보도자료press release는 선거캠프를 포함해 정부기관, 민간기업체 등에서 언론기관에 어떤 사건이나 행사 등에 관해 배포하는 공식 발표자료다. 선거캠프 개소식 등 주요 행사가 있을 때 관련된 정보나 사진, 연설문 등을 사전 혹은 사후에 언론사에 배포한다. 출판기념회 같은 경우는 후보자의 주요 이력이나 업적을 제보提報하기 때문에 개인 홍보에도 효과적이다.

2. 보도자료의 특징

첫 번째, '퍼블리시티publicity, 홍보·매스컴의 관심'나. 언론 보도를 통한 간접적인 홍보 활동으로 매스컴의 관심을 끌어서 결과적으로 무료 광고 효과를 얻는 것이다. 큰돈 들이지 않고 대중에게 인지도를 각인할 수 있는 효과적인 언론 홍보방식이다. 공공성을 바탕으로 한다.

기업 PRpublic relations에서 가장 중요한 업무가 퍼블리시티이고, 퍼블리시티의 대표적인 도구가 보도자료다. 보도자료는 기자와 커뮤니케이션 수단이다. 기자는 보통 취재해서 기사를 쓰지만, 외부에서 전달하는 보도자료를 기반으로 기사화하는 경우도 상당하다.

글을 잘 쓴다고 해서 반드시 보도자료를 잘 쓰는 것은 아니다.

기자들이 '기삿거리'로 느낄 수 있도록 써야 보도로 이어진다. 마찬가지로 보도자료를 잘 썼다고 해서 꼭 기사화되는 것도 아니다. 경쟁력 있고 인상적인 보도자료를 보내야 한다. 보도자료 작성법을 사전에 숙지하자.

두 번째, '신뢰성 확보'가 용이하다는 것이다. 광고와 달리 기사면에 게재될 때 독자(유권자)는 거부감 없는 정보로 인식한다. 신뢰성 측면에서 긍정적인 효과가 뛰어나다.

세 번째, 보도자료는 '사실과 정보성'에 바탕을 둬야 한다. 사실을 있는 그대로 전달해야 하며 독자에게 정보로서 가치가 있어야 한다. 과장하지 말아야 한다.

3. 보도자료의 종류

보도자료의 종류는 다음과 같다. 기사와 비슷하게 분류되는데, 선거캠프에서는 거의 '스트레이트' 버전으로 작성한다.

종류	특징	포인트
스트레이트	• 시의성 있는 기삿거리 • 보도가 목적	• 핵심 내용을 자료 앞쪽에 배치 • 역삼각형 스타일
기획·해설기사	• 뉴스 뒤의 뉴스 • 보도 추진 배경 설명	• 기승전결 기법으로 작성 • 정삼각형 스타일
피처기사	• 스토리 중심 • 감정과 감성에 호소	• 주인공 등장. 증언과 체험 • 에피소드 위주로 작성
캡션기사	• 사진 등 비주얼 자료 제공	• 창의적인 연출사진 • 구성은 5W1H로 1~2줄로 요약

4. 단계별 보도자료 기획

선거캠프는 전체 선거 일정에 따라 단계별로 '메시지 전략'을 세운다. 선거가 본격화하기 전이라면 후보자 소개에 집중한다. 이목을 끌 만한 이벤트를 연계해야 기삿거리가 될 수 있다. 지역과 인연을 소개하고, 경쟁이 예상되는 후보자와 비교되는 장점을 집중적으로 소개한다.

1) 공식 선거 기간 이전: 후보자 소개

스토리텔링이 필요하다. MBTI$^{\text{Myers-Briggs Type Indicator}}$ 기준으로 본다면 판단 기능상 T$^{\text{thinking(사고)}}$보다는 F$^{\text{feeling(감정)}}$가 유리하다. 이성적이기보다 감성적일수록 좋다.

후보자를 소개할 때 출마지역과의 인연, 정치 투신 배경, 지역의 주요 현안에 대한 이해, 현안을 해결할 수 있는 경험과 인맥, 지역 발전을 위한 솔루션 등을 집중적으로 홍보한다.

스토리도 후보자에 대한 인지도에 따라 형태가 달라질 수 있다. 해당 지역에서 당선된 이력이 있는 후보자라면 굳이 개인사를 소개하는데 공들일 필요가 없다. 오히려 중앙정치권에서의 위상과 영향력, 주요 정치 이슈에서 두각을 드러낸 공식 행보, 국회 대정부 질의나 상임위 활동 등 언론 보도 소개, '힘과 인간적 면모를 두루 갖춘 정치인'식의 이미지 등을 강조하는 데 주력한다.

이슈가 발생하면 선거캠프는 후보자의 전문성과 엮어서 독창적인 견해를 밝힌다. 내용상 '하나 마나 한 분석'이라도 '특별한 표현'으로 포장하면 주목받는다. 단, 과격한 표현이나 억지 논리, 노이즈 마케팅은 자제하자. 온라인에 한 번 '박제'되면 정치 인생은 '폭망'한다.

2) 공식 선거 기간 초반: 정책 및 공약 소개

선거캠프는 공식 선거 운동 기간 전부터 후보자와 주요 정책 및 공약을 소개하는 보도자료를 꾸준히 발송해야 한다. 공식 선거 운동 기간은 투표일을 제외한 13일이지만 보도자료는 이 기간 전후로도 얼마든지 보낼 수 있다. 주요 보도자료는 선거 일정을 고려해서 미리 기획한다.

기획성 보도자료는 7시에 발송하고, 오전에 기삿거리가 되는 일정을 배치한 뒤 14시 이전에 보도자료와 사진을 발송하면 보도에 유리하다. 오후에는 인터넷 기사를 겨냥한 일정을 사진 위주로 처리한다. 공식 일정은 18시에 문자메시지나 웹자보 형식으로 기자단에 제공한다.

보도자료는 '포지티브'해야 한다. 선거캠프 공식 보도자료에는 '좋은 말'과 '매너 있는 표현'만 담는다. '네거티브'한 내용은 가급적 피하고, 불가피한 경우에는 논평으로 처리한다. 해명이 필요한 상황이 발생하면 위기관리 차원에서 일일이 반박하지 말고 깔끔하게 입장을 밝힌다.

3) 공식 선거 기간 중반: 준비한 선거캠페인 진행

예상되는 상대 선거캠프의 네거티브나 마타도어를 사전 차단하거나 파장을 조기 진압할 수 있는 메시지를 준비한다. 불리한 이슈를 빠르게 전환하는 게 핵심이다. 소셜 미디어SNS와 구전 홍보를 활용하고, 준비한 메시지를 돋보이게 할 공식행사를 기획해서 사진과 함께 보도자료로 발송한다. 소셜 미디어, 단체토론방, 온라인 커뮤니티에도 보도자료 내용을 게재한다.

일정에 따라 보도자료를 미리 기획할 수도 있다. 국가 기념일이나 올림픽 같은 국제 이벤트, 중앙·지방정부의 주요 일정을 검토해서 이슈를 사전에 파악한 뒤 독자적인 입장을 정리한다. 공개질의서나 (개인적 인연이 있으면) 편지 형태로 유력 정치인을 특정해서 활용할 수 있고, 정치와는 무관하지만 전 국민이 좋아하는 문화·스포츠 이슈에도 능동적으로 반응하면 좋다.

4) 공식 선거 기간 후반 및 마무리: 투표 독려

선거 기간 막판이라면 소극적 지지층을 독려하고, 상대 후보자의 소극적 지지층을 주저앉히는 메시지와 일정을 준비해야 한다. 공개 가능한 시점까지의 지지율 변화를 고려해서 '대승이 확실하다', '추세를 보니 승기를 잡았다', '불리함을 극복하고 골든크로스를 지났다', '상승세가 뚜렷하다', '의미 있는 역사를 위해 마지막까지 최선을 다하겠다' 등의 메시지를 발표할 수 있다.

단, 아무리 급해도 '구전 홍보용' 메시지를 보도자료로 쓰거나 후보자가 공식적으로 언급하지는 말자. 보도자료 메시지는 항상 반듯하고 차분해야 한다. '큰 정치인', '큰 그릇'이라는 점을 염두에 두자. 이번 당선으로 만족할 인물이 아니라는 점을 알리고, 선수選數를 쌓아 광역단체장급 이상의 정치인이 될 수 있다는 공감대를 확산할 수 있으면 유리한 선거라 할 수 있다.

선거일에는 선거를 마무리하는 소감을 전한다. 일반적으로 오전에 '투표하면 이긴다' 정도의 기조를 담아 보도자료와 소셜 미디어로 투표를 독려한다. '진인사대천명盡人事待天命의 심정으로 결과를 기다리겠다' 정도를 더한다. 투표 당일 메시지는 간단하게 쓴다.

투표 결과가 나오면 간단하게 소감을 전한다. 당선됐다면 '유권자의 뜻을 받들어 국가와 지역 발전에 이바지하겠다', 낙선했다면 '주민의 한 사람으로 끝까지 지역 발전을 위해 헌신하겠다' 정도면 적당하다. 그동안 보도자료를 기사화해준 언론에는 별도로 감사를 표하도록 하자.

5. 발송 시스템 세팅 및 기자단 관리

보도자료 발송에 앞서 기자단을 구축하고, 이메일과 문자메시지 발송 시스템을 확보한다. 국회 출입기자단과 지역 언론을 우선하되, 선거캠프를 찾는 주간지와 열성 유튜버도 챙겨야 한다.

1) 기자단 명단 확보

국회 출입기자단 중에서도 후보자가 여당 소속이면 여당 출입기자단, 야당 소속이면 해당 정당 출입기자단을 대상으로 보도자료를 발송한다. 대상 기자들의 연락처와 이메일은 소속 정당의 공보국이나 사무처를 통해 확보하는 게 제일 확실하다. 이 방법이 용이치 않으면 국회 홈페이지나 사무처를 통해 국회 출입기자단 명단 전체를 확보하는 방법도 있다.

지역기자단은 해당 기초지자체나 지역위원회를 통해 확보된 명단을 요청할 수 있다. 여의치 않으면 출마를 결심한 직후부터 지역 언론을 훑고 다니면서 담당 기자의 연락처와 이메일을 확보해야 한다. 종이신문은 보통 시청, 군청, 구청이나 동주민센터 1층 로비에 비치되어 있다.

인터넷 언론은 포털사이트를 검색하면 된다. 기사 끝에 나오는 바이라인by-line을 일일이 모으는 방법도 있다.

2) 문자·이메일 발송 시스템 활용

휴대폰 문자나 포털사이트 이메일 서비스를 사용할 수도 있지만, 가급적 대량 메일 발송 시스템의 활용을 권고한다. 큰 비용이 들지 않을뿐더러 발송 후 수신 현황과 반응 등을 볼 수 있고, 최근엔 주요 키워드를 중심으로 기자들의 관심을 끌 수 있는 단어들을 추천해주기도 한다. 리스트 관리를 비롯해 사용법이 용이하고 발송 수량에 제한이 없다는 점도 유리하다.

3) 단체대화방 개설

선거캠프 출입기자단을 위해 메신저 단체대화방을 개설한다. 요청이 있다면 국회 출입기자단과 지역기자단을 분리한다.

보도자료와 사진 공유는 단체방이 이메일보다 빠르다. 개인적인 대화나 자사 기사를 공유하는 일은 자제시키고, 오픈 채널방식으로 개설해서 용이하게 관리한다.

4) 가능하면 직접 만나라

본격적으로 선거캠페인을 시작하기 전에 기자단과 직접 만나려는 노력도 중요하다. 관심을 모으는 지역이 아니라면 국회 출입기자단을 만나기는 쉽지 않다. 그래도 할 수 있으면 언론사별 막내 기자들의 '꾸미'를 노려보자. 성실하게 자신을 어필하고, 해당 선거에 출마한 배경과 지역에 대한 정보, 본인이 당선돼야만 하는 당위성을 충분히 설명할 수 있어야 한다.

6. 선거용 보도자료(스트레이트) 작성 절차

1) **사실 파악** get the facts: 먼저 대답을 필요로 하는 질문목록을 만든다.
   - 어떤 사실들을 기술할 것인가?
   - 언제 그것이 이뤄졌는가, 또는 이뤄질 것인가?
   - 누가 발표하며 직책은 무엇인가?
   - 보도자료 배포의 목적은 무엇인가?

- 독자(유권자)에게 무슨 의미가 있는가?
- 공동사회나 국가 전체에 어떤 의미가 있는가?(지역 발전, 지역 경제 활성화, 불편 개선 등)

2) 작성write
- 가장 중요한 정보를 처음에 기술하고, 추가 내용을 중요도에 따라 기술(역피라미드 형식)
- 후보자와 전문가, 행사 참여 유권자의 반응과 소감 포함(사후 보도자료)
- 멋지고 창의적인 사진, 도표 등 첨부
- 인지도가 부족한 후보자의 경우 끝부분에 간단한 소개 첨부

3) 검토review
- 명료한가, 객관적인가?
- 너무 길지 않은가, 핵심 내용이 포함됐는가?
- 사실인가, 과장은 없는가?
- 맞춤법, 오탈자, 띄어쓰기 검토

4) 편집edit
- 간결성concise: 가급적 1페이지로 작성(최대 2페이지)
- 사실성factual: 구체적일수록 신뢰성 상승
- 객관성objective: 중요하다고 생각하는 이유 설명

- 선거캠프 공보담당자 이름과 연락처 명시

5) 승인 confirm
- 반드시 최종책임자의 승인 이후 발송
- 발송 이후 홈페이지나 소셜 미디어에 공개

7. 보도자료 작성법

1) 헤드라인 headline: 제목과 부제

헤드라인은 보도자료의 가치를 결정한다. 잘 쓴 헤드라인은 보도자료의 격을 높인다. 내용을 요약해서 한눈에 파악하게 한다. 독자(유권자)가 호기심을 갖고 집중하도록 만든다.

짧으면서도 핵심을 찌르는 한마디, 헤드라인은 간결성이 생명이다. 15~20자가 적당하며 핵심을 담았다면 더 짧아도 좋다. 헤드라인에 사용한 단어는 반드시 본문에도 있어야 한다. 본문에 언급하지 않은 개념, 표현을 쓰면 한 번의 사례만으로도 신뢰를 잃을 수 있다.

2) 리드 lead: 1~2줄로 요약할 수 있는 핵심 내용

리드는 기사의 첫 문장, 첫 문단으로 기사를 소개하는 역할을 한다. 기사의 요점으로서 내용 전체를 파악하게 한다. 일반적으로 헤드라인이 좋으면 리드를 읽고, 리드가 좋으면 본문을 읽는다. 육하원칙(5W1H)으로 구성하는데 '누가 who, 언제 when, 어디에서where, 무엇을 했다what'의 4가지는 반드시 포함돼야 한다.

리드는 전체 본문을 요약한 첫 문장이다. 좋은 리드는 가장 중요한 내용을 강조한다. 덜 중요한 것은 과감하게 본문으로 처리한다. 기자, 독자의 호기심을 자극해서 본문으로 끌어들인다. 짧고 명확한 구어체로 쓰되, 부정적이고 불확실한 내용은 피한다. 본문 내용과 같아야 한다.

3) **본문**body**: 기사의 본론. 독자가 관심을 두거나 중요하다고 여길 순서대로 작성한다.**

본문도 헤드라인, 리드와 같은 방식으로 작성한다. 가장 중요한 사실을 앞부분에 배치한다. 문단마다 토픽이 있어야 한다. 문단을 하나의 주어로 통일하고, 가급적 한 문단에 복수의 주제를 넣지 않는다.

각 문단은 서로 튼튼히 결합해야 하며, 앞 문단에서 다룬 주제가 다음 문단 주제로 매끄럽게 이어지도록 작성하면 완성도를 높일 수 있다.

본문 작성 시 유의점을 간단히 살펴보자. 문장은 간단명료한 단문 형태로 쓴다. 사실대로 정확하게 쓰되, 객관적이고 차별적이어야 한다. 때와 장소가 바뀔 때, 입장과 관점이 바뀔 때, 글의 단계가 바뀔 때, 문단을 구분한다.

형용사, 부사 등 연결어, 수식어를 자제한다. 구어체(생활언어)로 쓴다. 외래어나 전문용어 사용은 줄인다. 함부로 해석하거나 느낌을 담지 않는다. '무수히 많은 공중' 같은 애매한 표현은 피한다. 그림을 보듯 현장감 있게 쓰되, 부수적인 내용이 많을수록 전달 효과는 감소한다.

4) 기타 필수 내용

보도자료 상단에는 발송 일자, 기관명(홈페이지), 담당자 직책과 연락처(이메일, 전화, 휴대폰 등 기자와 통화·동선 내 위치) 등을 명기한다.

엠바고embargo가 필요하면 제목 앞에 '[○○시 이후 보도]'를 명기하고, 본문 상단에 별도로 '○○○○년 ○○일 ○○시 이후 보도' 같이 해제 일시를 명시한다. 엠바고는 최소한의 범위에서 사용한다.

최종책임자의 승인을 받았으면 보도자료를 동시에 기자단에 배포한다. 상황에 따라 담당 기자나 언론사에 수신 여부를 확인한다.

8. 좋은 보도자료의 요건

좋은 보도자료는 가치 있는 정보를 담고 있다. 언론은 '가독성 높은' 기사를 원한다. 독자 관점에서 보도가치가 있어야 한다. 객관적 측면에서 유의미한 내용을 담아야 한다.

주목받는 보도자료에는 'Hooks(갈고리)'가 있다. '세계 최초', '동양 최대', '국내 최고', '역대 최저'는 눈길을 끈다. 하지만 지방선거에서 이런 이슈를 만들기는 어렵다. '지자체 중 최대', 'ㅇㅇ시 역대 출마자 최초', '이번 선거에서 유일' 정도의 제목이면 이 메일을 열어볼 법하다.

9. 나쁜 보도자료

보도자료 작성자는 평소 좋은 기사를 많이 읽어야 한다. 좋은 보도자료의 기준을 설정하고, 보도자료의 품질을 구별할 수 있는 능력을 키워야 한다.

첫째, '근거가 불확실한 보도자료'는 탈락 1순위다. 사실 확인 없는 막연한 추측은 발송기관을 '블랙리스트'로 직행하게 한다. 몇 년을 취재해도 팩트 확인이 안 되면 보도하지 못하는 게 기자의 숙명이다. '뇌피셜'을 공식적으로 표현하는 순간, 언론의 '기피 대상'이 된다.

둘째, 장황한 보도자료는 환영받지 못한다. 전문성을 지나치게 강조하려고 통계 수치를 나열하거나 길게 설명하면 역효과를 부른다. 많은 공보담당자가 '자세히 써야 한다'라는 착각에 빠져 있다. 기자들이 우리 보도자료만 자세히 봐줄 것이라는 상상은 순진하다. 제목이 밋밋하고, A4 2장을 넘어가는 보도자료는 아예 열어보지도 않고 삭제하는 경우가 태반이다.

셋째, 공공성 없는 보도자료는 실패한다. 선거캠프에 있다 보면 일반 유권자와 괴리된 현실을 살게 된다. '모두가 우리를 주목하는 양', '우리의 입장에 관심 가진 양' 착각하기 쉽다. 객관성과 통찰력을 회복하자. 일반 유권자의 관심 밖 이슈는 기자들의 관심 밖 이슈다.

트렌드와 현황 파악을 게을리하고, 경쟁 후보자의 사정을 모를 때 나쁜 보도자료가 나온다. 후보자와 선거캠프에 도움이 되지 않고, 오히려 상대 후보자에게 유리한 상황을 만들 수 있다. 따라서 메시지·공보팀은 선거캠프에서도 가장 센스 있고 정무감각을 갖춘 이들로 구성한다.

10. 보도자료 체크리스트

- 문장을 그대로 복사해서 기사 작성이 가능하도록 만들라.
- 가급적 1000자(혹은 A4 2장) 이내로 작성하라.
- 오전 7시 전후로 발송하면 기사화에 유리하다. 늦어도 오후 2시 이전에 보내라.
- 후보자와 신뢰도 높은 사람의 코멘트나 '독특한 워딩'을 인용한다.
- 멋지고 창의적인 사진은 뉴스 가치 판단의 주요인이 된다.
- 유권자를 포함한 이해당사자, 행사 참여자의 소감이 들어가면 좋다.
- 규모가 큰 보도자료는 핵심 내용만 담은 본문과 별도로 해설자료를 첨부하라.
- 인지도가 부족한 후보자와 선거캠프는 간단한 소개를 포함시켜라.

- 맞춤법, 오탈자, 띄어쓰기를 조심하라. 사소한 것 같지만 기자들은 민감하다.
- 기사를 애걸하지 말고, 중요성과 가치로 승부하라.
- 근거 없이 '최고', '최초', '최대', '제일' 같은 수식어는 쓰지 말라.
- 이해하기 쉽게 작성하고, 어려운 내용은 따로 설명하라.
- 외국인의 이름과 지명의 경우 한글을 먼저 쓰고 괄호 안에 해당 국가의 언어로 표기한다.
- 마지막 문장부터 하나씩 없애도 전체 구조가 완벽해야 한다.
- 인터넷상에서 쉽게 검색될 수 있도록 보도자료에 주요 키워드를 삽입하라.
- 홈페이지와 블로그, 소셜 미디이에 게재하고 적극 홍보하라.
- 이메일, 휴대폰 DB를 구축하고, 단체 발송 시스템을 확보하라.
- 보도자료가 기사화됐을 경우 해당 기자에게 감사와 주변 반응을 전하고, 관계를 유지하라.

9장
위기관리와 네거티브 전략

네거티브 전략은 내가 쓰든, 상대 후보자가 쓰든 선거과정에서 으레 등장하기 마련이다. 준비해야 하고, 대응해야 한다. 상대 후보자 측의 네거티브에 넘어가지 않기 위해서는 상대 후보자 측이 사용한 언어와 프레임에 걸려들지 않는 것이 우선이다. 해명한답시고 상대 후보자 측의 언어와 프레임을 사용하면 유권자에게 연상작용을 불러일으킨다. 실체와 상관없이 당사자는 오명을 뒤집어쓸 수밖에 없다.

위기관리는 영어로 'crisis management' 또는 'risk management'다. 보통 '리스크'라고 한다. 위기관리는 사업뿐 아니라 선거에서도 매우 중요하다. 선거과정에서 발생할 수 있는 논란과 부정적 이슈들은 준비한 내용을 바탕으로 신속하고 명확하게 대응해야 한다. 리스크를 긍정적 이슈로 반전하기 위해서는 투명성과 진정성을 기반으로 한 커뮤니케이션이 필요하다.

다양한 위기관리 대응 전략

선거캠페인은 포지티브 전략을 기본으로 한다. 선거 초기부터 뚝심 있게 포지티브 전략을 구사하고, 흔들림 없이 고수해야 한다. 여기서 문제는 이기는 선거캠프가 아닌 2등 이하 선거캠프들이다. 포지티브하게 패배를 감수할 후보자와 선거캠프는 많지 않다. 따라서 위기관리 차원에서 상대 선거캠프의 네거티브 캠페인을 대비하고, 때에 따라 공격적으로 검토할 수도 있다.

선거캠프는 위기관리 차원에서 후보자의 약점을 정리하고, 문제가 제기됐을 때를 대비한다. 단, 주의할 점이 있다. 선거캠프 대부분이 후보자의 절대적 영향 아래 있는 상황에서 후보자 대부분은 자신의 약점이 거론되는 걸 싫어한다. 예민한 사안을 선거캠프에서 공공연하게 논의하는 것도 바람직하지 않다. 상대 선거캠프에 흘러갈 가능성이 높기 때문이다. 후보자와 최소 인원으로, 위기 그 자체보다 과정을 관리한다.

- 1단계: 사안의 본질을 신속하고 정확하게 파악한다.
- 2단계: 네거티브 대응팀과 핵심 참모 간 토론과 외부자 조언을 거쳐 구체적인 대응책을 마련한다.
- 3단계: 인정, 수용, 유감, 사과, 반박 등 결정한 대응책을 분명하게 실행한다.
- 4단계: 국면 전환을 위해 본 캠페인으로 복귀해야 한다. 위기에 휩쓸리지 말고, 이용해야 한다.

결국 위기관리는 경쟁 선거캠프의 네거티브 전략, 후보자 혹은 선거캠프 내부의 실언, 예기치 않은 사고에 대한 처리방식의 문제다. 예상되는 상대 선거캠프의 네거티브는 사전에 충분한 대비책을 마련해야 한다. 선거과정에서 약점이 노출되더라도 미리 중화시켜둔다면 피해를 최소화할 수 있다. 준비한 대비책으로 거대 담론을 얘기한다든지, 상대 후보자의 취약점을 반격하는 식으로 대응한다.

상대 선거캠프의 네거티브에 세세하게 대응할 필요는 없다. 그 자체로 상대 선거캠프의 프레임에 걸리는 일이기 때문이다. 팩트상 문제나 논리적 모순은 핵심을 짚고, "상대 후보자가 정정당당하게 경쟁에 임했으면 좋겠다" 정도로 일축한다. 일부 사실이 포함됐거나 불리한 논란이 길어질 상황이라면, 다른 사안으로 분위기를 전환하든지, 우리에게 유리한 프레임으로 새로운 판을 짜야 한다.

 팩트상 반전이 어렵다면 수용하고 사과나 유감 표명, 재발 방지를 약속하는 것으로 일단락하자. 특히 후보자나 직계가족 문제가 아니라면 수용적이고 겸손한 태도로 통 크게 수용하는 모양새도 좋다. 만일 후보자나 가족과 관련한 예민한 문제라면 무조건적 수용보다 배경과 불가피성을 설명하되, 부정적 이슈는 끌수록 손해이기 때문에 빠르게 사과하고 수습하는 게 상책이다.

 무대응이 최선일 때도 있다. 논란이 이어질 가능성이 있다면 공방을 피하고, 대응을 자제하자. 그래도 상황이 지속된다면 상대 후보자의 역린逆鱗을 자극해서 진흙탕 싸움泥田鬪狗으로 끌고 갈 수도 있다. 건지망월見指忘月식의 메신지 공격은 불리한 상황에서 메신저를 공격함으로써 메시지를 묻어버리는 방식이다. 정공법은 아니지만 선거판에서 흔하게 사용한다.

 또한, 선거캠프 구성원은 기자와의 관계를 착각하지 않도록 한다. 형, 동생, 선배 같은 호칭에 현혹되지 말자. 정치판에서 언론과의 관계는 불가근불가원不可近不可遠이 철칙이다. 정중하고 겸손한 언어wording와 태도attitude를 견지하고, 일관된 메시지로 일관성 있게 대응한다. 평소 친했다는 (혼자만의) 생각으로 진솔하게 대했다가 선거를 크게 그르칠 수도 있다.

 위기관리에서는 어떤 경우에도 문제가 심각해지기 전에 수습해야 한다는 점이 중요하다. 약점이 제기됐을 때 흔히 대응방식과 태도에서 실수를 반복한다. 무겁게 받아들이고, 구질구질한 변명은 피한다. 의도대로 되는 세상이라면 선거판에서 실패하는 사람이 있을 리 없다. 확산 가능성이 높은 사안은 처음부터 피해를 최소화하는 방안을 찾아 일관성 있게 대응한다.

  단, 사안이 긴박할수록 임기응변臨機應變으로 처리하면 안 된다. 최대한의 정보와 경험, 판단력을 동원해서 본질을 파악한 뒤 조언자그룹과 대응방안을 논의하는 게 좋다. 대응책이 마련된 뒤에는 차분한 태도로 진실을 은폐하지 말고 깔끔하게 소명해야 한다. 최대한 빨리 마무리 짓고 본인에게 유리한 선거 이슈로 국면 전환이 이뤄져야 선거에서 승기를 잡을 수 있다.

02 위기관리 매뉴얼 만들기

네거티브에 대한 방어 전략도 있어야 한다. 공보팀장은 후보자의 약점과 네거티브 소재를 사전에 파악한 뒤 사실 여부를 꼼꼼히 확인해서 상대 선거캠프의 허위 정보나 비방에 대해 즉각적으로 방어하고, 후속 이슈를 주도해야 한다. 부정적인 보도에 절대 감정적으로 반응하지 말고, 논리적이고 냉정한 태도를 유지한다. 규모를 갖춘 선거캠프라면 팩트체크팀을 운영할 수도 있다.

위기관리 매뉴얼은 콤팩트하게 정리하자. 중앙당 차원에서도 만들기 쉽지 않은 세부 매뉴얼을 단일 선거캠프 차원에서 마련하는 게 쉬운 일은 아니고, 소규모 선거캠프의 우선순위도 아니다. 기본적인 프로세스를 확정하는 선에서 정리하자. 결국 후보자와 선거캠프 주요 스태프의 정무적 판단 능력에 의존하거나 경험 많은 외부그룹의 조언으로 해결해야 할 문제다.

위기관리의 핵심은 '신속한 대응', '명확한 메시지', '일관된 커뮤니케이션'이다. 선거캠프 내 모든 관계자에게 매뉴얼을 숙지시키고, 위기 발생 시 신속하고 체계적으로 대응하도록 한다.

[선거캠프 위기관리 매뉴얼(예시)]

1. 개요

본 매뉴얼은 선거 기간 중 발생할 수 있는 위기 상황을 예측하고 신속하고 효과적으로 대응하기 위해 작성됐다. 선거캠프 모든 관계자는 숙지하고, 위기 발생 시 절차에 따라 대응한다.

2. 위기 유형 및 대응방안

2-1. 후보자 및 선거캠프 관계자 논란

  (1) 후보자의 과거 발언 및 행동 논란

  - 사전 점검: 후보자의 과거 발언, 기록, SNS 등을 사전에 점검하고 대응방안 마련
  - 즉각 대응: 논란 발생 시 사실관계를 신속히 파악하고 공식 입장 발표
  - 대응 메시지: 현재 입장과 비교해서 해명. 실수를 인정할 경우 진정성 있는 사과 발표

  (2) 선거캠프 관계자의 부적절한 발언 및 행동

  - 내부 점검: 주요 인사의 발언을 사전에 점검하고, 문제

발생 가능성 축소

- 대응 절차: 당사자와 사실 확인, 필요시 당사자 경질 및 해명, 후보자와 거리 두기 및 재발 방지 다짐

2-2. 정책 및 공약 논란

(1) 공약 실현 가능성 논란

- 사전 검토: 공약 발표 전 전문가 검토 및 데이터 기반 논리 확보
- 논란 발생 시: 근거 자료 공개, 설명회 개최, 유권자 우려 불식할 보완책 발표

(2) 정책 표절 및 부정확한 정보 사용

- 공약 발표 전: 전문가 검토 및 관련 자료 세부 검색
- 문제 발생 시: 즉각 해명 및 수정 발표

2-3. 언론 및 미디어 대응

(1) 가짜 뉴스 및 허위 사실 유포

- 초기 대응: 신속한 팩트 체크 후 보도자료를 통한 공식 반박
- 법적 조치 검토: 심각한 경우 법률팀을 통해 강경 대응
- 지지층 활용: 소셜 미디어 및 온라인 커뮤니티 통한 진실 확산

(2) 부정적 기사 및 여론 형성

- 미디어 모니터링: 실시간으로 기사 및 여론 동향 파악
- 적극적 대응: 유력 언론사와 인터뷰 추진, 후보자의 강점을 소개하는 보도자료 배포, 긍정적인 뉴스 및 콘텐츠 확산

2-4. 조직 및 운영 문제

(1) 내부 분열 및 선거캠프 내 갈등

- 사전 예방: 정기적인 회의 및 의견 수렴 절차 마련
- 갈등 발생 시: 중재 및 내부 조율, 핵심 인력 유출 방지대책 마련

(2) 선거 자금 관련 논란

- 회계 투명성 유지: 모든 자금 흐름 기록 및 보고
- 의혹 제기 시: 즉각적인 회계 내역 공개, 외부 감사를 통한 투명성 확보

3. 위기관리팀 조직

3-1. 위기관리팀 구성

- 위기관리팀장: 선거캠프 책임자로, 최종 의사결정 및 대응 총괄
- 공보팀장(대변인): 공식 입장 발표 및 언론 대응
- 법률팀: 법적 문제 대응 및 법적 조치 검토

- 미디어팀: 온·오프라인 미디어 대응 및 소셜 미디어 관리
- 조직관리팀: 선거캠프 내부 문제 해결 및 갈등 조정

3-2. 대응 프로세스

- 위기 발생→신속한 상황 분석→대응 전략 수립→공식 입장 발표→조치 및 관리

4. 사전 대비

- SNS 모니터링 시스템 구축: 실시간 위기 감지 및 대응

03 네거티브는 조심스럽게, 그리고 막판에

 선거는 기본적으로 하나의 선출직을 두고 진행하는 복수 후보자 간의 경쟁이다. 후보자나 선거캠프 운동원들도 경쟁 후보자보다 나은 점을 보고 선거에 뛰어든다. 역량이나 경험의 객관적 차이는 당장 뒤집을 수 없는 불가항력不可抗力이지만 판을 뒤집을 수도 있을 것 같은 도덕성이나 위법 관련 내용이 엿보인다면 뒤처진 선거캠프 측에서는 반드시 거론하기 마련이다.
 네거티브 캠페인은 선거 승리를 위해 상대 후보자에 대한 신뢰와 지지세를 떨어뜨리는 것을 목적으로 한다. 후보자의 능력이나 자질, 도덕성이 부족할 때 관련한 객관적 정보를 제공하거나 정당하게 비판하는 것은 정상적인 선거캠페인 범주에 든다. 단, 허위 사실을 유포하거나 사실을 과장해서 상대 후보자의 평판을 악의적으로 훼손하는 행위는 비도덕적이다. 지양해야 한다.

불가피하게 네거티브 캠페인이 필요해졌다면 객관적 입장에서 진행한다. 상대 후보자의 사생활 중에서도 증거가 뚜렷하고, 반드시 공익과 관련된 문제여야 한다. 공익과 무관한 개인사를 무리해서 들추는 행위는 오히려 경쟁자에 대한 동정심을 자극하거나 역공을 야기할 수 있다. 유권자의 보편적 정서와 상식선에서 합리적으로 제기하고, 인신공격으로 보이지 않도록 한다.

유권자가 꼭 알아야 할, 나중에 공개된 뒤 배신감을 느낄 수 있는 이슈들을 공익적 차원에서 알리는 네거티브가 돼야 한다. 상식을 넘어서면 오히려 화禍가 된다. 나이, 성별, 종교, 신체 특성 같은 문제는 건드리지 않는 게 상식이다. 캠페인 초반에 시행하면 정작 필요한 시점에서는 사용하기 어려운 경우가 있다. 상대 후보자가 시간적으로 충분히 반박하기 어려운 선거 막판이 좋다.

단, 이기는 선거는 포지티브 캠페인을 기본으로 한다. 후보자는 정제된 언행을 해야 한다. 지지자 사이에서 네거티브가 나온다 해도 후보자와 선거캠프의 공식 채널은 항상 '웃는 얼굴'이어야 한다. 이기고 있든, 지고 있든, 이기다가 쫓기는 입장이든, 아니면 뒤진 상태를 거의 따라잡은 상황이든, 후보자가 직접 네거티브 캠페인에 뛰어들었다면 이미 불리해졌다는 방증이다.

04 네거티브 성패 사례와 '푸시폴링'

이쯤에서 해외에서 진행된 네거티브 캠페인 사례들과 경계해야 할 여론 조작 기법을 확인해 보자.

1988년 미국 대선에서 현직 부통령이었던 공화당 조지 부시는 민주당 마이클 두카키스와 맞붙었다. 초반 여론조사에서 두카키스는 부시를 53% 대 36%로 압도하며 기세를 올렸다. 발등에 불이 떨어진 부시의 선거캠프는 정치컨설턴트 리 애트워터를 영입해 전방위적인 네거티브 전략을 구사하기 시작했다.

애트워터는 공화당 의원을 통해 "두카키스 부인이 성조기를 태웠다"라는 루머를 퍼트렸다. 사실이 아니었다. 상식적이지도 않다. 두카키스 부인은 나올 때마다 아니라고 격렬히 주장했으나 오히려 대중의 뇌리에 '성조기를 불태웠다'라는 이미지가 각인됐다. 또, 두카키스가 매사추세츠 주지사 시절 국기에 대한 경례를 거부했다고 광고했다. 이 역시 거짓 광고였다.

네거티브의 하이라이트는 매사추세츠주에서 일어난 윌리 호튼 사건이었다. 아프리카계 살인범 호튼이 죄수 주말 석방제도를 통해 휴가를 나왔다가 백인 여성을 강간했는데 부시는 이를 자주 언급했고, 독립적인 정치행동위원회가 제작한 TV 광고는 한 차례 방송 후 선거캠프의 공식 캠페인에서 배제됐으나 엄청난 파장을 낳았다.

두카키스 주지사 시절 매사추세츠의 살인사건 비율은 전국 최저였으나 유권자는 이 사건만 기억했다. 여기에 죄수들이 감옥에 들어가자마자 바로 나오는 '회전문revolving door' 광고까지 이어졌다. 7월 말 39% 대 57%였던 부시와 두카키스의 지지율은 8월 말 49% 대 47%로 뒤집혔다. 애트워터의 네거티브는 '윌리 호튼 사건'을 정점으로 결국 선거판을 뒤집었다.

*

1996년 러시아 대통령선거에서 재선에 나선 보리스 옐친은 낮은 지지율로 고전하고 있었다. 러시아연방 공산당 초대 서기장인 겐나디 주가노프는 자신이 처음 선거를 지휘한 1995년 총선에서 공산당을 원내 1당으로 등극시키면서 유력한 차기 대권주자로 부상했다. 미국의 정치 컨설턴트 3인이 옐친의 캠프에 합류했다.

컨설턴트들은 친서민적 이미지를 앞세웠다. 187센티미터 거구인 옐친이 로스토프 유세에서 춤추는 사진은 1996년 퓰리처상을 수상했다. 이어 스탈린 시절 암울했던 공산당 치하를 재조명하는 네거티브 TV 광고를 진행하고, 강제 유도 여론조사방식을 동원해서 공산당에 대한 공포심을 다시 불러일으켰다. 전략은 적중했다. 옐친은 재선에 성공했다.

*

그렇다고 네거티브 전략이 매번 성공한 것은 아니다.

베트남전이 한창이던 1968년 미국 대선은 공화당 리처드 닉슨과 민주당 휴버트 험프리의 대결로 진행됐다. 전당대회의 폭력과 무질서가 TV에 노출되면서 20%p 가까이 뒤졌던 여론조사 지지율을 험프리는 '10월 서프라이즈'로 반등시키며 선거 막판 오차범위 내 1%p까지 추격했다. 그러나 전국 득표에서 0.7%p 차이로 패했다.

선거과정에서 닉슨은 약점으로 거론된 TV 토론을 끝까지 거부했다. 험프리의 기회를 사전에 차단한 것이다. 험프리의 선거 캠프도 선거의 초점과 구호를 자주 교체하면서 일관성을 잃었다. 무엇보다 포지티브했던 닉슨에 비해 네거티브로 일관한 전략이 발목을 잡았다. 최종 슬로건은 '(험프리 외) 대안은 없다There's no alternative'였으나 대통령으로서의 비전을 보여주지 못했다.

특히 험프리의 광고 중에서도 공화당 부통령 후보자 스피로 애그뉴의 극우 행보를 비웃는 21초짜리 영상은 시종일관 비웃음이 이어지다가 기침으로 끝나는데 이런 문구가 나온다.

'Agnew for Vice-President? This would be funny if it weren't so serious(애그뉴가 부통령이라고? 진심이 아니라면 웃겼을 텐데).'

조롱은 결국 스스로를 갉아먹는다.

*

다양한 네거티브 전략에서 지금도 활용 가능성이 있는 것이 옐친의 사례에서 나온 강제 유도 여론조사, 바로 푸시폴링push-polling이다.

푸시폴링은 정치적 목적을 위해서 설문이 아닌 선전에 초점을 맞춘다. 여론을 특정 방향으로 유도하기 위해 질문을 조작하는데, 예를 들어 "만일 A 후보자가 부패 혐의로 조사받아도 지지할 것인가?", "B 후보자가 세금 인상을 추진하면 어떻게 하겠는가?" 같이 사실무근이거나 편향적인 질문으로 응답자에게 경쟁 후보자에 대한 좋지 않은 인식을 심어주는 데 집중한다.

여론 조작이 목적이기 때문에 푸시폴링은 여론 확인보다 유권자 표본을 훨씬 초과하는 대량 문의 전화로 네거티브 메시지 확산에 주력한다.

정치적 중립성을 해치는 비윤리적 행위로 민주주의 선거과정에 부정적인 영향을 끼치고, 정치에 대한 반감을 높여서 투표율을 떨어뜨릴 수 있다. 시도조차 생각하지 말고, 혹시 상대 선거캠프가 악용하지 않는지 각별히 경계해야 한다.

4부

1차 선거캠프 세팅 다음은 2차 선거캠프 세팅

2차 선거캠프는 후보자와 핵심 참모로 구성된 1차 선거캠프에 실무자들이 추가로 합류해서 본격 선거에 나서는 단계를 말한다. 내부조직인 1차 선거캠프에 외부 실행조직이 추가된 2차 선거캠프는 사전에 준비한 지역 네트워크를 활성화한다. 지역별로 조직을 운영하고, 현장 밀착형 선거캠페인을 기획하며 자원봉사자를 관리하고, 소규모 간담회 또는 정책설명회를 기획한다.

10장
1차 선거캠프를
2차 선거캠프로 확대할 시간

1차 선거캠프가 확대된 2차 선거캠프는 기획과 공보·홍보, 상황 일정, 총무 업무를 총괄하면서 충원된 인력으로 선거캠페인을 확산한다. 상황 점검회의를 주재하는 선거대책본부를 기점으로 유세 일정을 현장에서 수행하는 운동원, 선거캠프를 찾는 민원인을 응대하는 자원봉사자가 추가된다. 광역·기초의회 출마자들은 본인의 선거를 뛰면서 단체장선거에서도 역할을 해야 한다.

선발대에서 1차 선거캠프를 거쳐 확대된 2차 선거캠프는 사무장(campaign manager), 기획팀장(planning director), 공보·홍보팀장(communications director), 조직팀장(field director) 등이 여전히 핵심 역할을 수행하며 선거캠프 실정에 맞게 직책을 첨삭하거나 통합적으로 관리할 수 있다.

선발대, 1차 선거캠프, 2차 선거캠프, 내부조직을 보통 선거캠프로 통칭하며, 전체 선거캠페인을 기획한다. 선거캠프는 선거캠페인을 실행하는 외부조직과 유기적인 관계를 유지해야 한다.

01 '2차 선거캠프' 조직도 그리기

 선거캠프를 효율적으로 운영하려면 체계적인 조직 구성이 필요하다. 조직도를 그려보면 효과가 크다.

 후보자와 선거구 특성에 따라 비중이 달라질 수 있지만 조직도를 작성하면 선거캠프에서 꼭 필요로 하는 기능과 역할을 확인할 수 있다. 경험이 부족한 기획팀장이 소규모 선거캠프를 광역단체장급 선거조직도로 구상하는 경우가 있는데, 주요 기능 위주로 간단하게 정리하도록 한다.

 2차 선거캠프 조직도는 '선대본부'를 정점으로 선대본부장과 사무장 이하 기존의 기획팀(전략·정책), 공보·홍보팀(언론·소셜미디어), 총무·법무팀(예산·선거법), 일정·상황팀(네거티브 대응), 조직팀(지지자·자원봉사자 관리)을 기반으로 후원회와 자문·고문단, 각종 위원회, TM팀을 추가한다. 기능을 통합하거나 추가·생략 여부, 조직 내 위상은 선거캠프의 상황에 맞게 결정한다.

먼저 기획팀장(기획실장)에 대해 알아보자. 굳이 공식 직함을 갖거나 특정 팀에 소속되지 않아도 된다. 가급적 모습을 드러내지 않고 전체 선거과정을 총지휘하며, 외부조직의 세부 활동에 대한 관여는 최소화한다. 오히려 이런 공식 선거 운동과는 별개로 전체 판세를 분석하고, 메시지를 관리하며, 후보자와의 자유로운 소통을 통해 선거를 이끌어가는 역할을 해야 한다.

다양한 의견이 있지만, 현실적으로 볼 때 선거캠프는 기획팀장 1인에 의해 운영되는 것이 효율적이다. 대부분의 기획팀장은 선거캠페인이 본격적으로 시작되기 전인 선발대 시절부터 후보자와 소통하며 선거 전략을 기획한다. 또한, 언론사 데스크 역할을 수행한다. 시시각각 발생하는 돌발변수에 빠르고 능동적인 대응을 위해 장황한 절차와 무의미한 결재과정은 생략한다.

소규모 선거캠프는 기획팀장이 공보·홍보팀장 역할을 겸하기도 한다. 홍보에 둔감한 기획팀장은 없다. 홍보팀까지 관리해야 하는 기획팀장이라면 포스터와 현수막, 홍보물에 담길 주요 메시지뿐 아니라 보도자료와 논평, 소셜 미디어를 비롯한 온라인 홍보, 언론 인터뷰 답변서, 연설문과 기자회견문 등 공보·홍보팀 업무도 다른 팀원들과 함께 커버할 수 있어야 한다

[선거캠프 조직도 작성 가이드]

선거캠프 조직도는 한글 프로그램이나 MS워드, 또는 파워포

인트PPT, 엑셀 등에서 스마트아트SmartArt, 조직도 템플릿을 활용해서 쉽게 제작할 수 있다.

1. 기본 구조 설정
   - 최상위(정점): 선거대책본부
   - 2단계(주요 책임자): 선거대책본부장
   - 3단계(실무 책임자): 사무장
   - 4단계(세부조직팀): 기획팀(전략·정책), 공보·홍보팀(언론·소셜 미디어), 총무·법무팀(예산·선거법), 일정·상황팀(네거티브 대응), 조직팀(지지자·자원봉사자 관리), 후원회, 자문·고문단, 각종 위원회, TM팀 등

2. 연결관계 설정
   - 선대본→선대본부장→사무장
   - 사무장→각 실무팀 연결(총무팀, 기획팀, 공보·홍보팀 등)

3. 조직도 디자인 방식 선택
   - 트리 구조(세로형): 선대본→주요 책임자→세부 팀 순서로 아래로 배치
   - 매트릭스 구조(가로형): 중앙에 선대본을 두고 주변에 각 팀을 배치
   - 순환 구조(네트워크형): 선대본을 중심으로 여러 팀이 유기적

[체크리스트 22] 선거캠프 조직도(예)

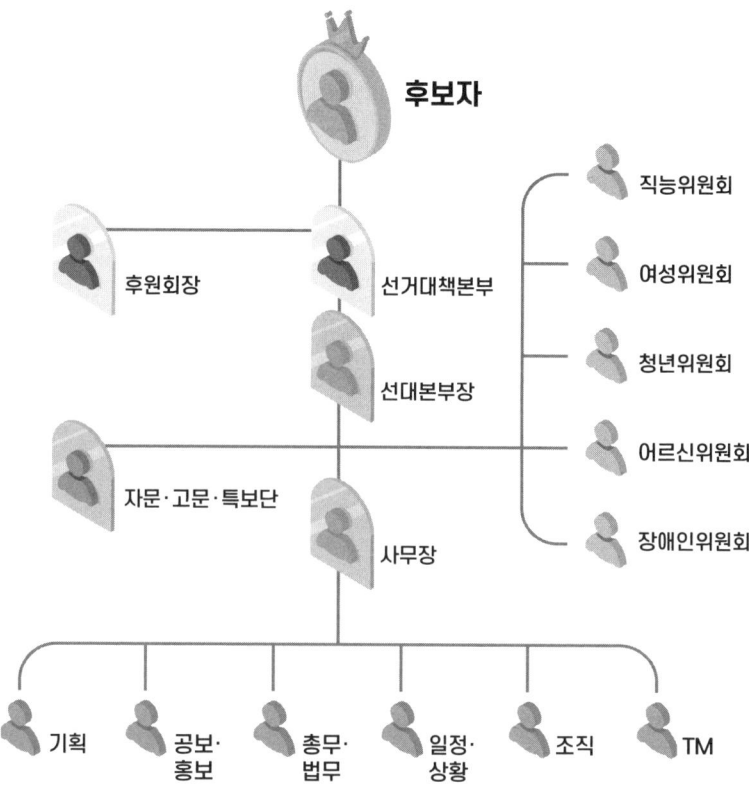

으로 연결된 형태

02 임명장 아끼지 말라

선거캠프를 내부조직으로 본다면 선거캠프 밖에는 외부조직이 있다. 자발적인 후보자의 지지자 모임이나 팬클럽, 정책과 선거 전략에 대해 조언하는 자문그룹, 시민사회나 직능단체 등 연대조직, 온라인과 미디어에서 활동하는 온라인 커뮤니티, 자원봉사단 등으로 선거캠프의 인력과 자원을 보완하고 강력한 지지조직으로 기능할 수 있다. 사조직私組織과 유사점이 많다.

외부인사로 구성된 고문단과 자문위원회, 특보단은 선거캠프 직함은 있지만 기능상 외부조직으로 분류한다. 고문단은 후보자에게 정책과 이미지, 메시지, 여론 등 전반적인 내용을 조언할 수 있는 시니어급 인력들이다. 고문은 정치권 원로, 자문위원은 분야별 전문가로 지역 내 신망이 높고 영향력 있는 인사, 특보는 고문·자문보다 상대적으로 젊은 인력으로 구성한다.

선거캠프 직함은 많은 표를 가져오는 역할을 한다. 이런 이유로 선거를 실제로 이끌어갈 실무진 외에 자문·고문 자리를 만들거나 다양한 위원회를 설치하는 경우가 많다. 실효적인 역할을 하지는 않지만 선거에서 영향력을 발휘할 수 있는 인사들에게 선거캠프 내 타이틀을 제공함으로써 우리 편으로 묶어놓는 기능을 하기도 한다. 가급적 실제적인 역할을 부여하도록 하자.

자문이나 고문은 유지有志를 비롯해 지역 내 명망가 중에서 선정한다. 후보자를 지원하지만 전면에 나서기 꺼리는 비중 있는 인사나 후보자의 예우가 필요한 시니어급 인사도 해당한다. 이런 이들을 위해서 선대위 수석자문, 선대본 수석고문 같은 명칭이 필요하다. 실무적으로 뚜렷한 역할은 없지만 중량급 인사는 그 존재만으로도 든든한 분위기를 조성할 수 있다.

자문·고문급은 아니지만 후보자와 인연 등을 앞세워 선거캠프 직함을 바라는 이들 중 내부조직에 자리가 애매하다면 특보나 개별 위원장 타이틀을 주면 된다. 위원회는 만들기 나름이다. 청년위원회, 여성위원회, 노인문제해결위원회, 1인가구대책위원회, 홍보위원회 등 얼마든지 만들어낼 수 있다. 특보나 위원장은 외부조직과 교류하면서 사람들을 만날 명분을 제공한다.

특보는 직능별, 지역별로 구분해서 임명한다. '청년특보', '여성특보', '노동특보' 등 직책을 신설하면 특정 그룹을 공략하는 데 효과적이다. 임명장 수여식과 보도자료 등을 통해 역할을 공식화하고 당사자에게 자긍심을 부여해서 자발적으로 활동하도록 한다. 단, 선거캠프 실무에 개입하는 일이 없도록 선을 그어두자. 선거캠프 내에 괜한 갈등을 초래하지 않도록 한다.

선거캠프는 임명장을 아낄 필요가 없다. 고문, 자문위원, 특보는 후보자를 지지하고 홍보하는 우군이다. 많이 임명해서 지역을 누비게 하자. 다양한 유권자를 능동적으로 만나 후보자를 소개하고, 자발적인 선거캠페인을 통해서 지지층을 확장하게 한다. 각 지역이나 직능단체, 주요 커뮤니티와의 연결고리를 강화하면서 자연스럽게 우호적인 여론을 형성하는 효과가 있다.

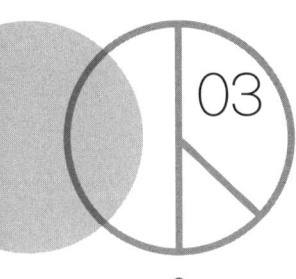

03 선거사무원, 자원봉사자에게도 교육이 필요하다

　선거캠프 초기 멤버들은 후보자와 평소 인연이 있거나 주로 선거 준비단계부터 동행한다. 충분히 내용을 파악하고 있고, 경험을 갖추고 있으며 주요 실행단계에서 후보자나 기획자의 컨펌을 직접 받기 때문에 굳이 별도 교육이 필요하지 않다. 정당 관리하에 있는 공조직 역시 이미 교육을 받은 단위로 봐야 한다. 기존에 알고 있는 내용을 확인하는 것으로 충분하다.

　다만 선거사무원과 자원봉사자를 위한 교육은 필요하다. 선거사무원은 후보자와 정당, 주요 공약과 후보자 당선의 당위성에 공감해야 한다. 출마선언문이나 보도자료, 소셜 미디어에 게재한 내용을 숙지하고 경쟁 후보자와의 비교 우위성을 매끄럽게 설명할 수 있어야 한다. 먼저 선거사무원이 승리를 확신하게 하고, 처음부터 선거캠프를 이기는 분위기로 끌어가야 한다.

선거사무장, 선거연락소장, 선거사무원, 활동보조인, 회계책임자에게는 공직선거관리규칙 제59조 제1항에 따른 수당과 실비를 지급할 수 있다.

앞서 밝혔듯이 국회의원선거의 경우 읍·면·동 수의 3배수에 5를 더한 수만큼 유급 선거사무원을 둘 수 있는데, 유급 선거사무원은 상대적으로 소수에 불과하므로 결국 자원봉사자들의 헌신에 의해 선거 결과가 달라질 수 있다.

04 '프로' 연설원과 '다다익선' 자봉

유세차량 위에서 마이크를 잡고 거리를 누비는 연설원은 꼭 필요한 역할이지만 함량이 부족한 경우가 많다. 지역과 무관한 내용이나 후보자보다 자신을 과시하려는 태도, "그렇지 않습니까, 여러분~"을 반복하며 헛웃음을 유발하는 무성의한 준비, 불분명한 발음과 고래고래 질러대는 방식, 상황에 대응하지 못한 연설 분량은 오히려 후보자 이미지만 실추시킬 수 있다.

깔끔하고 준비되고 경험이 있는 '프로페셔널' 연설원을 확보하고 앞장세워야 한다. 때에 따라 진지하고 솔직한 태도로 심금을 울릴 수 있는 아마추어 연설원이 필요하기도 하지만 메인 역할을 맡길 수는 없다. 설득력 있는 논리, 지역의 세부 이슈와 부합하는 주제를 A4 용지 1~2장 정도로 명확하게 정리해서 정확한 발음과 차분한 톤으로 위트 있게 다가가야 한다.

코로나 이후 유세 현장에서 방역수칙을 관리할 별도 인력이 필요할 수도 있다. '비대면' 분야의 확산은 선거판이라고 해서 크게 다르지 않다. 차제에 온라인on-line과 언택트untact 개념이 결합한 '온택트ontact' 시대를 대비한 유세 일정과 소셜 미디어 홍보 전략, 영상·비주얼 콘텐츠 위주의 선거 운동을 기획할 수 있는 참모진에 대한 수요는 갈수록 높아질 것이다.

*

자원봉사자는 보통 후보자 가족과 당원, 개인적 연고를 통해 모집한다. 이런 이유로 대부분의 후보자가 평소 지역 활동과 봉사 활동, 종교기관, 향우회, 동문회 등 직능·자생단체, 친목계를 꾸준히 관리한다. 후보자의 자질이나 정치 이념에 동조하는 대학생·여성 중에서 우선적으로 확보하되, 가능하다면 남녀노소 골고루 구성해서 가족 같은 유대감을 키워가도록 한다.

자원봉사자를 모집했다면 이들과 목표의식을 공유하고, 선거에 대한 사명감과 후보자에 대한 자긍심을 갖도록 교육을 실시한다. 후보자의 출마 동기와 명분, 기본적인 신상과 주요 홍보물 내용, 선거 운동 일정과 역할 등을 주지시킨다. 이들을 단위별로 관리할 중간급에는 과거 선거 경험이 있는 당원이나 직능·자선단체 임원급을 선발해서 필요한 역할을 맡기도록 한다.

경선 준비와 참여, 전화 홍보, 거리 홍보, 유권자 명부 정리, 투개표 참관, 가두선전, 선거사무실 관리와 방문자 접대, 소셜 미디어 활동 등 자원봉사자가 할 수 있는 일은 많다. 게다가 자원봉사자는 1차로 후보자에게 투표해줄 유권자가 대부분이다. 자원봉사자의 가족과 가까운 지인까지 고려한다면 관리가 가능한 범위 내에서 자원봉사자는 다다익선多多益善이다.

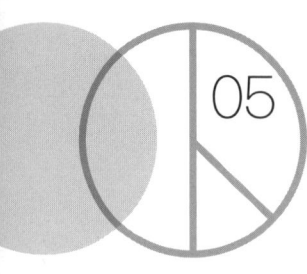

05 자원봉사자를 예우하라

자원봉사자는 후보자의 정당 소속 여부를 떠나 무급으로 선거 캠프를 돕는 이들이다. 수당은 물론 식비, 교통비 등 어떤 형태의 실비 제공도 불가하다. 그래도 대개 더 열성적이다. 부모에 의해 끌려온 대학생이든, 정치적 포부가 있든, 단순 경험 차원이든 간에 개인 시간을 할애해 품들인 만큼 '헛수고'가 되길 바라지 않는다. 후보자가 각별히 예우해야 할 이들이다.

첫째, 후보자나 후보자 가족은 시간이 될 때마다 자원봉사자들과 스킨십을 갖고 감사를 표해야 한다. 자원봉사자는 물질적 보상 없이 개인 시간과 서비스를 스스로 제공하는 이들이다. 따라서 물질 이외의 보람과 자긍심을 가질 수 있도록 후보자와 관리자는 세심하게 관리해야 한다. 선대본부장은 정규회의에 자원봉사자 대표급을 참여시키는 등 깍듯하게 예우해야 한다.

둘째, 자원봉사자의 업무는 가능한 단순하고 구체적이어야 한다. 경험이 많지 않은 이들에게 엄청난 능동성을 기대할 수도 없다. 유세 현장의 '박수부대' 역할을 맡긴다면 "열심히 박수쳐라"는 막연한 임무보다 특정 대목을 지정한다든지, 리더를 정한다든지, 약속된 신호를 바탕으로 반응하게 하는 식이다. 구성원으로서 미션을 수행했다는 느낌이 들도록 격려해야 한다.

셋째, 특성과 능력에 따라 역할을 분배한다. 비슷한 또래, 같은 성별은 가급적 업무를 분리한다. 여느 조직이나 마찬가지겠지만, 동일 업무수행 중 능력이나 열성이 부족한 멤버에 대한 불만은 생기기 마련이다. 그렇다 해도 유능한 그룹과 비교하지 말고, 적당한 이유를 들어 다른 업무로 전환하거나 단순하되 품이 많이 드는 일을 시키는 식으로 해결해야 한다.

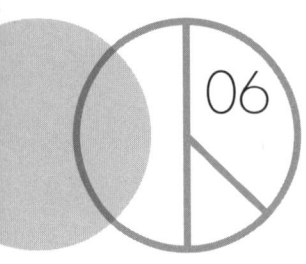

자연스러운 내부 소통문화 만들기

선거캠프 구성원 간 발생한 내부 문제는 사전 차단이 최선이다. 후보자와 기획팀장, 선거사무장의 역할은 그만큼 중요하다. 경험이 많은 전문 인력을 선거구 밖에서 확보했으면, 기존 지역조직, 지역인사들과 역할을 분담해서 호흡을 맞추고 시너지를 키울 수 있도록 한다. 선거 이후에도 이어질 인연이다. 사전에 갈등 발생을 억제하고, 갈등이 생겼을 때도 빨리 수습해야 한다.

선거캠프 내부 문제를 신속하고 효과적으로 처리하지 못하면 전체 선거과정에 부정적인 영향을 미친다. 원인을 정확히 파악하고, 신속하게 대응해서 상대 선거캠프나 언론, 지역사회로 전파되는 일을 조기에 차단한다. 기획팀장과 사무장은 당사자들을 직접 만나 문제의 원인과 배경을 직접 확인하고, 개인의 문제인지, 조직 차원의 문제인지를 파악해서 조치해야 한다.

근본적인 해결책은 역시 선거캠프의 내부 소통 강화에 있다. 정기적으로 전체회의나 팀별회의를 통해 구성원 간 정보와 방향을 공유하고, 사전에 문제 소지를 차단한다. '끼리끼리' 정보를 독점하거나 소외시키는 모양새를 취하지 않도록 유의하자. 관리자는 문제가 생겼을 때 숨기거나 회피하지 말고 가능한 범위 내에서 솔직하게 공유하되 외부 유출을 최대한 차단한다.

팀장에게 명확하게 역할을 부여하고, 단호하게 책임을 묻는다. 팀 사이의 문제는 사무장과 팀장들이 함께 논의하되, 재발 방지 차원에서 책임을 분명히 한다. 법적 문제로 비화할 가능성이 있으면 즉시 법률 자문을 구하고, 특정 팀이나 개인에게 과도하게 업무가 몰려서 발생한 구조적인 난맥亂脈은 역할 재조정이나 추가적인 인력 배치, 외부 컨설팅 등을 통해서 해결한다.

선거캠프 내부 문제는 구성원 사이의 사기를 떨어뜨리고, 나아가 후보자와 선거캠프의 대외 이미지를 하락시킨다. 전문성을 갖춘 초빙 인력과 지역에 통달한 터줏대감 사이에 잠재하는 갈등 관리는 지역 출신의 선거전문가가 적임이다. 사무장급 역할을 부여해서 일관된 태도로 내외·노소를 조율하고, 전체 사기를 진작하며 준비된 대외 메시지와 플랜 B를 마련할 수 있도록 한다.

28년 만에 인상된 선거사무원 수당

외부조직도 크게 '선거 사무 관계자'로 등록돼 법적으로 수당과 실비를 지급받는 이들과 순수한 자원봉사자로 나눌 수 있다. 공식 선거 일정이 시작된 후 후보자의 이름이 새겨진 점퍼를 입은 채 피켓을 들고 인사하는 운동원, 유세차량에서 호소하는 연설원, 율동을 하면서 연호하는 운동원은 선거사무원으로 수당을 받는 경우가 많다. 법적 한도 내에서 엄격히 운용하도록 하자.

1994년에 제정된 선거사무원 수당·실비는 하루 7만 원을 초과할 수 없었다. 14일간 선거 운동에 참여해도 1인당 100만 원에 미달해서 수십 년간 논란이 이어졌고, 2022년 공직선거법 개정안 통과로 비로소 수당이 2배 인상됐다. 실비 포함, 광역단체장급 선거사무장은 19만 원, 선거사무원과 활동보조인은 11만 원까지 수령할 수 있다. 상세한 내용은 다음 도표를 참고하자.

지방선거 기구별	구분	수당 (단위: 만 원)	실비 (단위: 만 원, 1일당)	
			일비	식비
시·도지사, 비례대표 시·도의원 선거사무소	사무장	14	2.5	2.5
시·도지사 선거연락소	연락소장	10		
지역구 시·도의원 선거사무소	사무장	10		
자치구·시·군의 장 선거사무소	사무장	10		
자치구·시·군의 장 선거연락소	연락소장	10		
지역구 구·시·군의원 선거사무소	사무장	10		
공통	선거사무원·활동 보조인	6	2.5	2.5

국회의원선거 기구별	구분	수당 (단위: 만 원)	실비 (단위: 만 원, 1일당)	
			일비	식비
비례대표 국회의원선거 선거사무소(중앙당)	사무장	14	2.5	2.5
(예비)후보자 선거사무소	사무장	10		
선거연락소	연락소장	10		
공통	선거사무원·활동 보조인	6	2.5	2.5

11장
'슬기로운 선거캠프' 본격 가동

2차 선거캠프가 완성됐다면, 선거 승리를 위해 본격적으로 출범해 보자. 이번 장에서는 선거캠프 운영에 꼭 필요한 실무를 다룬다. 선거캠프 내 공간 배치와 캠페인 일정표(전체·주간·일간), 주요 이벤트 및 행사 계획, 캠페인 자료 및 홍보 실행 전략 등은 선거 특성상 단순 편의성보다는 고도의 정무적 판단을 요한다. 선거캠프 운영업무를 철저하게 실무적 관점에서 정리해 보자.

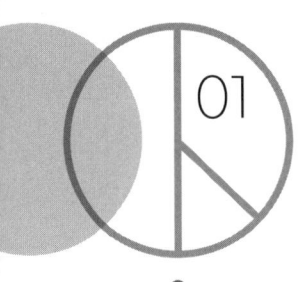

01 선거캠프 공간 배치에도 계획이 필요하다

후보자는 선거캠프라고 부르는 선거사무소를 하나만 설치할 수 있다. 정당은 선거대책기구를 중앙당과 시·도당 사무소에 설치할 수 있다. 선거사무소는 물적·공간적, 선거대책기구는 인적·조직적 개념이다.

대통령선거는 선거일 240일 전, 국회의원선거와 시·도지사선거 120일 전, 지방의회선거 및 자치구·시·군의 장 선거는 선거기간 개시일 60일 전부터 설치할 수 있다.

선거구 규모가 커질 경우에는 선거연락소를 지역 단위로 마련할 수 있는데, 대통령선거는 시·도 및 구·시·군마다, 시·도지사선거는 구·시·군마다 선거연락소를 1개소씩 설치할 수 있다. 구·시·군에 복수의 국회의원 지역구가 있으면 지역구마다 선거연락소 1개소를 둘 수 있다. 공직선거법 제61조(선거운동기구의 설치)와 제89조(유사기관의 설치 금지) 등을 참고하자.

선거캠프의 안정적인 운영과 주요 단위 간 효율성을 높이기 위해서는 공간 배치에 주의를 기울여야 한다. 선거캠프의 기능과 보안, 후보자의 콘셉트와 이미지 등을 고려해서 깔끔하게 세팅한다. 선거 사무와 회의 공간, 간단한 방문객 접대 공간, 운동원 휴식 공간, TM(텔레마케팅) 공간, 후보자 사무 공간 등을 나누고 사무용품과 집기는 보통 전문 렌털업체를 통해 마련한다.

초반 선발대 중심으로 공간을 꾸렸다가 선거가 본격화되면서 민원인과 유권자 등 방문자를 위한 공간을 전면에 배치하기도 한다. 발대식 등 행사를 위해 메인 공간은 설치와 철거가 용이하게 세팅한다. 선거캠프 공간은 동일 건물 내에서 제한 없이 추가할 수 있다. 건물이 클수록, 건물 내에 활용 가능한 공간이 많을수록 유리하다. 물론 선거 비용 범위 안에서 운용한다.

먼저, 가장 많은 유세를 뛰게 될 후보자와 후보자 직계가족을 위한 별도 공간이 필요하다. 외부에 동선이 공개되지 않고, 방음이 잘 되는 독립적인 공간이 좋다. 후보자가 언론 인터뷰를 한다든지, 주요 인사나 신상 공개를 원하지 않은 민원인을 만난다든지, 소수 관계자와 회의를 진행한다든지, 잠깐 눈을 붙이거나 쉴 수 있는 내밀한 공간으로 차별해서 관리해야 한다.

기획팀장과 공보·홍보팀장, 일정·상황팀장 등 핵심 인력이 활동하는 공간과 TM 공간도 민원인이나 기자와 동선을 분리하자. 소수가 공유하는 내부자료나 최종본 이전의 홍보물 등 보안이 필요한 내용이 유출될 가능성을 차단해야 한다. 메시지 제작과 언론 대응, 콘텐츠 제작, 소셜 미디어 운영을 논의하고, 간단한 영상 촬영과 편집이 가능한 공간으로 활용할 수도 있다.

공보팀은 언론인을 비롯한 외부인사를 만날 일이 잦다. 따라서 독립적인 공간으로 분리하되 동선은 짧아야 한다. 사실 총선이나 기초 단위 지방선거에서 기자나 미디어를 위한 프레스룸을 별도로 운영할 정도로 규모가 큰 선거캠프는 많지 않다. 따라서 공보 업무차 기자를 만난다든지, 지인이나 유권자가 만남을 요청하면 민원인 접대 공간이나 인근 카페 등을 활용한다.

선거캠프마다 차이는 있으나 선거 운동이 본격화되면 매끄럽게 운영되는 선거캠프의 메인 공간은 간단한 다과와 차담이 가능한 탁자와 의자가 자리 잡기 마련이다. 선거캠프 입구에는 방문객을 안내하고 내용을 파악해서 담당자를 연결할 수 있는 노련하고 눈치 빠른 민원 담당자를 배치한다. 지역 출신으로 당원들과 지역 유지들을 잘 파악하고 있는 팀장급으로 세팅한다.

지역 유권자가 아닌 선거운동원으로 선거를 위해 다른 지역에서 원정 나온 '용병급'은 숙소와 생활공간이 별도로 필요할 수 있다. 일반적으로는 선거캠프와 멀지 않은 곳에 사비를 들여 마련한다. 선거가 본격화되면 숙소는 잠깐 눈을 붙였다가 겨우 샤워 정도만 하고 나오는 곳이 되고, 식사나 세탁도 각자 해결이 원칙이다. 단체 숙소를 운영할지 여부도 스스로 결정한다.

02 캠페인 일정표는 단계별로 만든다

 선거 운동은 제한된 시간 내에 최대한의 결과를 만들어내는 활동이다. 따라서 촘촘하고 효율성을 극대화한 일정과 계획이 필수적이다. 캠페인 일정표를 만들 때는 선거 기간과 잔여 일정, 주요 이벤트, 유세와 홍보 등을 고려해야 한다. 전체 캠페인의 흐름과 선거 일정을 고려해서 만들되, 운동원의 피로도를 조절해서 프로그램이 원활하게 진행될 수 있도록 배치한다.

 선거캠프의 체계적인 운영을 위해 일정표를 만들어야 한다. 보통 선거 잔여 기간을 포함한 전체 일정과 월간, 주간, 일간 일정을 필요에 따라 작성한다. 형식과 내용은 선거캠프의 필요에 따라 자유롭게 선택하되 보안에 각별히 주의한다. 전체 일정은 선관위에서 제공하는 '선거(사무)일정표'를 활용한다. 주요 선거 일정과 법적 처리 기한을 확인하고 그에 따라서 진행하면 된다.

캠페인 일정표의 기본 구조는 날짜·시간대별 활동, 장소, 담당자·준비물, 기타(참고)를 포함한다. 구체적으로 후보자의 새벽 출근 인사(장소·방향 등), 오전 전략회의, 오전·오후 유세, 민원인·유권자 면담, 홍보·미디어 활동, 저녁 유세, 저녁 전체회의, 자원봉사자 활동 등 주요 일정과 장소, 참여 대상을 명기한다. 공개 일정과 비공개 일정을 별도로 관리한다.

선거캠페인 초기에는 조직을 세팅하고, 전략을 구체화하는 일정에 주력한다. 구체적으로는 선거캠프 구성 및 역할 분배, 주요 메시지 및 공약 1차 확정, 역대 선거 및 유권자 지형 및 경쟁 후보군 분석, 홍보물 기획, 소셜 미디어 및 온라인 홍보 채널 가동, 지역 당원 조직 및 영향력 있는 단체들과 온라인 커뮤니티·단톡방 방문 및 라포르rapport 구축 등에 전념한다.

선거 분위기가 본격적으로 가열되면 후보자와 가족의 거리 유세(명함 배포), 유동인구 많은 지역 방문, 미디어 인터뷰 및 보도자료 배포(매일), 우세·박빙·열세 지역별 타깃팅 홍보 활동, 전화·문자(이메일) 홍보 및 지지자 확보 캠페인 등에 일정을 집중한다. 유권자는 아니지만 틈틈이 학생이나 어린아이들과 교감하면서 '예쁜 그림'을 많이 만들어낼 수 있으면 좋다.

본선거가 막을 올리면 선거 막판까지 일관된 스탠스와 사전에 준비한 일정들을 묵묵히 소화하는 모습을 보여주도록 하자. 지금껏 유지해온 기본 일정에 대규모 유세와 막판 홍보 활동, 투표 독려 캠페인, 사전 투표·본투표 대비 및 응급 상황 대비, 토론회 준비 등을 고려해서 효율적인 일정표를 기획하면 유권자에게 후보자의 메시지를 효과적으로 전달할 수 있다.

03 캠페인 효과를 극대화하는 이벤트 및 행사 기획

선거캠페인의 핵심은 선거 전략을 기반으로 유권자와 소통 면을 넓혀가는 데 있다. 후보자의 정책과 메시지를 효과적으로 전달하고, 나아가 후보자의 인지도와 호감도를 높이기 위해서는 적절한 이벤트와 행사를 기획해서 캠페인 효과를 극대화해야 한다. 유권자의 참여율을 높이고, 소셜 미디어와 미디어에 적합한 콘텐츠 제작으로 이어질 수 있는 흥미로운 이벤트를 기획하자.

선거캠프 발대식이나 후보자 출정식은 후보자의 존재와 선거 운동 개시를 공식화하는 이벤트다. 선거 운동이 본격화하는 시점에 최대한 많은 인원이 참여하는 대규모 출정식을 개최하면 지지층의 의욕을 고취하고, 경쟁자의 사기를 꺾는 효과가 있다. 간결하고 깔끔한 행사가 좋은데 당 대표나 유력 정치인, 유명인의 지지 발언이나 축하 영상이 이어지면 다소 길어질 수 있다.

먼 거리를 찾아온 '어른급' 인사에게 1~2분 내외의 발언 시간만 주는 건 야박하다. 그래도 노련하고 센스 있는 인사라면 자신이 주인공인 양 공식행사에서 중언부언하며 시간을 끌진 않는다. 공식행사 이후에도 자리에 남아 편안하게 지지자를 격려하고 덕담을 건넬 수 있는 선배 정치인을 오히려 높게 평가한다. 영상 메시지는 임팩트 있는 편집을 통해서 시간을 조율하자.

출마선언문은 유권자에게 후보자의 비전과 정책을 확실하게 각인시키는 중요한 기회다. 단, 지나치게 상세하게 일일이 언급할 필요는 없다. 연설문은 5~10분 정도로 작성하자. 너무 길면 산만해지고, 너무 짧으면 내용이 성의 없게 보일 수 있다. 출마지역과 선거의 성격에 따른 강조점을 선택하고, 인간적인 매력과 지역에 대한 이해, 공약의 완성도가 잘 드러나도록 기획해 보자.

후보자는 누가 뭐래도 선거와 관련한 모든 이벤트의 주인공이다. 지지자들이 신뢰할 수 있는 이미지를 유지하고, 언론이 주목할 만한 메시지를 담은 연설문을 작성하자. 지지자들이 몰리면 자칫 센티sentimental해지기 쉽다. 감상에 빠져서 이런저런 개인사를 늘어놓기보다는 출마를 결심한 간략한 배경과 함께 캠페인 슬로건을 발표하고, 주요 공약을 소개하는 시간으로 활용한다.

후보자는 연설문 도입부에서 관심을 끌 만한 위트 있는 멘트와 정치인으로서의 정체성을 담아낸다. 출마 배경과 지역과의 인연을 밝히고, 지지자에 대한 감사를 표한다. 본론에서는 비전과 핵심 메시지를 공개하고, 본인이 추구하는 가치를 소개한다. '정의', '혁신', '개혁', '청렴' 등 해당 선거의 시대정신과 문제의식, 해결 의지 등을 연계해서 적임자라는 점을 부각하도록 한다.

구체적이고 실현 가능한 대표 공약 2~3개 정도를 소개하는 게 적당하다. 기존 정책과 차별점을 강조하고, 실현 가능성과 기대 효과를 설명한다. 현실에 대한 충분한 이해를 어필하고, 소통과 참여를 통해 더 많은 목소리를 듣겠다고 다짐한다. 결론부에서는 유권자의 지지와 동참을 호소하고, 선거 슬로건과 핵심 메시지를 강조하면서 강한 의지와 결연한 태도로 마무리한다.

발대식이나 출정식이 후보자를 돋보이게 하는 행사라면, 지역 방문과 주민간담회, 토론회는 낮은 자세로 유권자에게 나아가는 모양새가 중요한 이벤트다. 교육, 교통, 복지, 문화 등 특정 주제를 중심으로 후보자가 주민과 직접 소통하며 공감대를 형성할 수 있는 소규모 타운홀 미팅으로 기획하면 좋다. 사전에 행사 주체와 소통해서 참여 인원과 대상 등을 꼼꼼히 파악해야 한다.

소셜 미디어와 온라인 이벤트는 개인 활동을 즐기는 젊은 유권자를 대상으로 라이브 방송, 챌린지 이벤트 형식으로 진행한다. 후보자의 인간적인 면모를 보여줄 수 있는 자연스러운 콘텐츠를 제작한다. 어린이와 반려동물 등 사랑받는 존재들과 격의 없이 소통하는 모습만으로도 호감을 높일 수 있다. 따로 시간을 내기보다는 유세 도중 찍은 영상이나 사진을 활용하도록 한다.

투표일 직전, 선거 막판에는 대규모 마무리 유세를 기획한다.

최근 들어 '골목 선거' 같이 마이크로한 선거캠페인을 강조하는 사례들도 있지만, 막판에는 지지층을 결집하고 기세를 담아낼 수 있는 대규모 유세를 기획하는 것도 괜찮다. 전문 연주자나 음반을 제작한 가수가 아니라면 재능기부를 받아서 캠페인송을 부르는 등 콘서트 형식의 문화 유세를 진행하는 방법도 있다.

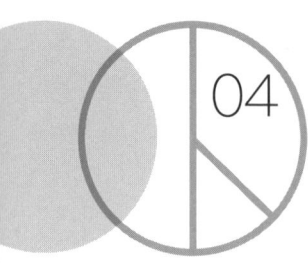

04 캠페인 자료, 홍보 실행에도 전략이 필요하다

성공적인 선거캠페인을 위해서는 효율적인 홍보 실행 전략이 필수적이다. 공약집과 플래카드, 명함을 비롯한 오프라인 홍보물과 영상, 사진, 인포그래픽, 카드뉴스 등을 활용한 온라인 홍보물을 균형 있게 운영해서 최대한 많은 유권자에게 후보자에 대한 긍정적인 메시지를 전달해야 한다. 유권자의 감성을 자극할 수 있는 스토리텔링 콘텐츠를 적극 개발할 필요도 있다.

캠페인 자료는 지역과 연령대에 따라 맞춤형으로 차별화해서 제작하되, 온라인과 오프라인을 구분해서 실행하자. 온라인은 소셜 미디어, 유튜브, 블로그 등을 활용한 캠페인을 진행하고, 해시태그 캠페인 같은 유권자 참여형 콘텐츠를 기획한다. 오프라인은 전통적인 방식이다. 전단지를 배포하고, 유세차량을 통해 홍보하고, 지역 행사와 봉사 활동을 정기적으로 진행한다.

전국적인 인지도를 갖춘 후보자라면 공중파와 종합편성채널 등 메이저 미디어의 주목을 받기 마련이다. 경쟁 후보자의 인지도까지 전국급이면 주목도는 더 높아진다. 만일 경쟁 후보자의 인지도에 미치지 못한다면 해당 언론에 반론이나 균형 보도 차원에서 비슷한 총량의 보도를 요구할 수도 있다. 신문, TV, 라디오 등 레거시 매체를 활용한 인터뷰와 광고도 선택할 수 있다.

공보물은 예비후보자와 후보자 신분 사이에 차이가 있다. 선거 벽보, 선거 공보, 선거 공약서, 현수막, 어깨띠 등 소품, 신문 광고, 방송 광고, 후보자 등의 방송 연설, 방송시설 주관 후보자 연설의 방송, 경력 방송, 방송시설 주관 경력 방송 등은 공직선거법 64조부터 74조까지 자세히 설명해놓고 있다. 담당자들은 특히 선거 공보(65조)와 현수막(66조)에 대해 꼼꼼히 살펴야 한다.

선관위는 선거 직전 자료 요청 형식으로 예비공보물 발행 요건을 안내한다. 해당 지역의 선관위에 문의한 뒤 진행하면 된다. 상세한 내용은 뒤에 나오는 13장 예비후보자제도 편에서 다루기로 하자.

12장
'여론 주도'의 언론 활용 극대화 전략

아무리 부지런한 정치인이라도 선거 기간에 모든 유권자를 만날 수는 없다. 유권자 규모에 따라 달라지지만 광역단체장과 국회의원선거부터는 대면 접촉 비율이 현저히 떨어진다.

많은 유권자가 선거 홍보물을 뜯어보지 않고 투표장으로 향한다. 그래서 선거는 미디어에 의존할 수밖에 없다. 보통 언론과 소셜 미디어, 온라인 광고를 병행한다. 후보자라면 이러한 언론의 활용법을 고민해야 한다.

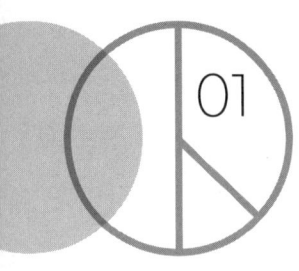

01 공보팀장은 반드시 있어야 한다

선거캠프 초반부터 공보팀장을 선임하고 공보 시스템을 세팅하자. 대변인이어도 상관없다. 그런데 소규모 선거캠프에서 대변인은 흔한 직함이 아니다. 대통령선거나 광역단체장선거라면 모를까, 국회의원선거나 기초단체장급 이하 규모의 선거는 굳이 대변인 역할을 요구하지 않는다. 오프라인에서 관리해야 할 기자단을 따로 운영하지 않기 때문에 공보팀장으로 커버가 가능하다.

공보팀장은 보도자료 형식을 확정하고, 담당자와 연락처를 명기한다. 일반적으로 공보팀장 자신이 담당한다. 일반 시민을 대상으로 배포하는 경우도 있는데 본디 보도자료는 언론을 대상으로 한다. 기사로 쓰기 좋게 1차 자료를 제공하는 셈이다. 따라서 공보팀장은 기자 출신들이 맡는 경우가 많다. 기자 출신이 없으면 공보 업무를 경험한 스태프 중에서 선임한다.

공보팀장은 후보자의 주요 정책과 비전을 정리해서 선거캠프의 핵심 메시지와 어젠다를 설정한다. 이어 후보자의 슬로건을 중심으로 유권자에게 쉽게 전달될 수 있는 키워드, 예를 들어 '○○의 아들', '지역 개발', '기분 좋은 변화', '품격 정치' 등 3~5개 정도의 키워드로 압축한 뒤 이를 미디어 인터뷰와 보도자료에서 반복적으로 강조한다. 지겹다고 해도 끝까지 고수한다.

선거캠프의 대언론 전략은 후보자의 메시지를 효과적으로 전달하고, 미디어를 최대한 활용해서 유권자의 관심을 유리하게 끌어가는 핵심적인 요소다. 기본적으로는 이슈에 대한 '빠르고 정확한 대응', 후보자의 핵심 가치와 슬로건에 기반한 '일관된 메시지 기조 유지', 상대 선거캠프의 네거티브에 대한 예민한 반응보다 '긍정적이고 주도적인 프레임 고수' 등을 꼽을 수 있다.

선거캠프가 언론 관심사에 무감한 채 '마이웨이' 행보를 보이는 것은 바람직하지 않다. 능동적으로 출입기자단과 우호적인 관계를 유지하며, 언론이 관심을 가질만한 이슈를 설정하고, 정기적인 보도자료와 브리핑·논평을 기자단에 배포하며, 위기 시 논란을 최소화하고 여론을 환기해 주도권을 되찾아올 수 있는 관리 능력을 확보하는 게 미디어 전략의 핵심이다.

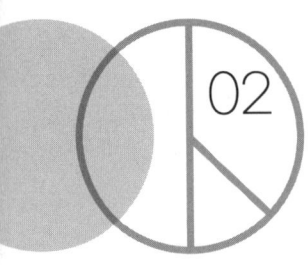

02 기자들과 좋은 관계를 맺어야 한다

공보 단위가 세팅되면, 우선 기자단을 확정한다. 기자들에게 일일이 허락을 구할 일은 아니다. 국회의원선거라면 국회 출입 기자단 중 소속 정당 담당 기자들, 지방선거라면 정치부 기자단에 해당 지역 언론을 추가해서 기자들의 이메일과 휴대폰 연락처를 확보하면 된다. 대량 발송 시스템을 세팅하고, 온라인 기자단체토론방을 개설해서 보도자료와 사진을 발송한다.

기자단과 좋은 네트워크를 구축하는 것은 매우 중요하다. 공보팀장을 정치부 기자 출신이나 평소 국회 출입기자단과 가깝게 지내는 인물 중에서 선택하는 이유도 언론의 생리를 꿰뚫고 보도 환경을 유리하게 이끌 수 있기 때문이다. 후보자의 지명도에 따라 다르지만, 선거구가 격전지로 분류되거나 전국적인 관심을 끌 정도가 되면 언론과 기자들은 자연스럽게 따라붙는다.

선거가 본격화하기 전, 공보팀장은 후보자와 기자 간 식사를 겸한 간담회를 추진한다. 후보자가 기자를 직접 만나서 눈을 맞추고, 악수하고, 명함을 나누고, 인사하는 것은 생각보다 효과가 크다. 선거캠프 주요 참모진도 기자들과 안면을 틀 수 있는 기회다. 단, 거듭 강조하건대 언론과는 불가근불가원不可近不可遠이다. 언론 대응 창구는 공보팀장으로 단일화해야 한다.

기자 입장에서도 직접 만난 후보자를 만나지 않은 후보자보다 우선순위에 두게 된다. 후보자에 대한 이해는 행간에 묻어나고, 자연스러운 대화 속에서 뜻밖의 인터뷰나 기획기사가 나오기도 한다. 기자들에게 공개할 내용은 공보팀이 전략적으로 준비한다. 사전에 가까운 기자들과 교류를 통해 폭발력 있는 현안들을 파악한 뒤 기사로 디벨로프develop할 수도 있다.

공보팀장은 기자들과 좋은 관계를 유지해야 한다. 웃는 얼굴은 기본이다. 선거캠프를 찾아오는 기자들이라면 영향력이 크지 않은 소규모 매체라 해도 친절하게 응대한다. 선거 이후에도 이어질 수 있는 인연이다. 기자의 소속 언론사가 바뀔 수도 있다. 선거캠프가 '아주 약간' 손해 보는 듯 기자 입장에서 챙겨주면 해당 선거뿐 아니라 향후 좋은 관계를 이어갈 수 있다.

지역 매체 기자 중 일부는 공식 선거 기간 중 광고 유치를 위해 신경질적으로 반응하기도 한다. 제한된 선거 비용에서 효과가 떨어지는 지역 매체 광고는 선거캠프 입장에서 난감한 문제다. 일부만 해주면 소외된 매체가 발끈한다. 기껏 우호적으로 쌓은 관계가 위기를 맞을 수도 있다. 공보팀장이 직접 해결하기 어려우면 경험 많은 기획팀장이나 회계담당자에게 넘길 수밖에 없다.

참고로, 기자 출신 대변인(공보팀장)이 출입 기자를 하대하거나 훈계하듯 기사 내용과 품질을 지적하는 일들이 왕왕 발생한다. "선거캠프 대변인이 아닌 선배 입장에서 솔직히 하는 말인데…"로 시작하지만 일만 그르친다. 이미 업계 선배가 아니다. 현실 파악 못 하는 대변인으로 평판만 나빠진다. 혼내면서 가르친 후배였어도 이젠 깍듯하게 관리해야 할 언론인일 뿐이다.

03 기자들의 눈높이에 맞춘 보도자료의 중요성

    기자와 제아무리 가깝게 지낸다고 해도 기삿감이 없으면 별무소용別無所用이다. 기자는 개인적으로 친밀한 공보팀장보다 기삿거리가 될 만한 이슈를 가져다주는 공보팀장을 선호한다.

    평소 언론의 주목을 받는 후보자 선거캠프에 기자들이 몰리는 이유도 공보팀이 친절하기 때문이 아니라 해당 선거캠프에 가면 독자와 유권자가 관심을 가질만한 기사들이 나오기 때문이다.

    물론 같은 조건이라면 기자 입장에서는 이슈를 정확히 잡아주고, 깔끔한 보도자료와 사진·영상자료를 챙겨줄 수 있는 유능한 공보팀장이 있는 선거캠프를 선호하기 마련이다. 기자들이 먼저 연락해서 기삿거리가 없는지 물어본다면 해당 선거캠프의 공보 기능이 부족하다는 방증이다. 가급적 신문 발행일에 맞춰 일요일부터 금요일까지 보도자료를 매일 발송하도록 한다.

공보팀장은 기사화를 위해 관심이 많은 기자에게 별도로 연락을 취해 보도자료의 취지와 가치를 소개할 수 있고, 기자들이 관심을 보이면 요청 자료 등을 추가로 제공하기도 한다. 언론에 전달한 보도자료는 후보자의 블로그나 소셜 미디어 등에 업로드하고, 지지자 단톡방이나 주요 지역 커뮤니티 등에도 올린다. 기사로 소개될 경우 기사 링크를 공유하는 것도 좋다.

주중에는 후보자의 핵심 공약이나 정책, 주요 일정과 관련한 보도자료를 배포한다. 일요일에는 월요일 신문을 겨냥해서 굵직한 행사를 기획할 수는 있는데, 다수 지역에서 다수 후보자가 경쟁하는 상황에서 큰 기사로 주목받는 것은 다른 이야기다. 토요일이나 휴일에는 후보자의 인간적인 면을 강조하는 스토리텔링 형식의 '소프트한 내용'을 기획하는 것도 괜찮은 방법이다.

보도자료든, 사진이나 영상이든, 유념해야 할 점은 선거캠프가 주도권을 쥐고 가야 한다는 것이다. 버리기 아까운 내용이나 사진, 영상이라고 모두 넣어버리면, 정작 후보자와 선거캠프가 강조하고 싶은 우선순위가 바뀌는 경우가 많다. 타 매체가 보도한 내용을 기피하는 언론 풍토가 있기 때문에 꼭 필요한 내용과 사진으로 추려서 제공해야 본말의 전도를 막을 수 있다.

보도자료는 누구나 쓸 수 있다고 생각하기 쉬운데 까다로운 기자들의 눈높이를 맞추기는 여간 어려운 일이 아니다. 언론이 그대로 복사해서 송고해도 좋을 만큼 완성도를 높이면 좋다. 제목 선정부터, 육하원칙에 따른 리드(첫 문장) 잡기, 중요도에 따라 역피라미드 구조로 작성하기, 불필요한 부사·형용사·수식어 제거 등은 말처럼 쉽지 않다. 보도자료 작성을 다룬 8장을 참고하자.

소규모 지역 매체가 보도자료를 토씨 하나 바꾸지 않고, 온라인판에 올리는 사례를 흔히 볼 수 있다. 동일한 바이라인인데도 제공된 보도자료에 따라 기사의 품질quality이 천차만별이다. 따라서 보도자료의 질이 좋을수록 후보자와 관련한 보도의 질이 좋아지고, 자연스럽게 후보자의 이미지 상승으로 이어진다. 선거캠프의 보도자료 작성 능력이 중요한 이유다.

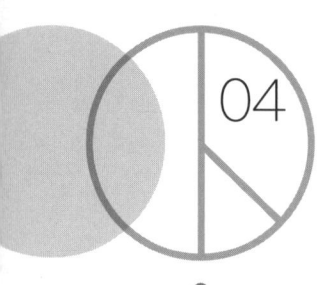

04 기자회견, 인터뷰의 타이밍

　후보자가 미디어 측면에서 강점이 있다면 기자회견이나 방송, 신문, 온라인 매체별로 인터뷰를 진행한다든지, 기고문을 추진한다. 기자회견은 가급적 토요일은 피한다. 일요일에는 신문을 발행하지 않기 때문에 금요일 오후부터 토요일 사이에는 대변인 브리핑이 현저하게 줄어든다. 인터뷰는 많을수록 좋지만 후보자가 원하는 대로 주요 매체들을 섭외할 수는 없다.

　인터뷰는 매체에 따라 중요도와 준비가 달라진다. 방송 인터뷰는 시간을 충분하게 들인다. 비주얼이 큰 몫을 하는 신문이나 온라인 매체라면 사진이나 영상 촬영에 시간을 할애하되, 주요 질문 몇 가지를 제외한 나머지 질문은 서면으로 진행하는 방안을 사전에 매체와 조율한다. 형식에 구애받지 않는 매체들에는 사진을 별도로 제공하고, 서면 인터뷰로 진행하는 게 무난하다.

선거캠페인 기간에 진행하는 후보자의 모든 인터뷰는 해당 기간의 특수성을 고려할 수밖에 없다. 기자들도 후보자가 마냥 매체를 배려할 수 없음을 이해한다. 조율할 수 있는 범위 내에서 최대한 짧은 시간을 들여 최대의 효과를 얻을 수 있도록 하자. 공보팀은 모든 인터뷰 답변지를 가급적 하나의 파일로 정리하고, 반복되는 질문에 동일하게 답변해야 한다.

보도자료와 마찬가지로 후보자의 주요 인터뷰 영상이나 기사, 기고문, 사진 등은 선거캠프 공식 블로그나 소셜 미디어, 지지자 단체토론방 등을 통해 소개하고 확산시키는 게 '국룰[국민의 룰(규칙)]'이다.

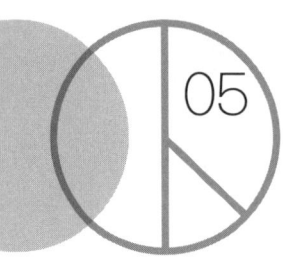

05 미디어 이벤트를 기획하자

    선거캠프 차원에서 진행하는 이벤트는 11장에서 언급한 선거캠프 발대식, 타운홀 미팅, 기자간담회, 정책발표회 등이 있다. 만만치 않은 행사들이다. 공보팀이나 미디어 단위의 기획 없이는 진행할 수 없는 일이다. 그런데도 후보자의 요청이 있다든지, 선거 상황에 의해 추가적인 이벤트가 필요해졌다면 공보팀 차원에서 진행할 수 있는 소규모 미디어 이벤트를 구상해 보자.

    흔히 볼 수 있는 미디어 친화적인 이벤트로는 릴레이 챌린지가 있다. 선거 때면 으레 돌기 마련이다. 온라인상에서 회자되는 일반 이벤트를 시민의 한 사람으로서 참여할 수 있고, 정치적으로 기획된 내용이라면 그 나름대로 취지에 맞게 진행하면 된다. '#A 후보자_○○○_정책_챌린지' 같이 소셜 미디어의 '해시태그 캠페인'과 '필터'를 활용해서 검색이 용이하도록 한다.

후보자가 방송 활동 경험이 있다면 라이브 방송을 진행할 수도 있다. 센스 있는 진행자와 함께 한다면, 후보자가 직접 말하기 쑥스러운 자랑을 대신해 줄 수 있어 유용하다. 소셜 미디어로 생중계를 할 경우 분위기에 휩쓸리지 않고 중심을 잘 잡아야 한다. 거리에서 유권자와 함께 하는 행사는 돌출 발언과 돌발 상황을 제어할 수 있는 꼼꼼한 기획과 사전 준비가 필수적이다.

소규모 미디어 이벤트에 후보자가 많은 시간을 할애할 수는 없다. 후보자에게 간단하게 기획의도를 설명하고 바로 제작할 수 있어야 한다. 후보자가 메인 캠페인에 집중할 수 있도록 최소한의 시간과 동선으로 기획하고, 콘텐츠 편집과 전파에 승부를 걸자. 감성적인 스토리텔링을 배경으로 누구나 알 수 있는 유명인이나 지지자들과 함께 수행하는 모습을 연출하면 좋다.

후보자 없는 미디어 이벤트도 기획할 수 있다. 자원봉사자나 지지자의 선거캠프 참여 계기 또는 경험담을 감성적으로 담을 수도 있고, 후보자의 가족이나 사적으로 인연이 있는 유명인과의 인터뷰를 통해 후보자의 '미담'이나 '인간적 매력'을 소개할 수도 있다. 여력이 있다면 지역 유권자와 지지자들이 참여하는 브이로그vlog 스타일의 '1일 후보자 체험'도 검토해 볼 만하다.

미디어 이벤트의 핵심 포인트는 제작이 쉽고 간단한 데 있다. 유권자와 소통하며 분위기를 고조해야 한다. 선거캠프 내부의 갈등을 초래하거나 오히려 경쟁자에게 빌미를 제공하는 역효과를 낳지 않도록 정무적으로 주의한다.

인력 투입과 재원 소모를 최소화하고, 짧고 재미있고 인상적인 이벤트가 되도록 하자. 내용 없고, 품이 많이 드는 이벤트는 하지 않은 것만 못하다.

5부

본선보다 경선이 더 치열하다

선발대와 1·2차 선거캠프를 거치면서 추가 인선과 내·외부조직 세팅까지 완료했다면 후보자만의 전투부대를 창설한 셈이다.

이제부터는 1·2차 구분 없는 선거캠프다. 후보자와 선거캠프는 첫 전쟁인 예선이나 대표 선발전 개념의 당내 경선에 나선다. 전략 공천을 통해 본선거(이하 '본선')에 직행하는 후보자들도 있지만 대개 선거구는 경쟁 후보자 간 경선을 통해 본선 진출자를 선출한다.

당내 경선 역시 선거과정의 일부다. 철저한 기획과 실행을 바탕으로 총체적인 전략이 충돌하는 전쟁터다. 경선 룰과 일정을 검토하고, 그에 따른 단계별 전략과 체계적인 캠페인을 미리 준비한 뒤 출전한다. '장군'인 후보자는 역발산기개세(力拔山氣蓋世)의 위엄을 갖추고, '책사'인 참모진과 '전투부대'인 선거캠프의 지원을 받아 짧은 기간에 경선 승리를 이끌어야 한다.

13장
예비후보자제도

예비후보자제도는 막강한 기득권을 지닌 현역 정치인과 경쟁하는 정치 신인에게 그나마 '공정한 경쟁'을 제공한다는 명분으로 만들어졌다.
지역 유권자를 많이 만나야 하는 정치 신인은 이 제도를 활용해서 공식 선거 운동 기간 전부터 '제한된 범위'에서 캠페인을 진행할 수 있다. 마이크 사용, 집회 개최, 공무원·종교인·기관을 이용한 선거 운동 등 금지행위는 각별히 조심하자.

예비후보자 등록에 필요한 것들

주마가편走馬加鞭.

예비후보자 등록은 선거전의 서막이 올랐음을 의미한다. 선거 캠프는 예비후보자 등록 직후 본선까지 준비한 메시지 전략을 기반으로 조직과 외부 네트워크를 확장하면서 전방위적인 캠페인에 본격 돌입한다. 조직의 유기적인 기능과 효율적인 메시지 전략을 통해 준비된 후보자라는 점을 유권자에게 전달하는 게 당선 가능성을 높이는 핵심 포인트다.

후보자 측은 먼저 지방선거 후보자 등록 신청서류 작성 프로그램을 중앙선거관리위원회 홈페이지에서 다운받아 컴퓨터에 설치한다. 이어 프로그램을 사용할 최초 사용자의 성명과 비밀번호를 입력한 뒤 신규 등록을 하는데, 등록 후에는 사용자를 변경할 수 없다. 시스템에 로그인한 뒤 프로그램의 요청에 따라 후보자의 기초 정보를 입력하고 종류별 신청서를 출력하면 된다.

예비후보자 등록에 필요한 서류를 빠짐없이 챙기자. 일반적으로 피선거권에 관한 증명서류(주민등록초본, 가족관계증명서 등), 재직증명서(지자체장), 사직원접수증이나 해임증명서류(공무원, 언론인 등), 전과기록에 관한 증명서류와 학력에 관한 증명서(국외 학교 졸업자는 한글 번역문 첨부) 등과 함께 관할 선거구 선관위에 해당 선거 기탁금의 20%를 납부하도록 하고 있다.

경우에 따라 장애인 증명서류(해당자, 장애인복지법에 따라 등록된 장애인에 한함)를 비롯해서 등록 대상 재산신고서, 병역사항신고서, 최근 5년간 세금 납부·체납증명서, 인영신고서 등이 추가될 수 있다.

정당 소속이라면 정당의 후보자 추천서, 무소속 입후보자 예정자라면 선거권자의 후보자 추천장이 필요하다. 관할 선관위가 검인(청인 날인) 및 교부하는 추천장을 사용해야 하며, 추천은 자원봉사자 등 제3자가 받아도 무관하다. 검인하지 않은 추천장을 사용하거나 서명·인영을 위·변조하는 등 허위로 추천을 받으면 1년 이하 징역이나 200만 원 이하 벌금을 받을 수 있다.

선거권자의 후보자추천장이 필요한 무소속 입후보자 예정자의 경우 광역단체장 1000~2000인, 국회의원·기초단체장 300~500인, 광역·기초의원 30~200인을 관할 선관위 지침에 따라 채워야 한다. 무소속으로 추천받는 과정에서 입후보 예정자의 경력과 입후보 배경 등을 단순 소개하는 행위가 가능하며 추천자의 이름, 생년월일, 주소와 함께 서명이나 도장을 날인받아야 한다.

예비후보자는 '선거 운동을 할 수 있는 자' 중에서 선거사무장을 포함한 선거사무원을 대통령선거 10인 이내, 시·도지사선거 5인 이내, 지역구 국회의원선거 및 자치구·시·군의 장선거 3인 이내, 지역구 지방의회의원선거 2인 이내로 둘 수 있다. 장애가 있는 후보자·예비후보자라면 '선거 운동을 할 수 있는 사람' 중에서 별도로 활동보조인 1명을 추가로 둘 수 있다.

만일 따로 선거사무장을 지정하지 않으면 후보자·예비후보자가 선거사무장을 겸한 것으로 본다. 하나의 선거에서 한 사람이 여러 정당이나 후보자·예비후보자의 선거사무장·선거연락소장 또는 선거사무원으로 동시에 등록될 수 없으며, 수당을 지급받을 수 없는 정당 소속의 유급 사무직원이나 국회의원과 보좌관·비서관, 지방의회의원은 선거사무원 수에 산입하지 않는다.

공식선거 기간 전에 예비후보자로 등록했다면 선거캠프를 본격 가동한다. 예비후보자는 (비공식) 선거사무소 1곳과 선거사무장 포함 2~5명 이내 유급 선거사무원을 둘 수 있다.

관할 선관위에 신고한 뒤 급여를 지급할 수 있는데 이 급여는 선거 비용 보전 대상이 아니다. 후보자의 개인 자금이나 후원회를 통해 모금한 정치 자금으로 사회 통념에 부합하는 범위에서 지급한다.

*

　예비후보자 등록과 경선을 거쳐 정식 후보자가 됐다면, 후보자 등록 후 선거사무소를 공식 설치하고 선거사무원을 둘 수 있다. 선거사무원은 선거사무소 기준으로 시·도지사선거 구·시·군의 수(최소 10인) 이내(선거연락소는 구·시·군 안의 읍·면·동의 수 이내), 광역시·도의원선거 지역구 10인 이내, 비례대표는 구·시·군의 수(최소 20인) 이내, 자치구·시·군의원선거 지역구 8인 이내, 비례대표 구·시·군 안의 읍·면·동의 수 이내를 둔다.

　참고로, 지역구 국회의원선거의 경우 읍·면·동의 3배수에 5를 더한 만큼 둘 수 있다. 만약 10개 동이 있으면 유급 선거사무원이 35명까지 가능한 셈이다.

시·도지사는 D-120, 군수·군의원은 D-60

예비후보자는 대통령선거의 경우 선거일 전 240일, 지역구 국회의원선거 및 시·도지사선거는 선거일 전 120일, 지역구 시·도의회의원선거와 자치구·시의 지역구 의회의원 및 장의 선거는 선거 기간 개시일 전 90일, 군의 지역구 의회의원 및 장의 선거는 선거 기간 개시일 전 60일 전에 서면으로 신청해야 하며, 투표일 20일 전후로 마감하는 본 후보자 등록 전날까지 진행한다.

예비후보자는 예비후보자 등록 후 투표일까지의 기간을 고려해서 선거사무소 설치 및 홍보·공보 시스템 구축, 선거 공약 정리 및 세부 정책 개발, 주요 메시지 및 슬로건 확정, 유권자 접촉 프로그램 기획, 여론조사 및 데이터 분석을 통한 지역별 맞춤형 전략 수립, 온·오프라인 조직 구성 및 온라인 캠페인 등의 선거 캠페인과 후원금 모금 등을 점검하고 본격 가동한다.

120일, 90일, 60일을 넉넉하게 느끼는 한가한 후보자는 애초 당선권과 무관한 사람이다. 아무리 준비를 많이 했다고 해도 후보자의 입장에서 보면 빠듯한 시간이다. 특히 상대적으로 준비 기간이 충분하지 않았다면 홍보·공보와 온·오프라인 조직 구축에 더 공을 들여야 한다. 또한, 메시지를 명확하게 정하고, 유능한 참모진을 확보해서 압축적이고 밀도 높은 캠페인을 기획해야 한다.

관할 선관위는 기탁금과 전과기록에 관한 증명서류를 갖추지 않은 등록신청자에게 예비후보자 등록을 승인하지 않을 수 있다. 또한, 피선거권이 없는 자, 공직선거법 제53조 제1항부터 제3항까지 또는 제5항에 따라 그 직을 가지고 입후보할 수 없는 자, 다른 법률에 따라 공무 담임이 제한되는 사람이나 후보자가 될 수 없는 자로 확인됐을 때는 등록을 무효로 한다.

선거기탁금은 대통령선거 3억 원, 국회의원선거 지역구 1500만 원, 비례대표 500만 원, 시·도의회의원선거 300만 원, 시·도지사선거 5000만 원, 자치구·시·군의 장 선거 1000만 원, 자치구·시·군의원선거 200만 원이다. 장애인과 선거일 기준 29세 이하인 자는 기탁금의 100분의 50, 30~39세인 경우에는 100분의 70을 낸다. 예비후보자는 해당 금액의 20%를 내면 된다.

예비후보자는 선거사무소 1개소와 간판·현판·현수막 설치, 선거사무장 등 일정 수 이내의 선거사무원 선임, 성명·사진이 기재된 명함 배포(예비후보자와 배우자 등 1인, 직계존비속, 예비후보자와 함께 다니는 선거사무원 등), 선거구 세대수 100분의 10 이내의 예비후보자 홍보물 발송, 전자우편 전송(예비후보자·후보자는 전송 대행업체에 위탁 발송 가능) 등을 할 수 있다.

또한, 예비후보자는 어깨띠 또는 예비후보자임을 나타내는 표지물 착용, 자동동보통신을 이용한 문자메시지 전송(예비후보자와 후보자 기간 포함 총 8회 이내), 인터넷 홈페이지와 게시판·대화방 등에 글이나 동영상 등 게시, 송·수화자 간 직접 통화, 말로 하는 선거 운동(확성장치를 사용하거나 옥외집회에서 다중을 대상으로 하는 경우는 제외) 등이 가능하다.

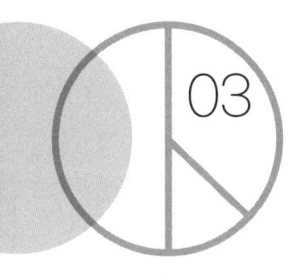

예비후보자 홍보물 제작 전략

　예비후보자 홍보물은 유권자에게 후보자의 이미지를 각인시키는 중요한 수단이다. 통상적이지 않은, '키워드'를 강조한 전략이 필요하다. 명함에는 후보자의 얼굴과 슬로건 및 주요 공약을 담고, 리플렛에는 주요 경력과 가치관 및 정책을 소개하며, 책자형 공보물에는 상세한 공약과 정책을 담아 우편으로 발송하고, 카드뉴스·영상·소셜 미디어 콘텐츠를 제작해서 온라인에 배포한다.

　예비후보자 홍보물은 길이 27센티미터, 너비 19센티미터 이내 크기로, 그리고 대통령선거는 16면 이내, 그 외 선거는 8면 이내로 해야 한다. 표지에는 선거명, 선거구명, 예비후보자 성명, 소속 정당명(혹은 '무소속') 등을 명기하고, 맨 뒷면에는 '이 예비후보자 홍보물은 「공직선거법」 제60조의 3 제1항 제4호에 따라 제작한 것입니다'라는 작성 근거와 인쇄사 명칭, 주소, 전화번호를 적는다.

예비후보자는 선거구 내 전체 세대수의 10% 이내로 예비홍보물을 발송할 수 있다. 예비홍보물은 1종만 가능하며, 발송 2일 전까지 작성 수량·발송 수량·발송 대상, 예비후보자 홍보물 제작 인쇄사의 명칭·주소·전화번호, 발송 우체국의 명칭·발송일시와 함께 홍보물 2부 또는 파일을 첨부해서 이메일로 관할 선관위에 신고해야 한다. 후보자 등록 개시 5일 전까지 서면으로 구·시·군의 장에게 세대주 명단 교부를 신청하면 구·시·군의 장은 즉시 작성 및 교부해야 한다.

예비후보자 홍보물은 관할 선관위로부터 발송 대상·매수 등을 확인받은 후 선거 기간 개시 3일 전까지 우편으로 발송한다. 대선 및 지자체장선거의 예비후보자는 표지를 포함한 전체 면수의 50% 이상에 선거 공약과 추진 계획으로 각 사업의 목표·우선순위·이행절차·이행기한·재원 조달방안을 게재해야 하며, 해당 면에는 다른 정당이나 후보자 관련 사항을 게재할 수 없다.

어깨띠는 길이 240센티미터, 너비 20센티미터 이내, 표지물은 길이 100센티미터, 너비 100센티미터 이내로 제작해야 하며, 예비후보자 공약집도 발간할 수 있다.

간판, 현판이나 현수막에 대한 규정도 미리 살펴봐야 한다. 예비후보자도 당적 등을 통해 사전에 정해진 기호가 있다면 게재할 수 있다. 다만 간판, 현판 및 현수막과 선거 벽보, 선거 공보,

선거 공약서 및 후보자 사진은 선거사무소, 선거연락소 및 선거대책기구가 있는 건물이나 그 담장을 벗어나거나 애드벌룬을 이용한 방법으로 설치 및 게시할 수 없다(공직선거관리규칙 제27조).

이밖에 선거사무소와 선거연락소에 첩부할 수 있는 선거 벽보, 선거 공보 및 선거 공약서의 수량도 선거 규모와 장소에 따라 20~50매로 제한된다. 후보자 선거사무소와 달리 정당의 선거사무소는 별도 규정이 있다. 정당 선거사무소는 간판, 현판, 현수막에 후보자의 이름이나 사진·이름을 유추할 수 있는 내용, 후보자에 대한 지지나 반대를 표명한 내용 등을 게재할 수 없다.

예비후보자는 배우자(없으면 후보자가 지정한 1명)와 직계존비속을 신고해야 하며, 이들은 교부된 표지를 잘 보이도록 달고 선거 운동을 해야 한다. 보통 정당의 컬러로 제작된 점퍼나 겉옷을 입는다. 후보자별로 1종씩 제작하는 선거 벽보도 선거 규모에 따라 크기가 다르다. 대통령선거는 가로 52센티미터, 세로 76센티미터, 그 외 선거는 가로 38센티미터, 세로 53센티미터 이내로 제작한다.

선거 공보물은 형태에 따른 차이가 있다. 먼저 책자형은 가로 19센티미터, 세로 27센티미터, 전단형은 가로 27센티미터, 세로 38센티미터다. 점자형은 한글과 점자를 병기한다. 구·시·군위원회(선거구)별 세대수에 5%를 더해서 제출하는데 제출 수량이 10 미만이면 10매로 하고, 작성할 수 있는 총수량이 100 미만이면 100매로 한다. 점자형은 통보받은 시각장애인 선거인 수에 따른다.

예비후보자 홍보물은 공직선거법 제60조의 3(예비후보자 등의 선거 운동)과 공직선거관리규칙 제26조의 2, 예비후보자 공약집은 제60조의 4(예비후보자공약집)와 공직선거관리규칙 제26조의 3, 예비후보자 공보물은 공직선거법 제65조(선거 공보)를 참조하자.

[체크리스트 23] 법정 홍보물 기한 및 제작 소요일

순위	내용	기한	소요일
1	명함	·	1~2일
2	예비후보자 홍보물, 선거 공보, 공약집	예비후보자 등록일	1주
3	현수막, 선거사무소 외벽 및 내부 현수막	·	3일
4	어깨띠, 모자, 티셔츠, 표지물	·	2~7일
5	유세차량, 로고송, 동영상	공식 선거일 전	2주
6	신문·방송 광고, 인터넷 광고, 전화 홍보 등	·	2주

[체크리스트 24] 예비후보자 공보물 규정

구분	시·도지사 및 교육감선거 예비후보자 5대 핵심 공약	자치단체장 및 교육감선거 후보자 5대 핵심 공약, 선거 공보, 선거공약서
		지방의원 후보자 선거 공보
제출기한	사전 공지	사전 공지
제출 방법	붙임 제출서와 PDF 파일 (5대 핵심 공약을 서식에 작성)	붙임 제출서와 PDF 파일 (5대 핵심 공약을 서식에 작성)
유의사항	• 공약당 A4 1매 이내 • 용량: 10MB 이하	• A4, 세로 방향, 단면 • 용량: 10MB 이하

14장
온·오프라인 조직팀이 움직일 때가 왔다

1차 선거캠프든, 2차 선거캠프든 근본적으로 하나의 선거캠프다. 1차 선거캠프에서 소수가 구상하고 준비한 캠페인을 2차 선거캠프에서 합류한 다수가 실행하고 체계적으로 본격화한다.

2차 선거캠프는 내부 인력만으로는 어려웠던 캠페인을 외부조직의 규모와 경험치를 활용해서 시너지를 발휘하게 한다. 이번 장에서 지역·직능조직의 구성, 공조직과 사조직의 역할을 정리해 보자.

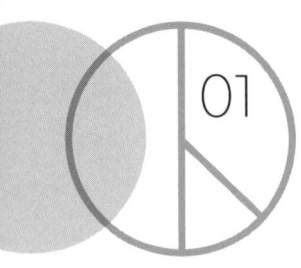

01 조직팀의 역할

공식 선거캠프는 공조직을 기반으로 선거법을 준수하면서 선거 운동을 수행한다. 그러나 소수 인원이 모든 선거캠페인을 진행할 수는 없다. 기존 정치 관련 조직만으로 지역의 이슈와 직능을 세밀하게 공략할 수도 없다. 따라서 적극적인 소통을 통해 사조직 기반의 외부조직들이 능동적으로 기능하도록 해야 한다. 외부조직의 역할이 커질수록 유권자와의 접촉면이 넓어진다.

조직팀장은 말 그대로 야전을 누비는 '필드 디렉터field director'다. 선발대 혹은 1차 선거캠프 이후 핵심 멤버로 공조직과 사조직을 관리하고, 새로운 지지층을 조직하며 유세 현장과 운동원을 지휘한다. 유기적인 조직 운영을 위해 빠른 판단력과 강한 실행력이 필수적이다.

조직팀은 현장의 선거 운동을 기획하고, 후보자와 선거사무원들의 상황을 반영해서 거리유세 동선과 일정, 선거사무원 배치까지 기획한다. 기획팀과의 소통을 통해서 유세별로 강조할 메시지를 확정하고, 운동원들에게 행동지침을 고지하며, 유권자와의 접촉을 극대화해서 투표율을 끌어올리되, 이런 일련의 과정에서 법률적으로 위반 소지가 없도록 철저히 관리해야 한다.

02 실행은 외부조직이 한다

선거캠페인에서 '머리' 역할은 내부조직인 선거캠프의 몫이다. 외부조직은 내부조직이 확정한 메시지와 일정에 따라 선거캠페인을 집행하면서 선거판 전체 분위기를 끌어올리는 '팔다리' 역할을 수행한다. 선거캠프 조직도에 포함되지 않는 외부조직은 지역의 주요 커뮤니티 리더들과 함께 직접 뛰어다니면서 모임을 만들어 낼 수 있는 사람들이 핵심적인 역할을 하게 된다.

기본적으로 외부조직은 내부조직과 달리 법적 규제를 받지 않아서 더 과감한 캠페인이 가능하다는 장점이 있다. 외부조직을 이끌 리더급은 나이나 사회적 지위에 따라 고문·자문·특보·위원장직을 맡기고 예우하는 게 좋다.

여기서 알아둬야 할 것이 있다. 선거 때마다 나타나서 자기 몫을 챙기는 '꾼' 중에는 정체성이 불분명하고 경쟁 선거캠프에도 어른거리는 '정치낭인政治浪人'이 있다는 것이다.

　바라는 것 없이 사람을 만나고, 같이 밥 먹기를 좋아하는 이들도 있지만 선거 이후에 '한 자리'를 노리는 이들도 있는데 괜히 설치고, 별것 아닌 일에 목소리를 높인다. 주요 책임자나 실세에게 출처 불명의 정보와 요청하지 않은 보고를 한다든지, 선거과정에서 본인의 수고를 강조한다. 선거에 도움이 되기보다 방해가 되는 일도 있다. 그렇다고 냉대할 수도 없는 노릇이니 예의주시하면서 상황에 맞춰 대처해야 한다.

공조직과 사조직의 함수

앞에서 언급한 대로 선거캠프는 내부조직과 조직도에 포함되지 않은 외부조직으로 나뉜다. 여기에서 외부조직은 다시 공조직과 사조직으로 나뉜다. 공조직은 정당의 공식적인 조직을 말한다. 양 조직은 장단점이 뚜렷하기 때문에 상호보완적으로 운영하도록 하자. 대외적으로 활동하는 공조직에 반해 사조직은 가급적 드러나지 않은 활동에 주력하게 한다.

공조직은 오랜 노하우와 전문성이 축적된 만큼 체계적이고 위계가 있다. 전체 구도를 분석한 정당 차원의 전략과 선거구 주민의 성향, 과거 선거 결과 등 현황을 기반으로 조직적인 선거가 가능하도록 지원한다. 전체 선거에서 주목받는 선거구라면 정당은 선거과정 중에도 인력을 지원할 수 있다. 사조직과는 전혀 다른 장점들이 있기 때문에 선거과정에서 큰 힘이 된다.

다만 공천과정에서 발생한 잡음으로 일부 조직 내에 반감이 있다면 세심하게 관리해야 한다. 기본적으로 유지비가 들다 보니 자금 유용이나 배달 사고를 우려하는 이들이 있는데, 사고는 자금 운용에 능숙한 공조직보다 '선거 아마추어들'로 구성된 사조직에서 나오는 경우가 많다.

비록 선거법에는 취약하지만 외부 실행조직으로 기능하는 사조직은 후보자와 유권자의 비공식적인 접촉을 늘려 호감도를 높이고, 온·오프라인 조직을 자발적으로 설립해서 지지층을 확대하며, 사회적 네트워크와 구전 홍보를 통해 유리한 여론을 형성하는 역할을 감당한다.

공조직은 사조직과 유기적인 관계를 유지하되, 사조직을 직접 관리하는 방식은 피해야 한다. 선거법 위반 소지는 사전에 철저하게 차단한다. 지역조직과 직능조직 등 사조직은 공조직의 법적 부담을 최소화한다. 따라서 공조직은 유세 현장에 참여해서 구전 활동 등에 주력하고, 지역 커뮤니티와 직능조직으로 촘촘하게 구성된 사조직은 이를 능동적으로 공유하고 확산한다.

전문성에서 공조직에 미치지 못하지만 일부 사조직은 후보자에 대한 충성도나 열성에서 앞설 수 있다. 그러다 보면 관성적으로 결과를 예단하고 움직임이 둔해진 공조직과 후보자 눈에 들기 위해 애쓰는 사조직 사이에 신경전이 발생하곤 한다. 선거 막판까지 조율할 필요가 있다.

정당 공천을 받은 후보자라면 지구당의 조직 개편이나 정비,

인력 보강 등을 통해 공조직의 체질을 강화하고, 동시에 후보자의 지휘가 잘 반영되는 구조를 확보한다. 이를 위해 새로운 당원을 가입시키는 '당원 배가 운동'을 하고, 선거캠프 자원봉사자로 참여하도록 설명한다.

공조직의 힘이 거대 정당에 미치지 못하는 소규모 정당의 후보자나 공조직이 아예 없는 무소속 후보자들은 사조직을 잘 활용해서 공조직의 기능까지 커버하도록 해야 한다. 이 경우 사조직은 일찍 만들수록 좋다. 학연과 지연, 종교 등 개인적 인연을 중심으로 뭉쳐진 사조직은 주요 정당의 공천을 받는 데도 필요하지만, 공천에 실패했을 때도 기댈 수 있는 거의 유일한 언덕이다.

04 외부조직과의 시너지 전략

 외부조직으로는 먼저 '온라인·SNS팀'을 꼽을 수 있다. 직접 홍보 콘텐츠를 만들 수도 있지만, 일반적으로는 내부조직이 제작한 콘텐츠를 온라인 카페나 카카오톡 등 온라인 커뮤니티와 유튜브, 인스타, 페이스북, 틱톡 등에서 자발적으로 홍보하도록 한다. 갈수록 치열해지는 온라인 선거 전쟁에서 잘 보이지는 않지만 절대 다수를 차지하는 비접촉 유권자를 설득할 수 있는 중요한 방법이다.

 '지역을 기반으로 하는 서포터스'라면 주요 지역별로 인맥을 활용해서 유권자를 접촉할 수 있다. 교육·의료·종교·자영업별로 네트워크를 구축해서 직능별 의견을 수렴하고 소통하면서 영향력을 확보해야 한다. 특정 공약에 대해 공감대를 형성하면서 자발적으로 후보자를 돕는 모임이 생긴다면, 관련된 공약과 정책을 소개하고 의견을 수렴해서 정책에 다시 반영한다.

지역 서포터스는 지역별로 세분화해서 운영한다. 선거 규모에 따라 시·군·구별 조직은 시장·군수·구청장 출마자나 지역에서 오랜 정당인 경험을 갖춘 인사들을 전면 배치하고, 읍·면·동 단위 조직은 대표 1~2인을 배치한다. 아파트·상가별 소규모 조직은 기존 주민 네트워크를 활용해서 지지를 표명하게 하고, 후보자를 전통시장이나 지역 행사에 참석하도록 유도한다.

직능조직으로는 지역 경제(중소기업인, 자영업자, 상인회, 농어민단체, 스타트업협회), 교육·의료·복지(학부모단체, 유치원연합회, 의료협회, 사회복지협회, 워킹맘 모임), 문화·체육(예술인협회, 생활체육단체) 등이 있다. 특정 계층이나 직업군, 이해관계로 뭉친 유권자로 구성되는데, 단체·협회·조합 같은 모임으로 강력한 결집력을 보이기 때문에 면밀하게 관리해야 한다.

15장
당내 경선은 '국가대표 선발전'이다

한때 태권도와 양궁, 쇼트트랙 같은 종목은 올림픽보다 국가대표 선발전이 어렵다는 얘기가 회자하곤 했다. 정확하게 말하자면, 올림픽에서 경쟁하게 될 다른 나라 대표팀 선수들보다 대한민국 국가대표팀에 들지 못한 선수들이 뛰어났기 때문이다. 과정이 어떠하든지, 결과적으로는 국가대표 선발전을 통과하는 것이 올림픽에서 메달을 따는 것보다 오히려 쉽다는 뜻이다.

복수의 후보가 경쟁하는 당내 경선(競選, caucus) 역시 마찬가지다. 특정 정당의 지배력이 절대적인 지역에서는 정당의 '공천이 곧 당선'이다. 따라서 당내 경선이 본선보다 치열할 수밖에 없다. 어떻게든 경선을 통과하면 본선은 '식은 죽 먹기', '떼놓은 당상'이다. 올림픽에서 금메달 따는 것만큼 국민적 관심을 받기는 어렵지만 대신 당선 가능성은 압도적으로 높아진다.

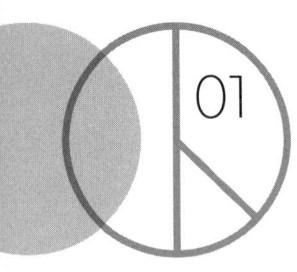

01 본선보다 어려운 경선

정치사에서 경선이 제 기능을 발휘하기 시작한 계기는 9장에서 소개한 1968년 미국 대선 당시 민주당 전당대회였다. 당 지도부가 당원 다수의 동의 없이 휴버트 험프리를 대선후보로 결정한 점이 트리거trigger로 작용했다. 베트남 전쟁에 반대해온 당원들이 전당대회에서 폭동을 일으켰고, 이 폭력과 무질서가 고스란히 TV에 생중계됐다.

정치권에서 자성의 목소리가 나왔고, 문제 해결을 위해 민주당은 1970년 조지 맥거번 상원의원과 도널드 프레이저 하원의원을 공동위원장으로 하는 후보 선출방식 개혁위원회(일명 맥거번-프레이저위원회)를 설치했다. 위원회의 결정에 따라 당원 의사를 직접 반영하는 상향식 공천방식인 경선제도가 탄생했다.

민주당에 이어 공화당이 현대적인 전국 순회 경선시스템을 도입했고, 이 영향을 받은 다른 국가들도 당원이 직접 대통령 후보나 국회의원 후보를 선출하는 경선제도를 점차 수용하기 시작했다. 20세기까지 총재를 비롯한 당 지도부에 의한 공천이 일반적이었던 우리나라도 2002년 새천년민주당이 처음으로 전국 순회 경선제도를 도입한 후 경선제도가 본격적으로 자리 잡았다.

경선의 사전적 의미는 '둘 이상의 후보가 경쟁하는 선거방식'으로 후보자가 있는 모든 선거가 해당하지만 정치권에서는 본선에 출마할 후보자를 선출하는 당내 선거과정으로 이해한다. 공정한 룰을 기반으로 모든 후보자가 결과에 승복해야 한다. 지방선거와 지역구 국회의원 경선은 해당 지역 당원을 대상으로, 비례대표 국회의원과 대통령선거 경선은 전국 단위로 진행한다.

정당별 내부 경선은 공식 선거 일정에 앞서 각 정당의 당헌·당규에 따라 진행된다. 지역구의 특수성과 상징성에 따라 경선 대신 전략 공천을 하기도 한다. 일반적으로 정당 선관위의 정수, 권한 및 운영에 필요한 사항은 당규로 정하는데, 경선에 출마한 후보자가 탈락 후 불복해 타 정당 소속이나 무소속으로 출마할 경우 정해진 기간 동안 해당 정당의 공천을 받을 수 없다.

정당은 먼저 중앙당이나 시·도당에 선거관리위원회를 설치하고, 위원장과 부위원장, 외부 인사가 포함된 위원으로 구성한다. 실제 운영은 정부 선관위에 위탁하기도 한다. 당원들을 대상으로 한 투표와 일반인 대상의 여론조사 등 약속된 룰에 따라 후보자가 결정된다. 일부 지역에서는 전화방식 여론조사를 대비해 전화회선을 확보하는 등 조직적으로 대응하는 사례가 있다.

경선 홍보물은 선거인 수의 3%에 상당하는 수(최소 수량 100매)로 작성하고, 규격은 '27센티미터×19센티미터' 이내에서 4면(대통령 및 시·도지사선거의 당내 경선은 8면) 이내의 규격으로 작성해야 한다. 당내 경선의 선거일 투표 개시 시작부터 마감까지 후보자는 명함을 직접 나눠주거나 지지를 호소할 수 없다. 기타 세부사항은 공직선거관리규칙 제25조의 2(당내 경선 운동)를 참고하자.

02 우선 집토끼를 잡자

선거에서 '집토끼'는 기존 지지층을 뜻한다. 특히 경선에서 집토끼는 일반 유권자 1인을 훨씬 뛰어넘는 영향력을 가진다.

경선은 정당의 후보자를 뽑는 과정이기 때문에 후보자 확정 전까지는 일반 유권자보다 공을 들여야 한다. 평소 중도적인 스탠스를 유지하던 정치인들이 경선을 앞두고 지지층이 선호하는 공격적인 스탠스로 돌아서는 것도 다 이런 이유 때문이다.

당내 경선에서 후보자의 1차 목표는 당내 세력인 집토끼를 잡는 데 있다. 경선 룰을 두고 치열한 계파 싸움을 벌이곤 하는데, 이 과정에서 본선보다 가열된 경쟁이 이어지는 경우가 많다. 패한 측은 탈당이나 분당을 고민하고, 이긴 측은 '내부 총질'로 규정하며 이들을 배제한다.

그러나 본선에서는 집토끼 결집이 매우 중요하다. 특히 재보궐선거처럼 투표율이 낮거나 조직선거로 이어지는 경우, 그리고 근소한 차이로 승부가 갈리는 선거라면 집토끼를 확실히 잡아야 승리를 기대할 수 있다. 진정한 집토끼라면 경쟁 정당을 지지하지는 않는다. 그러나 일부는 투표를 포기할 수 있다. 집토끼들이 반드시 투표장으로 나올 수 있도록 해야 한다.

집토끼의 이탈 요인은 다양하다. 지지하는 당의 후보자가 상대 후보자보다 '인물론', '자질론'에서 크게 밀린다든지, 정책이나 공약이 부실하든지, 비전이 명확하지 않거나 도덕적인 리스크가 있다면 집토끼는 투표를 주저하게 된다. 사실 이런 문제가 있다면 본선에 진출해도 문제가 될 수밖에 없다. 경선·본선을 떠나 후보자와 선거캠프는 출마를 결심한 과정부터 되돌아봐야 한다.

여러 이탈 요인 중 주요한 이유로는, 중도층인 '산토끼'와의 이해가 다른 이슈에서 후보자의 정책이 산토끼 쪽인 중도로 기운다든지, 당내 후보자와의 경선과정이 필요 이상으로 과열되면서 감정적으로 상처를 입은 것을 꼽을 수 있다. 전자는 집토끼를 설득하고 안심시킬 수 있는 행보를 취해야 하고, 후자는 경쟁 후보자를 선대위원장으로 추대하고 지지층을 달래는 방식을 써야 한다.

집토끼를 만날 때는 다른 점보다 같은 점을 강조해야 한다. MBTI로 따진다면 S$^{sensing(감각)}$보다 N$^{intuition(직관)}$, T$^{thinking(사고)}$보다 F$^{feeling(감정)}$에 가깝다. 실제적이고 사실적이며 세세한 정책이나 이슈보다 정서적으로 '우리 편'이라는 정체성을 강화해서 결속력을 높이는 쪽으로 방향성을 잡는다. '우리'의 가치와 '공동의적'을 극복하기 위한 위기의식을 통해 시너지를 높여야 한다.

집토끼는 선거캠페인에서 조직력과 네트워크의 핵심이다. 당원이라면 당의 공식기구와 집회를 통해서 안면을 익히고 관계를 강화한다. 당원이 아니라면 해당 지역이나 직능의 리더급들과 간담회 등을 통해 만나고 꾸준한 소통으로 친분을 쌓아야 한다. 집토끼를 겨냥한 메시지를 꾸준히 내주면서 각자의 영역에서 메신저와 선거운동원으로 기능할 수 있도록 격려한다.

03 각 당의 경선과정 살펴보기

    당내에서 진행하는 경선은 우리나라 주요 정당들 모두 비슷한 방식으로 진행한다. 여기서는 의석수 기준으로 더불어민주당, 국민의힘 순으로 설명하겠다.

    정당에 따라 당헌·당규에 세부 내용까지 언급하지 않은 경우들이 있으니 참고자료로만 활용하도록 하자. 경선 룰은 해당 선거를 앞두고 세부적으로 조율하는 경우가 많기 때문이다. 그러므로 반드시 선거 직전에 내용을 확인해야 한다.

    더불어민주당은 대통령선거, 국회의원선거, 지방자치단체장선거 및 지방의회의원선거의 후보자 선출을 위한 선거의 경우에는 당 대표의 지휘를 받아 중앙당 선거관리위원회를 구성하되, 위원장 1인과 부위원장 3인을 포함해서 15인 이내 위원으로 구성한다. 중앙당 선관위는 전국 규모의 선거 관리를 위해 시·도당,

지역위 선관위를 구성하고, 업무 일부를 위임할 수 있다.

더불어민주당 중앙당은 국회의원선거나 시·도지사선거 선거일 150일 전까지 예비후보자자격심사위원회를 설치한다. 시·도당은 지방의회의원이나 자치구·시·군의 장선거 선거일 120일 전까지 위원회를 설치한다. 위원회는 위원장을 포함해서 15명 이하로 구성하는데, 절반 이상을 외부인사로 배정한다. 중앙당·시도당 위원회는 최고위원회 심의를 거쳐 당 대표가 임명한다.

이외에도 중앙당의 전략공천관리위원회는 국회의원선거나 시·도지사선거 선거일 120일 전, 중앙당·시도당의 공직선거후보자추천관리위원회(공천관리위원회)는 공직선거 선거일 100일 전, 중앙당·시도당의 비례대표후보자추천관리위원회는 중앙당의 경우 선거일 60일 전까지 설치해야 하고, 공직선거후보자추천재심위원회(재심위원회)는 여성위원을 절반 이상으로 한다.

공직선거 후보자로 추천받고자 하는 자에 대해서는 공직선거법과 소속 정당의 당헌, 윤리 규범의 세부 내용을 확인하자. 정당별로 의정활동계획서, 당적증명서 등을 요청하고 있으며, 공관위는 정해진 기간 내에 정체성, 기여도, 의정 활동 능력, 도덕성, 당선 가능성 등의 심사 기준을 거쳐 심사 결과를 발표한다. 광역단체장이나 현직 국회의원 등에게는 별도 기준을 적용하기도 한다.

최고위원회나 시·도당 상무위원회가 확정 및 의결한 경선 후보자는 중앙당 선관위나 시·도당 선관위에 후보자 등록을 마친 뒤 경선에 참여해서 해당 선거구의 권리당원과 일반 유권자를 대상으로 선거 운동을 진행할 수 있다. 경선은 선거인단 투표, 전화 면접 여론조사, 휴대전화 투표 또는 인터넷 투표 등의 방법으로 실시할 수 있으며, 국민 참여 경선 선거인단 구성 등은 관련 당규에 따른다.

더불어민주당은 국민 참여 경선 투표 및 조사결과를 권리당원 50% 이하, 일반 유권자 50% 이상 반영하며, 권리당원 선거인단은 여성 30% 이상, 청년 10% 이상이 되게끔 노력한다. 경선 후보자가 많은 경우 1·2차 경선을 단계별로 실시할 수 있고, 경선 후보자가 3인 이상이면 선호 투표 또는 결선 투표를 실시한다. 단, 최고위원회의 의결로 다른 방법을 적용할 수도 있다.

완전 국민 경선open primary은 당원을 따로 구별하지 않고 선거 지역 전체 유권자를 대상으로 실시한다. 더불어민주당 경선이 여기에 가깝지만 당원이 아닌 유권자가 투표에 참여하려면 미리 선거인단을 신청해야 한다는 점에서 준폐쇄형 예비 경선semi-closed primary으로 볼 수 있다. 단, 100% 국민 여론조사는 누구나 참여할 수 없다는 점에서 국민 경선으로 볼 수 없다.

국민 경선은 선거인단 투표, 전화 면접 여론조사, 휴대전화 투표나 인터넷 투표 등의 방법으로 실시할 수 있으며, 선거인단은 해당 선거구 유권자 수 기준으로 당규에 따라 구성한다. 국민 참여 경선과 마찬가지로 1·2차 경선을 단계별로 실시할 수 있고, 경선 후보자가 3인 이상이면 선호 투표 또는 결선 투표를 실시해야 한다. 국민 경선은 중앙당 선관위가 지휘 및 감독한다.

이밖에도 당원만 참여할 수 있는 폐쇄형 예비 경선closed primary 과 선거구 유권자 또는 전문가로 구성한 시민 공천 배심원 경선이 있지만, 현재까지 우리나라 정치권은 국민 참여 경선이나 국민 경선을 선호하고 있다. 경선 후보자 수가 3인 이상이면 선호하는 후보자 순서대로 투표하는 선호 투표나 결선 투표를 시행할 수 있다. 구체적 사항은 중앙당 선관위가 정한다.

예비후보자 자격심사위 검증을 거쳐 관할 정부 선관위에 등록한 예비후보자는 선거 당일 투표 개시 직전까지 선거 운동을 할 수 있다. 선거 운동 방법과 관련 사항은 중앙당 선관위 의결로 정한다. 중앙당 선관위는 선거 운동의 자유를 본질적으로 제한하지 않는 범위 내에서 선거 운동 방법과 횟수 등을 제한할 수 있으며, 합동 토론회는 상당한 사유가 있을 때 미실시할 수 있다.

중앙당 또는 시·도당 선관위는 유효투표의 다수를 얻은 후보자를 당선인으로 결정한다. 최고 득표자가 2명 이상인 때에는 여성·연장자 순으로 당선인을 결정한다. 여성 후보자, 장애인 후보자, 청년 후보자, 정치 신인은 당헌에 따라 가산점이 부여된다. 비례대표 국회의원·지방의원선거는 별도 규정에 따른다. 중앙당 또는 시·도당 재심위원회에 재심 신청이 없으면 후보자는 확정된다.

만일 재심위원회가 심사한 결과, 재심사 또는 재경선의 이유가 있다고 인정하는 때에는 최고위 의결을 거쳐 후보 교체 또는 재경선 실시 등을 결정한다. 또한, 후보자의 사퇴·사망·질병 등 선거 참여가 어려운 명백한 사유가 발생하는 때, 신청 무효 사유가 발생하는 때, 공직선거 후보자로 등록하는 데 제한이 되는 사유가 발생하는 때도 최고위 의결로 추천을 무효로 한다.

*

국민의힘도 큰 틀에서 더불어민주당과 유사한 구조를 갖고 있다. 그러니 다른 점 위주로 검토해 보자.

중앙당 및 시·도당 지방선거 후보자 공천관리위원회는 선거일 90일 전까지 구성한다. 중앙당 공관위는 광역단체장 후보자, 시·도당 공관위는 기초단체장 후보자, 지역구 광역·기초의원후보자를 추천한다. 비례대표 광역·기초의원 후보자는 시·도당 비례대표 공관위에서 추천한다.

국민의힘 경선 후보자로 확정되면 선거 개시일 5일 전에 후보자 등록을 신청한다. 선거인단은 시·도지사의 경우 유권자 수의 0.1% 이상, 기초단체장의 경우 유권자 수의 0.5% 이상 또는 1000인 이상, 지방의회의원의 경우 유권자 수의 0.5% 이상 또는 300인 이상으로 구성한다. 선거인단은 당원 명부에 등재된 책임 당원으로 하되, 정수에 미달하면 일반 당원 중 추첨해서 선정한다.

국민의힘 경선은 선거인단 유효투표 결과 50%, 여론조사 50%를 반영해서 결정한다. 다만 광역의원 및 기초의원 후보자 선출은 선거인단의 투표만으로 결정할 수도 있다. 중앙당 및 시·

도당 선관위가 선거인단 투표를 전화조사로 갈음할 경우 세부방식은 선관위의 의결로 정한다. 이밖에도 중앙당 및 시·도당 공관위는 자격 심사에 의해서 단수의 후보자를 추천할 수 있다.

단, 시·도지사 후보자의 경우 국민의힘 중앙당 공관위 심사와 경선을 통해 최고위원회의 의결로 확정하되, 경선은 실시하지 않을 수도 있다. 구·시·군의 장 후보자는 시·도당 공관위에서 같은 방식으로 운용하는데 경선과정을 여론조사 경선으로 갈음할 수도 있다(당헌 85조).

한편, 국민의힘 국회의원 후보자 공관위는 국회의원 선거일 120일 전부터 90일 전까지 구성하도록 한다. 지방선거와 마찬가지로 선거 개시일 5일 전에 후보자 등록을 신청한다. 선거인단은 선거구 유권자 수의 0.5% 이상 또는 1000인 이상 책임 당원으로 하되, 정수에 미달할 경우 일반 당원 중 추첨해서 선정한다. 선거인단 유효투표 결과 50%, 여론조사 50%를 반영한다.

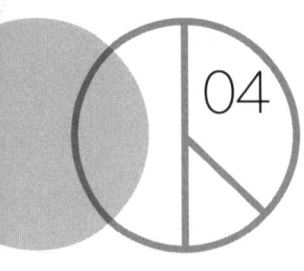

04 여론 조작이 시도되는 이유

우선 경선만 통과하고 보자는 인식이 높아지면서 온갖 방법들이 동원되기도 한다. 법적으로 아슬아슬하게 수위를 오가는 사안들이 많다.

행위 자체가 불법은 아니지만 결과를 얻기 위한 과정에서 '여론 조작', '위장 전입' 수준의 위법적 사안들이 묶인되는 사례가 많다. 동족방뇨凍足放(언 발에 오줌 누기)를 주의하자. 눈앞에 결과를 보장하는 듯 보이지만 선거에 이기고도 후폭풍을 야기한다.

경선에 대비한 전화번호 확보는 필요하지만 위법 소지가 있다. 자동 응답 시스템ARS 여론조사 50%, 임의 전화 걸기RDD 전화 면접 50 대 50으로 진행됐던 2012년 총선 야권연대 경선과정에서 모 정당의 여론 조작 의혹이 제기된 바 있다. 실제 수도권 지역에서도 인지도와 지지도에서 압도적으로 앞섰던 거대 정당 후보자와 이 정당 후보자의 격차가 불과 1%p 안팎으로 나온 사례도 있었다.

주소지 이전 방식의 허점 등을 파고든 '꼼수'가 횡행했다. 예를 들어, 경선 룰이 '권리당원 50%+여론조사 50%'의 방식으로 정해졌다면 선거구 내 주소를 확보한 뒤 수십 개의 전화번호를 등록해서 특정 후보자에게 유리하도록 '작업'하는 식이었다. 이 문제는 각 정당에서 권리당원 주소지 이전을 확인하기 위해 주민등록등본 등을 같이 제출하도록 조치하면서 일단락됐다.

하지만 이내 '다른 꼼수'가 등장한다. 제도적으로 권리당원의 주소지 이전을 막아버리자 '선거 브로커들'은 남아있는 일반 여론조사 쪽으로 눈을 돌렸다. 일부 경선캠프에서 통신사 홈페이지나 전화로 손쉽게 바꿀 수 있는 휴대전화 요금 청구 주소지 이전 서비스를 이용해서 수천 개의 번호를 이전시키는 사례들이 있었다. '안심번호'가 주소지 기준으로 추출되기 때문이다.

우리나라의 정치 여론조사 응답률은 매우 낮다. 2021년 7~8월 중앙선거여론조사심의위원회에 등록된 전국 단위 정치 관련 여론조사는 총 98개였다. 전화 면접과 ARS방식으로 진행됐는데, 응답률 5% 미만이 41개로 가장 많았다. 5~10% 미만 31개, 10~15% 미만 7개, 15~20% 미만 5개, 20% 이상 14개였다. 70% 이상이 한 자릿수의 응답률을 기록했다.

98개 조사 중 ARS방식이 61개, 전화 면접은 23개, 두 방식의 혼용이 14개였다. ARS는 대부분 5% 미만이었고, 전화 면접은 대부분 10%를 넘었다. 기계음으로 질문하는 ARS보다 조사원이 직접 묻는 전화 면접의 응답률이 높다. 그럼에도 불구하고 ARS를 선택하는 이유는 비용 때문이다. 응답자 1000명 기준, 전화 면접 조사는 1000만 원선, ARS는 200~300만 원이 필요하다.

2022년 현재 226개에 달하는 기초지방자치단체들의 규모는 천차만별이다. 인구를 기준으로 보면, 경기도 수원시가 119만 명으로 9000명대인 경상북도 울릉군보다 127배 많고, 광역지자체인 울산광역시, 제주특별자치도, 세종특별자치시를 상회한다. 수원시 외 경기도 고양시, 용인시, 경남 창원시가 인구 100만 명을 넘기고 있으며, 경기도 성남시도 93만 명에 육박하고 있다.

전체 기초지자체 중 53만 명의 서울특별시 강남구가 20위, 51만 명의 인천광역시 남동구가 21위에 올랐는데, 각각 우리나라 전체 국민 97명 중 1명, 100명 중 1명인 셈이다. 비수도권 자치구 중 최다 인구는 18위에 오른 대구광역시 달서구로 54만 명을 넘었다. 226개 기초지자체 중 딱 중간인 113위 서울 종로구와 114위 부산 강서구는 14만 4000명 안팎을 기록하고 있다.

매번 선거구 획정 논란을 낳는 국회의원 총선거는 기초지자체장선거와 비교할 때 상대적으로 양호하다. 2019년 선거구 획정 시 인구 27만 7912명인 경기 고양시 정은 전남 여수시 갑(13만 9027명)의 2배에 달했지만 국회의원은 각 1명이었다. 이듬해 선거인 명부 기준으로 경기 화성시 을(30만 6909명)은 부산 남구 을(13만 4815명)의 2배를 웃돌아 조정이 불가피하다.

인구로 볼 때 기초지자체 중 20위권에 육박하는 서울 강남구와 인천 남동구의 50만 명 정도를 기준으로 본다면, 응답률 5%는 2만 5000명, 10%는 5만 명에 해당한다. 기초지자체의 딱 중간인 서울 종로구와 부산 강서구, 국회의원 선거구 중 최소 인구 수준인 14만 명을 기준으로 여론조사 응답률 5%를 가정할 경우 응답자는 7000명이다. 10%로 상정하면 1만 4000명이다.

여론조사는 샘플 규모를 채울 때까지 돌아가기 때문에 몇 차례씩 전화를 받는 경우도 있다. 이런 상황에서 응답률 100%의 전화번호를 수천 단위로 확보한 선거캠프는 단숨에 두 자릿수 지지율을 추가로 확보할 수 있다. 선거구의 규모가 작을수록 영향력은 절대적이다. 규모가 큰 선거구라 해도 최소 5~10%p를 좌우한다는 게 대다수 경선캠프의 분석이다.

*

여론조사를 이용한 부정행위는 2022년 대선과 지선까지 이어졌다. 조작된 여론조사는 특정 정당의 경선 투표에 직접 반영되지는 않았으나 드러난 추세를 통해 당원들의 표심에 영향을 미쳤다. 수치를 조작해서 순위를 바꾸고, 경선에 반영되는 공식 여론조사에 앞서 미리 파악한 상대 후보자의 지지자들에게 공식 조사인 척 전화를 돌려 실제 공식조사 참여율을 떨어뜨리는 수법이었다.

급히 먹는 밥에 목메기 마련이다. 비유하면 위법적 여론 조작은 운동선수들을 유혹하는 금지약물인 셈이다. 당장에 효과를 볼 수 있지만 도핑 테스트를 통과할 수는 없다. 이상 현상에 경쟁 선거캠프가 눈 감고 있을 리 없기 때문이다.

선거가 막판에 서둘러서 해결되는 일이라면 오랜 기간 차분히 역량을 쌓을 후보자는 없을 것이다. 긴 호흡으로 평소 하나하나 쌓아가야 한다.

6부

드디어 본선이다

후보자와 선거캠프가 열심히 노력해서 경선을 통과했다면, 남은 것은 본선이다. 후보자와 선거캠프는 마음을 차분하게 다잡고 기존의 스탠스를 유지하면서 남은 캠페인을 진행한다.

공식 선거 운동 기간이 시작되면 경쟁 후보자의 공세와 돌발변수, 여론의 변화 같은 다양한 상황들이 발생할 수 있다. 하지만 준비된 선거캠프와 캠페인은 비근본적인 이슈에 흔들리지 않는다.

참고로, 공식 선거 운동 기간은 대통령선거 23일, 국회의원선거와 지방선거 14일이다. 대선은 후보자 등록 마감일 다음 날부터이며, 총선과 지선은 후보자 등록 마감일 후 6일부터 선거일까지 진행한다. 선거일은 대선의 경우 대통령 임기 만료일로부터 64~70일 전, 총선은 국회의원 임기 만료일로부터 40~50일 전, 지선은 임기 만료일로부터 24~30일 전 수요일로 정해져 있다.

16장
준비한 캠페인은 흔들리지 않는다

선거일에는 공식 선거 운동을 할 수 없기 때문에 실제 공식 선거 운동 기간은 하루씩 차감된다. 이에 따라 대선은 22일, 총선과 지방선거는 13일 동안 선거캠페인이 가능하다.

공식 선거 운동에 앞서 진행하는 후보자 등록은 관할 선거관리위원회에서 이틀간 서면으로 실시한다. 후보자 등록 마감일은 공식 선거 기간 시작일을 기준으로 대선은 1일 전, 나머지 선거는 6일 전이다.

후보자와 선거캠프는 핵심 메시지를 견고하게 유지하면서 세부 이슈에 대응한다. 유권자의 반응을 꾸준히 모니터링하되 급작스럽게 캠페인의 방향성을 바꾸거나 함부로 새로운 이슈를 만들지 않는다. 정책·공약을 비롯해 본선 이전에 주요 업무를 마무리한 핵심 인력들은 현장에 내보내거나 위기관리팀에 투입해서 네거티브 공세나 돌발 이슈에 즉각 대응할 수 있도록 한다.

01 후보자 등록 전 점검 사항

총무팀은 사전에 후보자 등록서류를 빠짐없이 준비하고, 후보자의 선관위 방문이 언론에 잘 반영될 수 있는 시간을 고려해서 등록 절차를 진행한다. 후보자는 선거 규모에 따라 대통령선거 3억 원, 국회의원선거 1500만 원, 시·도의회의원선거 300만 원, 시·도지사선거 5000만 원, 자치구·시·군의 장 선거 1000만 원, 자치구·시·군의원선거 200만 원의 기탁금을 납부한다.

예비후보자 신분으로 앞서 납부한 금액(전체 액수의 20%)이 있다면 차액만 납부하면 된다. 관할 선관위는 기탁금을 선거일 후 30일 이내에 기탁자에게 반환해야 한다.

후보자는 대통령선거를 포함한 모든 선거에서 결과에 따라 기탁금을 돌려받는 정도가 달라진다. 당선자, 사망자 그리고 유효투표총수의 15% 이상 득표자는 기탁금 전액, 유효투표총수의

10% 이상 15% 미만 득표자는 기탁금 50%를 돌려받는다.

[체크리스트 25] 분야별 최종 점검

기간	분야	내용	준비사항
예비 후보자 등록 전~ 후보자 등록	총무	후보자 등록	후보자·예비후보자 법정 제출서류 준비
		선거사무소 개설	관할구역 내, TM실 고려
		선거 예산안 설계	공식 선거 비용 등 세부 자금 계획
		선거사무관계자 선임	사무장, 회계책임자, 선거사무원 등
		각종 등록·신고사항 처리	선거 일정 차질 없도록 함
	홍보	법정 홍보물 제작	공보물, 유세차량, 명함, 현수막, 로고송
	비서	후보자 인적사항 정리	후보자, 배우자 등 각종 정보 수집
		후보자 활동 계획 수립	수행, 주요 인사, 후보자 지인 관리
	조직	조직본부 구성	지지 그룹, 단위별 조직책 등
		각종 DB 취합	지역별, 직능별, 지인 등 담당자 선정
		선거사무원 선정	선거사무소 및 후원회 조직 등
		유세팀 구성	유세 기획, 유세팀, 율동팀 등
	전화 홍보	사무소 내 TM실 설치	전화 가설, 문자 발송용 휴대전화 구입
		TM 요원 선정	부스 수량 이상 유경험자
		전화 홍보 스크립트 작성	후보자 소개용, 정책 소개용 등
	온라인	홈페이지, 소셜 미디어 개설	후보자·정책 정리
		선거 운동용 뉴스레터	기본 시안, 발송 계획, 이메일 수집
		온라인 담당자 선정	온라인 홍보 유경험자(실무력 겸비)
	정책 메시지	기본 정책 수립	슬로건, 카피, 지역·정치 현안, 선거 구도
		선거 공약 정비	선거 공보, 유세차량, 현수막 등 사용

기간	분야	내용	준비사항
예비 후보자 등록 전~ 후보자 등록	후원회	후원회 설치	후원회 대표, 정관, 운영위 구성·개최
		후원회 회계책임자 선정	실무 및 회계 관리, 후원계좌 개설
		정치 자금 영수증 교부	매수, 액수 등 사전 확정
		후원회원 모집	지지자·후원자 모집 광고 등
	총무	선거인 명부 교부 신청	지자체에 신청, 부재자 포함
		거리 현수막 설치 점검	동별 각 1매, 표지 첩부
		선거 비용 관리	상시적 회계 관리
	홍보	유세차량 제작	기본 시안, 래핑, 로고송, 영상물 확정
		우선 제작 홍보물	명함, 어깨띠, 모자, 티셔츠, 현수막 등
		전체 법정 홍보물	선거 공보, 외벽 현수막 등
	전체	선거사무소 개소식	프로그램, 초청 대상자 등 세부 점검
선거 기간	총무	선거 벽보, 선거 공보 등	관할 선관위 제출, 제출 수량 사전 공고
		매 세대용 선거 공보 제출	관할 선관위 제출, 점자형 공보물 포함
	총무 조직	사전 투표 참관인 신고	투표소당 2인
		투개표 참관인 신고	5명 이내 선정, 유경험자 우선
	전체	선거일, 투표 독려 활동	개표상황실 설치 및 득표 활동 총집중
선거일 후	총무	선거 비용 보전 청구	관할 선관위
		선거 비용 회계 보고	관할 선관위, 선거 비용 및 선거 비용 외

02 D-20 후보자 등록, 활시위를 떠났다

선관위가 투표일 20일 전 이틀에 걸쳐 선거 후보자 등록 신청을 마감하면, 6일 후 공식 선거 운동 기간이 시작된다. 이전까지는 예비후보자 신분으로 선거 운동을 진행한 것이다.

선관위는 후보자가 제출한 재산신고서, 병역사항신고서, 학력증명서, 세금 납부·체납사항, 전과기록 등을 선거통계시스템(info.nec.go.kr)에, 선거 공보는 정책·공약마당(policy.nec.go.kr)에 공개한다.

이제 본선 레이스가 시작됐다. 초반 기선 제압이 중요하다. 속도를 늦출 수 없다. 선거캠프는 준비한 캠페인을 진행하고, 톱니바퀴 돌아가듯 계획한 일정대로 주요 단체와 인사의 지지 선언을 끌어낸다. 언론 인터뷰와 미디어 출연을 극대화해서 인지도를 높이고, 이슈를 주도하는 이미지를 기획한다. 또한, 유세 현장을 최적화하고, 후보자의 동선과 일정을 효율적으로 정리한다.

후보자는 남은 기간 시간을 쪼개 지역을 누비면서 조직을 만나고, 유권자와 활발하게 소통한다. 아침 일찍 인원이 몰리는 지역과 방향을 선점해서 출근 인사를 진행한 뒤 오전 유동인구가 많은 거리나 공원, 어르신이 모인 복지시설을 방문한다. 일정 도중 기회가 될 때마다 선거캠프를 방문해서 소규모 간담회를 진행하거나 선거사무원과 자원봉사자를 격려하기도 한다.

선거일이 다가오면 일정팀은 선거캠프 내에서 절대적 권한을 갖게 된다. 후보자를 보내 달라는 지역의 요청을 다 들어줄 수 없기 때문이다. 치밀한 일정 기획이 필요하다. 후보자의 체력과 동선을 고려해서 전략적이고 효율적인 일정을 짜보자. 부동층 밀집지역은 우선 방문하고, 기자회견이나 공약 발표, 토론회 등 미디어와 연계된 이벤트를 효과적으로 배치한다.

유능한 참모진들은 지금껏 아껴왔던 숨은 역량을 마음껏 발휘해야 한다. 타깃층을 겨냥한 온라인·모바일·소셜 미디어 홍보 전략을 체계적으로 진행하고, 자칫 딱딱할 수 있는 공식 선거캠페인 사이에 후보자의 인간적인 모습과 스토리텔링이 있는 콘텐츠들을 끼워 넣어보자. 유권자의 시선을 사로잡을 수 있는 유세를 기획하고, 강렬한 메시지로 지역 여론을 집중시켜야 한다.

선거 역사만큼이나 오래된 '구전 홍보'는 여전히 강력한 선거운동으로 작용한다. 지지자 네트워크를 활용해서 후보자의 강력한 지지층이 기꺼이 주변에 홍보할 수 있는 나이스한 메시지를 제공하고, 되도록 '1인당 ○명에 전파' 같이 구체적인 목표를 제시한다. 후보자와 정책에 대한 단순한 정보보다 스토리텔링 형식의 메시지를 전달한다면 유권자의 뇌리에 오래 남는다.

전화 홍보TM(telemarketing)는 21세기 선거에서도 효과가 뛰어나다. 선거 기간 때에는 급증한 전화량으로 인해 유세 전화도 많은 유권자에게 '스팸'으로 취급당하지만, 전화 많이 받았다고 지지를 철회하거나 마음을 바꾸지는 않는다. 선거 기간 중 유세 전화는 유권자도 양해한다. 한 표가 아쉬운 선거 막판에 텔레마케터는 성실하고 정중한 전화 매너로 유권자를 설득해야 한다.

TM팀이 중요한 이유는 타깃층별 맞춤형 메시지로 후보자를 홍보하고, 부동층을 설득할 뿐 아니라, 온라인·바이럴 이슈를 모니터링하고 조기 진압이 가능하도록 해주기 때문이다.

온라인·바이럴 이슈의 핵심은 초기 주도권에 있다. 사안에 따라 차이는 있지만, 사태 초반에 달린 댓글과 추천 수가 이슈를 끌어가는 경우가 태반이다. TM의 역량은 사태 초기단계에서 발휘된다.

03 문자메시지는 8회 발송까지!

　후보자는 자동동보통신을 이용해서 정당명을 포함한 자신의 명의로 문자메시지를 전송할 수 있다. ARS 전화를 이용한 투표 참여 권유도 가능한데 이때 기호를 밝힐 수는 없다. 후보자를 포함해서 선거 운동을 할 수 있는 사람이 선거일이 아닌 때 직접 통화를 통해 특정 정당과 후보자에 대한 지지를 호소하고 투표 참여를 권유하는 행위는 현행법 범주 내에서 할 수 있다.

　공식 선거 운동 기간 중 선거캠프가 운영하는 TM팀은 공직선거법이나 개인정보보호법, 통신 관련 법률을 위반하지 않도록 주의한다. 2024년 총선과 2022년 지방선거에서도 전화홍보원들에게 일당을 주기로 했다가 고발당한 '불법 전화홍보방' 운영 사례가 있었다. 공직선거법 규정에 따른 경우를 제외하면 수당·실비 기타 자원봉사에 대한 보상은 현행법 위반이다.

일반적인 '불법 전화홍보방' 사례로는 후보자의 선거를 돕는 핵심 인물들이 '후보자와 상의 없이' 전화홍보업체와의 '공모'를 통해 전화홍보원을 모집하고, 지역 유권자 수십만 명에게 전화하도록 하는 행위가 있다. 공식선거 비용과 별도로 거액의 사비가 투입된다. 공명선거를 위해 선거 운동과 관련한 금품 제공을 제한한 공직선거법의 취지를 훼손하는 명백한 범죄행위다.

자동동보통신을 이용한 선거 운동 문자는 총 8회까지 발송할 수 있으며, 반드시 선관위에 사전신고를 해야 한다. 공직선거법에 따라 유권자의 동의를 받고, 발신자 정보를 공개한다. 발신자 정보를 숨기거나 조작하면 불법이다.

주의할 점은 야간 및 심야(21시~다음 날 8시)에는 TM을 운영할 수 없다는 것이다. 어차피 이 시간에 하는 전화는 유권자의 반감만 높일 수 있다. 자제하자.

공식 선거 운동 기간 이전에 TM을 이용해서 진행하는 선거 홍보는 사전 선거 운동에 저촉된다. 단, 예비후보자로 등록한 경우에는 후보자 소개와 정책 홍보 등 제한적인 범위 내에서 가능하다. 후보자에 대한 지지나 투표 권유, 허위 사실 유포나 상대 후보자에 대한 비방, 공무원·교사·선관위 직원 등의 선거 운동 참여, 유권자에게 금품이나 대가를 약속하는 행위도 금지된다.

과거 선거는 전화번호를 많이 가져오는 순으로 공신의 서열이 정해졌다. 그러다 보니 지역 유권자가 아니거나 정보 제공에 동의하지 않은 유권자 연락처도 많았다. 당시에는 항의 정도로 지나갔지만 지금은 다르다. 불법으로 입수한 전화번호를 사용하면 엄중한 법적 처벌을 받을 수 있다. 유권자가 요청하면 연락처를 삭제하고, 해당 번호에 대한 홍보를 즉시 중단해야 한다.

후보자와 선거사무원들이 거리 유세 등을 통해 만난 유권자의 명함이나 연락처를 직접 DB(데이터베이스)로 구축한다든지 출처가 확실한 연락처를 선별해야 한다. 당원인 부모가 동의 없이 자녀의 연락처를 제공했다가 자녀가 법적으로 대응하겠다고 해서 애를 먹는 사례도 있다. 고의는 아니었지만 부모도, 선거캠프도 곤란을 겪는다. 선거캠프의 인력과 시간, 재원 낭비가 불가피하다.

2024년 1월 위탁선거법 개정으로 공공단체 등 위탁선거의 경우 휴대전화 가상번호를 활용한 선거 운동이 가능해졌다. 그동안 정당의 당내 경선이나 선거 여론조사에서는 가상번호를 받아 활용했지만, 후보자의 선거 운동을 위한 제공은 처음이다. 제공받은 가상번호를 선거 운동 외 목적으로 쓰거나 타인에게 제공하면 3년 이하 징역이나 3000만 원 이하 벌금에 처할 수 있다.

17장
창의적인 유세로 기선을 제압하라

신출귀몰(神出鬼沒)한 재주를 지닌 제갈공명이 21세기 대한민국에서 선거를 지휘한다면 어떤 묘수를 내놓을까? 아마 치밀한 심리전과 기만술[詭道]로 프레임을 선점하고, 온·오프라인을 교차하는 다층 전략으로 이슈를 주도할 뿐만 아니라 예정된 일정과 돌발적인 위기 때마다 준비한 메시지를 던지고, 정예병과 조직력을 기반으로 뚝심 있게 선거캠페인을 진행할 것이다.

단기간 진행하는 선거에 예상 밖의 국면은 거의 없다. 코로나, 대통령 탄핵 같은 대형 이슈도 하루이틀 사이에 느닷없이 발생하진 않는다. 최소한의 대비 기간이 있다. 정국을 흔들 국가 재난급 사고는 하늘에 맡기자.

결국 미리 준비했는지, 준비된 인력이 있는지에 달렸다. 제갈공명은 소셜 미디어와 빅데이터를 분석해서 여론전을 펼치고, 감동적인 유세로 상대 후보자를 압도할 것이다. 선거 운동은 단순한 후보자 소개나 정책 홍보가 아니다. 이슈를 선점하고, 감성적인 전략으로 유권자의 마음을 움직이는 게 핵심이다. 트렌디한 콘텐츠와 플랫폼을 활용한 온라인 유세와 홍보·미디어 전략을 도입하고, 기존 유세의 개념을 탈피해서 선거 운동을 하나의 문화로 제시할 수 있는 창의적인 접근방식으로 경쟁 후보자를 압도하는 강력한 선거캠페인을 기획해 보자.

창의적인 선거 전략은 이슈 선점(온·오프라인 키워드 장악), 스토리텔링(배우자, 가족, 지인을 활용한 감성 유세), 트렌디한 퍼포먼스[뮤지컬, 플래시 몹(flash mob) 방식의 새로운 유세 시도], 디지털 유세(QR코드를 적용한 정책 홍보와 SNS 필터 활용), 레거시 미디어(신문, TV, 라디오 인터뷰 추진), 맞춤형 플래카드(지역 이슈에 따라 세분화·차별화) 등을 필요로 한다.

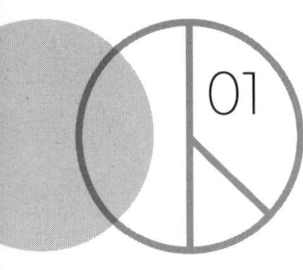

01 고전에서 배우는 온·오프라인 선거 전략

몇 년 전, 국내 정치에 '제갈공명의 복주머니'가 등장하면서 언론의 주목을 받은 바 있다. 《삼국지연의》에 등장하는 일종의 오브제object인데, 제갈공명이 유비와 함께 전쟁에 나서는 조자룡에게 위기에 닥칠 때마다 하나씩 꺼내 보라면서 건넨 3개의 비단 주머니를 의미한다. '비단 주머니 속의 계책'을 뜻하는 금낭묘계 錦囊妙計가 여기에서 유래됐다는 설이 있다.

금낭묘계는 장차 다가올 위기를 정확하게 예측하고, 현실적으로 극복할 수 있는 타개책을 미리 확보하는 데 핵심이 있다. 선거 초반이라면 후보자에 유리한 키워드를 띄워 프레임을 주도하고, 언론 기고, 인터뷰, 영상 콘텐츠를 꾸준히 생산해서 온라인에 확산하는 미디어 전략을 구사해야 한다. 또한, 기자단과 소통을 통해 보도가치가 있는 콘텐츠를 지속적으로 개발할 수 있어야 한다.

온라인 전략은 치밀한 기획이 필수적이다. 소셜 미디어나 포털 사이트의 빅데이터를 분석하고 주요 온라인 커뮤니티를 모니터링해서 지역 유권자의 니즈와 심리를 파악해야 한다. 인공지능을 활용해서 실시간으로 유권자의 감성을 분석한다면, 유권자의 반응에 맞춰 메시지를 조절할 수도 있다. 다만 여러 차례 강조한 바와 같이 기존 메시지와 상반되거나 생뚱맞은 논조는 엄금한다.

제갈공명이 가정전투街亭之戰에서 패한 뒤 양평관에서 사마의를 상대로 썼다는 공성계空城計는 바이럴 마케팅으로 써봄직하다. 상대 선거캠프의 네거티브를 선제적으로 무력화하는 콘텐츠를 개발하고, 유권자의 감성에 호소하는 스토리텔링형 캠페인을 구사하는 방식이다. 남녀노소 유권자가 공감할 수 있는 짧고 임팩트 있는 밈과 숏폼 영상, 카드뉴스 등을 기획해 보자.

가장 오래된 선거 운동방식인 구전 홍보는 바이럴 마케팅의 핵심이다. 지지층이 많은 지역이라면 정공법으로 연설형 유세를 진행할 수 있고, 해하전투垓下之戰에서 장량이 초나라 민요를 연주해 초나라 병사의 사기를 떨어뜨렸듯이, 복지시설이나 광장, 거리, 전통시장같이 인파가 몰리는 곳에서 직접 만나 이야기를 나누는 구전 홍보로 '밥상머리 이슈'를 주도할 수 있다.

선거사무원 교육은 제갈공명이 정예병을 양성하듯 철저하게 진행해야 한다. TM팀과 주요 조직의 리더들을 대상으로 온라인 모니터링과 이슈 대응방식, 댓글 전략 등을 교육하고, 소셜 미디어와 주요 단체토론방에 맞춤형 구전 메시지를 전파하도록 해야 한다. 여론과 이슈를 활용한 '반응형 콘텐츠'를 제작하고, '선거 D-10' 같은 카운트다운 콘텐츠로 긴장감을 유지시킨다.

선거 유세는 방통의 연환계連環計처럼 지역, 연령, 트렌드를 고려한 여러 온·오프 전략을 엮어서 시너지를 낼 수 있도록 기획한다. 지역별로 게첩할 플래카드와 연설문을 준비하고, 젊은 층이 몰리는 핫플레이스에서 뮤지컬이나 콘서트 형식의 유세를 열어 생중계하고 콘텐츠화한다. 익숙한 가곡과 오페라 곡, 선거 로고송을 부른 뒤 후보자의 깔끔한 연설로 마무리한다.

참고로, 선거 운동 기간 중 확성기는 공공장소에서 연설 대담을 하는 경우에 한해 오전 7시부터 오후 9시까지만 사용할 수 있다. 자동차에 부착된 확성장치는 정격출력 3킬로와트에 음압 수준 127데시벨(대통령·광역단체장선거에서는 40킬로와트 및 150데시벨), 휴대용 확성장치는 30와트(대통령·광역단체장선거에서는 3킬로와트) 소음 기준을 초과할 수 없다. 위반 시에는 1000만 원 이하의 과태료가 부과된다.

금낭묘계	온라인	오프라인
프레임 선점	빅데이터 활용, 온라인 모니터링	이슈 반영한 유연한 메시지 전략
바이럴 마케팅	밈, 숏폼 영상, 카드뉴스 등 콘텐츠	복지시설, 거리, 전통시장 구전 홍보
정예병 양성	SNS, 단톡방 메시지 전파	온라인 모니터링, 댓글 전략 교육
선거 유세	뮤지컬, 콘서트 생중계 및 콘텐츠화	유명 가곡·오페라·로고송+연설

02 선거 로고송 제대로 만들기

선거 로고송logo song은 유세의 꽃이다. 짧은 멜로디는 징글jingle이라고도 한다. 정당과 후보자의 주요 키워드와 이미지를 각인하는 데 중요한 역할을 한다. 목청껏 따라 부를 수 있고, 혼자서도 흥얼거릴 수 있어야 해서 경쾌하고 중독성 있는 멜로디를 선호한다. 자체적으로 제작할 수도 있지만 유권자에게 친숙한 기존 인기가요나 가곡, 동요, CM송(광고 방송용 노래)을 주로 활용한다.

선거캠프는 보통 투표일 1개월 이전에 로고송을 선정한다. 과거 선거의 인기곡들부터 최신 유행가까지 다양한 후보군이 있다. 2020년 총선 로고송 사용 순위를 보면 상위 10위권 가운데 8곡이 트로트였다. 한 선거구에서 각기 다른 후보자들이 같은 곡을 사용할 수도 있다. 다만 저작권자가 자신의 곡이 정치에 사용되는 것을 원치 않으면 로고송으로 사용할 수 없다.

본격적인 로고송 제작에 앞서 선거캠프는 후보곡들과 후보자의 이름, 기호, 슬로건, 지역명을 두고 아이디어를 모은다. 한 번 들어도 귀에 쏙쏙 들어오고 발음하기 쉬운 키워드를 반복한다. 신곡으로 제작할 요량이면 음악 제작사나 작곡가에게 의뢰하고, 기존 곡을 활용하고 싶다면 저작권 여부를 확인해야 한다. 동요, 민요, 가곡처럼 저작권료 지급이 필요 없는 곡들도 있다.

로고송은 저작권법 제46조(저작물의 이용 허락)에 따라 한국음악저작권협회로부터 선거 운동 기간 이전에 사용 허락을 받아야 한다. 과거에 썼던 곡들도 다시 사용 승인을 받아야 한다. 협회의 관리저작물이 아닌 곡이라면 저작자에게 직접 승인을 받아야 하고, 저작자를 찾지 못했다면 저작권법 제50조 제1항에 따라 저작권위원회의 법정 허락(약 2개월 소요)을 받아 사용한다.

곡당 음악 사용료는 선거에 따라 대통령선거 200만 원, 정당용 200만 원, 광역단체장선거 100만 원, 기초단체장선거 50만 원, 국회의원선거 50만 원, 광역의원 25만 원, 기초의원 12만 5000원, 교육감선거 50만 원이다(교육의원선거는 2026년 6월 30일에 폐지된다). 공식 선거 기간 중에 유세곡으로 사용하며 방송, 인터넷 업로드를 원하면 추가 절차와 비용이 필요하다.

최근에는 인공지능을 활용해서 만든 AI 커버곡들이 주목을 받기도 한다. 이런 '파생저작물'의 경우에도 원곡자의 저작권자 권리가 유지되는데, 윤리성과 관련한 이슈가 있긴 하다. 아직 유세 현장에서 사용한 경우는 없지만, 앞으로 프레드 머큐리나 마이클 잭슨같이 유명을 달리한 유명 해외가수의 목소리로 만든 선거 로고송이 들려올 날이 있을지도 두고 볼 일이다.

03 이슈를 주도하고 선점하라

'이슈 주도'는 '프레임 선점'의 다른 이름이다. 언론, 사회, 경제, 산업, 문화 등 분야를 막론하고 능동적으로 이슈를 만들고 주도하고 선점하는 게 중요하다. 피동적으로 이슈를 따라가며 어부지리漁父之利를 노리는 개인과 단체, 기업은 단기전에서 이길 수 없다. 이슈를 주도한다는 게 일정한 위험 부담을 져야 하지만, 치밀한 기획과 준비를 바탕으로 프레임을 선점해야 한다.

D-30부터는 유권자의 관심을 받을 수 있는 공약을 요일별로 공개해서 주목도를 유지하자. 주요 공약의 우선순위를 정하고, 언론의 관심을 끌 만한 일정을 고민해 보자. 완급을 조율하면서 공약·정책 효과를 극대화할 발표 장소를 물색하고, 보도자료와 온라인 이벤트를 기획한다. D-14 이후로는 '우리 후보자, 우리 공약은 이렇게 다르다'라는 차별 포인트를 강조하는 게 좋다.

소셜 미디어와 지역 온라인 커뮤니티, 단체토론방 등을 통해 선거캠프가 생산하는 보도자료, 사진, 영상 콘텐츠를 전파하고, 여론을 유리하게 끌어가도록 한다. 선거캠프 인력으로 가능하다면 소셜 미디어는 중장년층이 선호하는 페이스북, 젊은 층이 즐겨 찾는 인스타그램을 비롯해서 X, 카카오톡 등 매체별 특성에 따라 장문, 단문, 사진, 영상, 밈을 배치하고, 상호작용하게 하자.

후보자 가족이나 지인이 유세에 참여한다면 '인간적인 면모'를 강조한다. 너무 완벽한 모습보다는 재미있고 허당스러운 에피소드로 아이스브레이킹icebreaking을 하고, 감동적으로 마무리하자. 가족과 지인은 정치적 사안에 대해 아는 체하거나 경쟁 후보자 측을 직접 거론하지 않는다. 굳이 부정적인 단어나 이슈도 언급할 필요가 없다. 짧은 스토리텔링을 통해서 감성적으로 접근하자.

LED 전광판과 확성기를 장착한 유세차량은 선거구 내 주요 거점에 집중시킨다. 출퇴근 시간에는 전철역이나 유동인구가 많은 큰 도로의 핵심 상권 코너에 배치하고, 평시에는 전략적으로 공략해야 할 지역에 할애한다. 잘 해낼 수 있다면 최근 선거에 등장한 뮤지컬이나 콘서트 형식의 유세나 대중에게 얼굴이 알려진 출연자가 등장하는 토크쇼 형식의 유세도 시도해 봄직하다.

인파가 많은 곳에서 시도하는 플래시 몹은 단번에 이목을 끌 수 있는 '깜짝 이벤트'로 제격이다. 참여자 간 친밀감과 소속감을 높여주고, 2·3차로 소셜 미디어에서 회자하면서 젊은 층의 관심을 높일 수 있다. 단, 생각보다 많은 시간과 의상, 장비, 비용이

들고, 퍼포먼스가 비전이나 정책과 연계성이 없거나 완성도가 떨어지면 외려 마이너스가 되기 때문에 신중하게 검토하자.

디지털 유세는 온·오프라인을 연동한다. 온라인에서 타깃광고와 소셜 미디어 필터를 활용하면 홍보 효과가 상승하고, 실시간 소통과 피드백을 통해 후보자의 호감도를 높일 수 있다. 포털 사이트 배너 광고 효과는 크지 않다. 유저user의 선호도를 반영한 알고리즘 추천방식은 어차피 찍을 사람에게 반복적으로 노출되기 때문에 오히려 필터 버블현상을 심화한다.

공보물, 명함, 플래카드 등 오프라인 홍보물에 QR코드를 삽입하면 유권자를 온라인 플랫폼으로 간편하게 연결시킬 수 있다. 후보자의 공식 블로그나 소셜 미디어로 유도해서 지역·분야·연령대별 공약을 소개할 수 있게 된다. 또한, 라이브 유세 현장이나 하이라이트 영상, 후보자의 3D 이미지, AR(증강현실) 콘텐츠로 연동할 수도 있다. 공들여 제작한 홍보 영상과 웹자보는 여러 방면으로 활용이 가능하다.

TV나 라디오, 신문 등 레거시 미디어는 노년층을 중심으로 여전히 영향력이 있다. 광고 효과 측면에서는 온라인 쪽이 크게 높아지면서 예전만 못한 상황이지만, 기획기사나 인터뷰, 기고 등은 온라인과 소셜 미디어를 통한 2차 효과를 노릴 수 있으므로 대단히 유효하다. 따라서 메이저 언론뿐 아니라 소규모 지역 언론과 소통하면서 콘텐츠를 만들어 내는 데 주력해야 한다.

04 '구관이 명관', 현수막 기획

현수막에도 전략이 필요하다. 후보자의 얼굴, 이름, 기호, 슬로건만 떡하니 조합한 플래카드로는 유권자의 높아진 눈을 충족시킬 수 없다. 후보자의 비전과 공약, 핵심 키워드를 지역·이슈·연령대·시기별로 필요한 메시지와 연계해서 스마트한 플래카드를 기획해야 한다. 학교가 많은 지역에는 교육 정책이나 등하굣길 안전 등을 강조하고, 노후지역에선 재개발·재건축을 언급할 수 있다.

선거 플래카드는 명확한 메시지 전달이 최우선이다. '멋부림'은 포기하라. 한눈에 읽혀야 한다. 후보자가 강조하고 싶은 정책과 비전, 슬로건을 간결하고 직관적으로 담는다. 따라서 글자 수를 최소화하고, 후보자가 강조해온 키워드와 워딩wording을 단순한 문장으로 표현한다. 복잡한 문장으로 읽는 유권자가 한 번 더 생각하게 만드는 플래카드는 나쁜 플래카드다.

　마찬가지로 디자인도 콤팩트해야 한다. 선거 현수막은 예술적 완성도를 요구하지 않는다. 예술가의 영감은 잠시 접어두자. 무소속이 아니라면 플래카드뿐 아니라 공보물과 명함, 포스터 등 오프라인 콘텐츠, 나아가 온라인 콘텐츠와 보도자료 색상까지 소속 정당과 톤 앤드 매너를 지키는 게 기본이다. 불필요한 디자인 요소는 과감히 생략하고, 깔끔한 기성품처럼 만들면 된다.

　타이포그래피typography는 가독성 높은 기본 폰트가 좋다. 저작권 이슈도 있지만 기본적으로 한 번에 쓱 읽힐 수 있어야 한다. 기본 폰트도 여러 가지를 쓰지 말고 1~2개로 정리하자. 전국 단위 선거에서 '멋있지만 읽는 데 시간이 걸리는' 폰트를 굳이 저작권료까지 내면서 사용하기도 하는데 어리석은 짓이다. 괜히 랙lag과 버퍼링buffering만 자초한다.

　'○○의 아들'처럼 현수막이 걸릴 지역과 후보자와의 관련성을 강조할 수 있고, '함께 도약하는 ○○'처럼 공동체의식을 앞세울 수도 있다. 지역 또는 연령대의 관심사를 겨냥한 변화·개혁의 당위성이나 강력한 네트워크와 추진력을 앞세운 후보자의 해결사 면모 등을 내세울 수도 있다. 우리 후보자 자랑보다 유권자 입장에서 관심을 끌 만한 표현을 먼저 고민해야 한다.

　선거 현수막은 10제곱미터 이내로 제작한다. 글자 크기는 세로 기준 5센티미터 이상이며, 정당명과 연락처(정당 및 설치업체), 표시 기간(15일 이내로 시작일과 종료일 병기)을 명기해야 한다. 도로표지, 교통안전표지, 가로등, 전봇대에는 현수막 2개까지만 내걸 수 있으며 교차로, 횡단보도, 버스정류장에서는 현수막 아랫부분 높이를 2.5미터 이상, 끈 높이도 2미터 이상으로 설치해야 한다.

후보자는 현수막을 내걸기 전에 관할 구·시·군 선관위에 신청해야 하며, 일정한 장소·시설에 고정적으로 게첩하면 된다. 해당 선거구 내 읍·면·동 수의 2배 이내에서 게시할 수 있다. 총량 내에서 지역별로 가감加減이 가능하다. 면적 100제곱킬로미터 이상인 읍·면·동이라면 추가 현수막 1개를 더 설치할 수 있다. 현재 전국 3524개 읍·면·동에서 192개 읍·면·동이 여기에 해당한다.

다만 선거 현수막은 애드벌룬을 사용하거나 네온사인, 형광 등 전광으로 표시할 수 없다. 도로교통법 제2조에 따라서 교통신호등이나 안전표지, CCTV를 가릴 수 없고, 광복 직후 사진에서나 볼 수 있었던 도로를 가로지르는 현수막 설치나 타 후보자의 현수막을 가리는 설치도 금지된다. 어린이보호구역, 소방시설 주변 주정차 금지 표시구간에도 현수막을 게첩할 수 없다.

18장
시청률 1%,
그래도 중요한 토론회

가장 작은 선거라 해도 후보자는 유권자의 1~5%를 만날 뿐이다. 따라서 매체와 소셜 미디어를 활용한 캠페인은 아무리 강조해도 지나치지 않다. 특히 후보자 간 비전과 역량을 직접 비교할 수 있는 토론회는 30%의 지분을 가진 인물론에서 우위를 점할 수 있는 절호의 기회다. 물론 치명상이 될 수도 있다. 현안에 대한 이해나 말주변이 없는 후보자가 토론을 기피하는 이유다.

선거 방송 토론회는 선거 규모에 따라 최소 1~3회까지 개최한다. 중앙선거방송토론위원회 주관으로 대통령선거는 3회 이상, 비례대표 국회의원선거는 2회 이상 진행하고 있다. 시·도 혹은 구·시·군 선거방송토론위원회 주관으로 시·도지사선거, 비례대표 시·도의원선거, 지역구 국회의원선거 및 자치구·시·군의 장선거는 1회 이상 개최하도록 하고 있다.

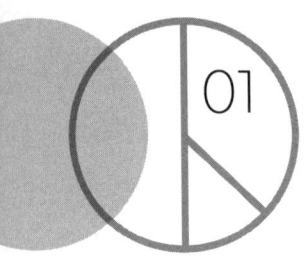

01 공부도 토론도 '평소 실력'이 기본

　선거의 토론회는 공약과 정책을 홍보하는 동시에 유권자에게 후보자의 능력과 자질을 어필하는 좋은 기회다. 그래서 후보자는 준비된 모습을 보여야 한다. 지역의 기본 현황과 이슈를 정확히 파악해서 자신의 공약과 정책에 연결해야 한다. 현란한 표현이나 수식을 피하고, 중학교 2학년 학생이 이해할 수 있는 쉬운 언어를 사용하되, 확실한 논거를 기반으로 설명하도록 한다.
　대부분 방송 토론회의 시청률은 1% 안팎이다. 그러다 보니 토론회의 중요성을 간과하는 후보자들이 있는데, 매우 잘못된 생각이다. 최소 1회 이상 개최하는 TV 토론회는 언론, 재방송, 유튜브 등 영상 플랫폼, 소셜 미디어, 온라인 커뮤니티를 통해 수차례 확대 및 재생산되며, 무엇보다 관심 있게 지켜보는 소수 오피니언 리더들에 의해 선거에서 인물론을 좌우하는 기제로 작용한다.

따라서 선거 토론회는 단순히 후보자들 간의 의견 차와 말발을 보여주는 자리가 아니다. 후보자는 그간의 삶과 정치 역정을 통해 쌓은 가치관과 정치적 소신, 사고력과 논리적인 표현력으로 자신의 핵심 정책을 유권자에게 설명한다. 정치, 경제, 사회 등 국가 이슈에 대한 식견을 드러낼 뿐 아니라, 지역 개발 같은 로컬 이슈를 진단하고, 어떻게 해결할 수 있는지를 공약하는 과정이다.

유권자 입장에서는 돌발 상황이나 예상 밖의 질문에 대한 후보자의 대처 능력을 확인하는 기회가 된다. 위기 극복 능력은 정치지도자의 주요한 덕목인데, 그 핵심은 준비된 '평소 실력'을 기반으로 한다. 특정 사안에 대한 식견과 해법은 후보자가 평소 어떤 정책과 사회 이슈에 대해 천착해왔는지를 보여주면서 토론의 성패를 가르고 나아가 선거의 승부를 좌우한다.

평소 다양한 분야에 관심을 두고 실존적으로 고민해온 정치인들은 돌발 이슈에도 문제의 본질을 정확히 파악하고, 고유의 솔루션을 제시한다. 유권자는 후보자의 유연하고 자신 있는 태도와 일관되고 구체적인 해법을 확인할 때 비로소 안정감을 느낀다. 전혀 뜻밖이라는 표정으로 버벅대며 하나 마나 한 소리를 하는 사람에게서 정치적 리더로서의 면모를 찾기는 쉽지 않다.

선거 토론회는 결국 후보자들의 역량과 정치력을 확인시킨다. 선출직에 나설 요량이라면 평소 꾸준히 정치·시사 이슈를 확인하고, 분야별 독서와 공부, 전문가들과의 소통을 통해서 사고와 식견을 넓혀야 한다. 다양한 의견을 수렴해서 자신만의 논리를 정립하는 게 필수적이다. 상대 후보자가 어떤 공격을 해오더라도 정책에 대한 해박한 지식과 경험을 기반으로 반박할 수 있어야 한다.

　토론회에서 드러나는 후보자의 역량과 그 역량을 바탕으로 하는 자신감은 단기간의 학습과 준비로 해결될 문제가 아니다. 평소의 공부와 경험, 오랜 시간에 걸쳐 꾸준히 쌓아 올린 실력이 차이를 만들어 낸다. 평소 다양하고 깊이 있는 지식을 축적하고, 그 지식들을 꾸준히 업데이트하면서 어떻게 체계적으로 활용할 수 있는지를 고민해온 후보자가 두각을 드러내기 마련이다.

02 그래도 필요한 '벼락치기'

'평소 실력'은 정치에서 중요한 덕목이다. 그러나 토론은 평소 실력만으로 되지는 않는다. 토론은 나름의 디테일을 요구한다. 주제와 관련한 이슈를 집중적으로 점검하는 '벼락치기'가 필요하다. '평소 실력'이 기초 체력, 하드웨어, 총, 활이라면, '벼락치기'는 기술 훈련, 소프트웨어, 총알, 화살이다. 활용 가능한 지역의 빅데이터와 핵심 이슈에 대한 배경을 충분히 숙지해야 한다.

후보자는 선거 토론회에서 발생할 수 있는 돌발 상황을 대비해야 한다. 상대 후보자가 예상치 못한 공격을 해오더라도 여유 있는 태도로 응수한다. 빠르게 핵심을 파악한 뒤 구체적으로 반박하고, 평소 축적한 지식과 정책이론을 바탕으로 유리한 프레임을 전환할 수 있어야 한다. 이 과정에서 드러나는 후보자의 위기관리 능력과 사고의 순발력이 유권자에게 중요한 평가요소가 된다.

'벼락치기'는 결국 후보자가 특정한 사안에 얼마나 기민하게 대응하느냐에 따라 효과가 달라진다. 빠른 정보 습득뿐 아니라 어떤 상황에도 대응할 수 있는 구체적인 전술과 키워드를 마련하는 데 핵심이 있다. 상대 후보자가 유도하는 프레임을 간파하고, 자신에게 유리한 프레임으로 전환할 수 있는 안목과 순발력도 벼락치기로 준비한 소스가 있어야 빛을 발할 수 있다.

기초 체력이 부족하면 끝내 싸움에서 이길 수 없다. 그러나 토론회는 100 대 0의 승자독식이 아니다. 'KO'는 거의 없고 대부분 '판정'으로 갈린다.

'벼락치기'는 더 큰 점수 차이를 만들기 위한 과정이다. 정치에 대한 본질적이고 폭넓은 식견을 바탕으로 세부적인 정보와 이슈, 배경을 인용할 수 있다면 상대 후보자의 정책이나 공약의 허점을 짚어내고 토론을 압도할 수 있다.

03 비언어적 표현이 중요한 TV 토론회

　선거에서 TV 토론회는 단순히 후보자를 소개하고 정책을 설명하는 자리가 아니다. 후보자의 비전과 자질, 정치력과 인간적인 면모를 소개하는 중요한 기회다. 깔끔한 이미지와 표정, 말투, 제스처, 태도 등 비언어적 표현을 통해 유권자의 마음을 사로잡는 계기로 삼아야 한다. TV나 영상 콘텐츠는 정책이나 논거보다 유권자가 신뢰할 수 있는 소통 능력을 강조해야 한다.

　정치적인 TV 토론회는 상대 후보자를 반박하는 방식이나 대답하는 태도에서 많은 정보를 노출한다. 유권자는 후보자가 출처가 확실한 정보를 확보했는지, 자신 있게 논리를 펼치는지, 상대 후보자의 공격에 얼마나 유연하게 대응하는지를 주의 깊게 살핀다. 또한, 품위 있는 태도와 교양 있는 표현을 사용하는지, 상대의 도발에도 미소로 응대할 수 있는 자존감이 있는지도 확인할 수 있다.

  TV 연설에서도 마찬가지다. 연설 내용만큼 중요한 게 내용을 전달하는 방식이다. 잘 준비한 연설이라면 단순히 후보자를 자랑하고 공약과 정책을 홍보하며 경쟁자의 결핍을 지적하는 데 머무르면 안 된다. 겸손하면서도 자신 있는 태도로 유권자를 설득하고 감동을 줘야 한다. 영상으로 표현되는 선거 운동은 내용뿐 아니라 비언어적 표현의 강도와 배치까지 고민해야 한다.

  굳이 전문지식을 감출 필요는 없다. 과도한 수식과 형용은 이미지 손실을 낳지만 전문용어가 긴 설명을 함축한다는 점에서 적절한 사용은 세련되고 스마트한 이미지를 준다. 즉, 겸손한 태도로 조심스럽게 전문용어를 쓸 때 유권자는 호감을 느끼기 마련이다. "○○도 모르느냐?"보다 "○○는 아시겠지만…" 식이 낫다. 시청자는 상대방의 표정만으로 그의 무지를 알아챈다.

  유권자가 지켜보는 자리에서 사용하는 네거티브 캠페인은 말하는 이의 이미지를 떨어뜨린다. 되도록 쓰지 말자. 특히 자신에 대한 상대의 네거티브 전략을 스스로 언급하는 것은 최악의 수다. 과거 대선에서 모 후보자는 스스로 "○○아바타"를 언급했는데 언론과 정치권에서는 '셀프 디스가 새로운 선거 전략이냐?'며 냉소적인 반응들을 보였다. 자멸을 초래한 사례였다.

[체크리스트 26] 선거 방송 토론회 준비

구분	체크리스트	확인
목표 및 전략	강조하고 싶은 핵심 메시지(3개 이상)	
	상대 토론자의 강점과 약점(대응 전략)	
	토론 진행에 따른 발언 내용(순서대로 정리)	
	구체적인 토론 이미지 세팅(신뢰감, 전문성, 소탈함 등)	
	절대 하지 말아야 할 발언과 보이지 말아야 할 태도	
예상 질문과 답변	주요 정책·공약 완성도(당위성, 실현 가능성, 재원 확보방안)	
	상대방의 주요 공세에 대한 방어 논리(과거 행보·정책 비판 등)	
	최근의 주요 사회적 이슈에 대한 견해와 해결방안	
	상대방 공격 포인트 정리(정책·공약의 허점, 과거 실수 등)	
	돌발질문에 대한 임기응변(프레임 전환)	
근거 및 자료	주장을 뒷받침할 통계, 연구, 사례, 기사(객관적 근거 확보)	
	준비한 자료들의 출처와 신뢰도 검증	
	시각자료 활용방안 및 제작(그래프, 이미지 등)	
전달력 및 표현 연습	자신감 있는 목소리와 명확한 발음, 표준어 구사	
	자연스러운 표정과 제스처를 통해 메시지 효과 높이기	
	간결하고 핵심적인 언어와 키워드·규범 표기 사용	
	상대방의 발언을 경청하는 태도	
	시간 제한에 맞춘 간결하고 명확한 발언 연습	
토론 기술 및 환경 분석	토론 진행방식과 규칙 숙지(발언 시간, 질문 순서, 반론권 등)	
	카메라, 조명 등 방송 환경에 적응하기 위한 사전 연습	
	의상, 헤어, 메이크업 등 외모 점검(단정함, 신뢰감 주는 인상)	
	소지 가능한 개인물품 준비(메모, 음료 등)	
	토론 당일 이동 경로 및 소요시간	
최종 점검	유사한 환경에서 최종 리허설(가족, 선거캠프 관계자 앞에서)	
	리허설 후 피드백 반영	
	당일 최상의 컨디션을 유지하기 위해 일정 기획	

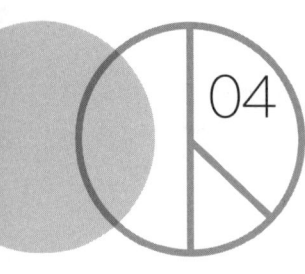

04 각급 단체가 주최하는 토론회의 대처법

선거에서 각급 단체가 주최하는 토론회는 후보자가 관련 정책을 유권자에게 직접 소개하고, 유권자의 의견을 현장에서 수렴해 정책에 반영함으로써 확장력을 키우는 중요한 기회를 제공한다. 경쟁 후보자와 하나의 토론회에 같이 참석할 때도 있지만 일반적으로는 시차를 두고 각 후보자를 초청해서 토론하는 방식을 사용한다. 어떤 경우에도 비교될 수밖에 없다.

각급 단체가 주최하는 토론회는 대개 후보자가 해당 단체의 숙원사업과 관련된 주요 정책들을 소개한 뒤 유권자의 질문에 답하는 형식으로 이뤄진다. 이런 개별적인 토론회는 당사자들이 선호할 만한 선명한 메시지와 정책, 유연한 정치력을 제시하는 게 중요하다. 토론회 준비과정에서 간결하고 호감도 높은 방식으로 후보자를 포지셔닝할 수 있는 전략적 노력이 필요하다.

상대 후보자를 지지하는 세력이 의도적으로 망신을 주거나 꼬투리 잡으려고 놓은 덫일 수도 있다. 집단 이기주의 논란이나 이해관계가 크게 엇갈리는 주제라면 경우에 따라 언론 취재나 선거캠프 참모진의 영상·사진 촬영에 거부감을 드러낼 수도 있다. 단체의 성향을 사전에 파악해서 득실을 따져보고, 단체의 리더들과 우호적인 분위기를 다짐한 뒤 토론을 시작한다.

이해당사자가 명백한 사안에는 섣부른 약속보다 "최선의 해법을 찾아보겠다"라는 신중하고 포괄적인 스탠스를 지키는 게 중요하다. 역린逆鱗을 건드리지 않는 범위에서 당사자들도 인정하는 문제의 핵심은 명확히 지적하되, 긍정적인 태도로 구체적인 사례와 경험을 소개하는 게 좋다. 경쟁 후보자의 스탠스를 확인했다면 그보다 진일보進一步한 대책을 제시할 수도 있다.

후보자는 토론회에서 나올 수 있는 질문과 이슈, 비판에 대비해야 한다. 경쟁자와 함께 하는 토론회든, 따로 진행하는 토론회든 마찬가지다. 비판 가능성을 검토하고, 명쾌하고 설득력 있는 답변을 준비해야 한다. 참석자들이 관심을 가질만한 정책이 있다면 적극적으로 소개하고, 구체적인 실현 가능성을 설명한다. 잘하면 일거에 핵심 지지자들을 확보하는 계기가 될 수도 있다.

결국 선거에서 토론회는 단순한 시청률이나 관심, 승패의 문제가 아니다. 토론이라는 형식을 통해 유권자에게 후보자의 정책과 비전을 소개하고, 유권자와의 적극적인 소통을 통해서 신뢰를 쌓아가는 중요한 기회로 삼아야 한다. 평소 실력과 벼락치기,

그리고 유권자의 호감을 살 수 있는 비언어적 표현까지 다양한 방식을 동원해서 유권자의 마음을 얻을 수 있도록 하자.

7부

유종의 미 有終之美, 깔끔한 마무리

정치 4년만 하고 끝낼 생각이 아니라면 처음부터 끝까지 큰 인물다운 품격을 유지한다. 후보자가 불리할 때마다 긴장한 표정을 짓고 말 한마디에 예민하게 반응하기 시작하면, 선거캠프는 순식간에 위축되고, 선거사무원과 지지자의 사기도 급속히 떨어진다. 선거 상황이 유리하든, 불리하든, 승기를 잡았든, 암운이 드리웠든, 정치인은 승자의 품위와 여유를 지켜야 한다.

19장
승자의 품격을 늘 유지하라

장수의 기개와 군자의 풍모를 지닌 외유내강(外柔內剛)형 정치인이 되고 싶은데, 말처럼 쉽지 않다. 그만한 실력과 내공을 갖춘 큰 인물을 지향하고, 꾸준히 공부하면서 노력해야 한다. 일희일비(一喜一悲)하지 말고, 신뢰감을 주는 듬직한 후보자가 돼야 한다. 만면에 웃음을 머금은 후보자와 선거캠프가 지지자를 안심시키고, 이기는 선거캠프로 유권자에게 인식될 수 있다.

01 초반에 승기를 잡고, 끝까지 실기하지 말자

선거에서 여론조사는 수치 자체로도 중요하지만, 결과가 여론에 반영된다는 점에서 주목받는다. 좋은 결과를 받아든 후보자는 밴드왜건효과bandwagon effect를 기대한다. 앞서고 있는 후보자에게 편승하려는 중도층 유권자의 심리를 노리고, 대세를 확정 지으려고 노력하는 것이다. 주요한 선거 때마다 여론조사로 소위 '장난질'하는 스핀닥터spin doctor(특정 정치인이나 고위 관료의 최측근에서 그들의 대변인 구실을 하는 사람)들이 활개 치는 배경이기도 하다.

후보자와 선거캠프는 선거 초반부터 중반과 후반에 이르기까지 유권자의 심리와 여론을 파악하는 데 집중한다. 본격적인 선거캠페인 이전부터 여론조사와 지역 방문, 주요 단체의 동향을 파악하고, 다양한 데이터를 종합적으로 축적한다. 선거의 유불리는 경쟁 후보자의 강점과 약점, 유권자의 주요 관심사에 따라 아주 달라질 수 있기 때문에 역학관계까지 분석해야 한다.

상승세를 탔다면 기존 선거 전략을 유지·심화하고, 유권자와의 연결고리를 더 강화하는 쪽으로 주마가편走馬加鞭한다. 섣불리 변화를 준다든지, 들뜬 마음에 검토하지 않은 정책이나 공약, 새로운 키워드를 함부로 언급하지 않는다. 선거캠프와 지지자의 사기 진작과 체계적인 조직 관리를 통해 끝까지 방심하거나 실수하지 않도록 단속한다. '부자 몸조심'하듯 상황을 유지한다.

하락국면에 들었다면 후보자와 핵심 참모진은 본질적인 하락 원인을 파악한 뒤 즉각 개선방안을 모색한다. 유권자와 소통을 강화하고, 원인을 해결할 정책적인 대안을 제시해야 한다. 하락세를 반전시키기 위한 선거캠프 전체의 단합과 유연한 대응이 중요하다. 만일 부정적인 여론을 긍정적인 방향으로 전환할 기회를 끝내 찾지 못한다면 결국 패배를 감수해야 한다.

선거 막판 판세가 불리하더라도, 후보자와 선거캠프는 끝까지 침착함을 유지해야 한다. 선거운동원을 격려하고, 지지층을 안심시키며, 분위기를 반전시킬 수 있는 카드를 준비한다. 열세를 뒤집기 위해서 상대의 치명적인 약점을 집요하게 물고 늘어질 수도 있다. 읍참마속泣斬馬謖의 심정으로 공들인 공약을 폐기하거나 함께 고생한 동료를 잠시 버릴 수도 있어야 한다.

'웃는' 후보자와 선거캠프는 늘 승리를 염두에 두고 행동한다. 초반에 승기勝機를 잡고, 끝까지 실기失機하지 않도록 심혈을 기울인다. 후보자와 선거캠프는 선거의 마지막 국면까지 유권자의 심리와 판세, 흐름을 읽기 위해 노력해야 한다. 선거 분위기는 하루에도 여러 차례 바뀔 수 있고, 기회와 위기는 번갈아 가며 이어진다. 상황을 정확히 분석하고, 적절한 대응 전략을 준비하자.

'D-7~D-1'의 선거 기획

선거는 막판으로 갈수록 다이내믹해진다. 출마 준비 당시부터 준비한 전략들도 날마다 변화하는 상황에 따라 유연하게 조정해야 한다. D-7, D-3, D-2, D-1 같이 투표일에 점점 다가가는 시점에서도 후보자와 선거캠프는 다양한 변수를 수용하면서 최선의 선거 기획을 만들어간다. 지지자와 유권자가 임기응변의 땜질식 운영이 아닌, 빌드 업build-up의 과정으로 인지하게 한다.

D-7

투표 1주일 전은 공식 선거 운동의 중반을 지나 선거캠페인의 후반전을 시작하는 단계다. 여론조사를 공표할 수 있는 마지막 날이다. 투표일 6일 전부터는 '깜깜이 국면'에 돌입하는데 밴드왜건효과나 반대로 동정표를 노리는 언더독효과underdog effect가 여론에 반영되는 것을 막기 위한 조치다. 물론 여론조사를 진행한 뒤 미공개 결과를 확인할 수는 있다.

후보자와 선거캠프는 각종 여론조사와 유권자 반응을 집중적으로 분석해서 최종 전략을 확정한다. 소셜 미디어와 온라인 커뮤니티를 통해 후보자의 활동을 소개하고, 지역별 이슈와 맞춤형 정책을 홍보하며, 투표 독려 활동에 주력한다. 주요 단체를 찾아가거나 선거캠프로 초청하면서 지지 선언으로 이어질 수 있도록 기획한다. 유력 인사의 유세 참여도 지속적으로 추진한다.

D-5

투표 5일 전부터 이틀간 진행하는 사전 투표제도의 영향력은 갈수록 커진다. 유권자 입장에서도 기존 부재자 투표보다 절차가 간단하고 가까운 투표소 어느 곳에서나 손쉽게 투표할 수 있는 매력적인 제도다. 단, 세대별 투표율이 공개되면서 위기감을 느낀 노년층의 본투표 참여율이 높아지고, 반대로 방심한 젊은 층의 투표율이 떨어지는 현상이 나오기도 한다.

진보 성향 유권자의 사전 투표 참여도가 높은 것은 세계적인 추세다. 사전 투표를 압도한 진보정당이 본투표에서 참패하는 사례가 왕왕 보고된다. 결과가 워낙 극단을 오가다 보니 보수층 일각에서는 선거 결과를 받아들이지 못하고 사전 투표가 조작됐다는 음모론을 펼치곤 한다. 사전 투표 조작 음모론으로 인해 보수층의 사전 투표 참여율은 계속 낮은 수준에 머물고 있다.

D-3

마지막 집중력까지 짜내야 할 시점이다. 주춤거릴 여유가 없다. 막판 이벤트를 진행하고, 상대 선거사무원과의 기싸움에서 밀리지 않도록 선거캠프 내부 인력까지 현장 유세에 투입한다. 실시간으로 정보를 규합해서 현장에서 즉각 대응할 수 있게 한다. TV, 라디오 출연과 유튜브 등 영상 플랫폼 콘텐츠를 통해 비대면 유권자에게 다가가려는 노력도 계속해야 한다.

지역 유권자가 느끼는 후보자의 존재감을 점층적 방식으로 키워나간다. 지역별로 활동해온 선거사무원과 지지자를 한곳에 집결시켜 상대 선거캠프의 사기를 꺾는 대규모 집회를 추진하고, 중앙당 지도급 정치인들과 연예인, 인근의 유력 인사들을 동원해서 확실한 볼거리를 제공한다. 무조건 넓은 장소보다는 동원 인력으로 넉넉하게 채울 수 있는 공간을 선택하는 게 유리하다.

D-2

마지막 전략을 실행한다. 사전선거는 끝났고, 중도층도 지지할 후보자를 확정했다. 후보자는 막판까지 선거캠프 안팎을 점검하고, 본투표 참여를 독려하는 메시지를 반복한다. 피아를 불문하고 적극적인 유권자는 어쨌든 투표한다. 따라서 소극적인 우리 측 지지자를 투표장으로 유도하고, 상대 후보자의 지지자들이 투표를 포기하도록 만드는 구체적인 전략이 필요하다.

선거 막판에 후보자는 48시간 혹은 24시간 연속 유세 같은 이벤트를 진행할 수 있다. 수당을 받는 선거사무원은 보통 확성기 사용시한인 오후 9시 이후 퇴근하고, 후보자와 뜻을 같이해온 핵심 참모진과 자원봉사자들이 밤새워 거리를 누비게 된다. 주로 밤늦은 시간까지 운영하는 업소들이 밀집한 핫플(핫플레이스)을 찾게 되는데 혹시라도 불필요한 소란이 발생하지 않도록 주의한다.

D-1

이제 하루 남았다. 후보자는 마지막까지 다양한 미디어를 통해 비전을 소개하고 상대 후보자와의 차별성을 명확히 강조한다. 유권자에게 희망과 변화를 약속하고, 끝까지 밝은 표정으로 혼신의 힘을 다하는 모습을 유지한다. 선거캠프의 모든 활동이 효과적으로 마무리될 수 있도록 참모진을 챙기고, 상대 선거캠프의 선거운동원들과 만났을 때도 친근한 면모를 보이도록 한다.

자정이 다가오면 모든 캠페인을 마무리하고, 최종 메시지를 전달한다. 출마 선언 시점부터 선거과정을 거치면서 느꼈던 소회와 유권자와 지지자에 대한 감사, 지역에 대한 애정과 희망·변화에 대한 약속을 다짐하는 식으로 간단하게 준비한 메시지를 발표하고, 보도자료와 소셜 미디어, 주요 온라인 커뮤니티에 게재한다. 여유가 있다면 마지막 문자메시지도 발송하도록 한다.

03 끝까지 '웃는 후보자', '웃는 선거캠프'

선거캠페인에서 결국 중요한 것은 마지막까지 웃을 수 있는 후보자의 기량器量과 태도다. 승리하든, 패배하든, 국민의 선택을 기꺼이 수용하면서 웃는 후보자와 선거캠프가 돼야 한다. 승리했다면 승자의 품격으로 경쟁 후보자의 역량과 노력을 평가하고, 그 지지층까지 품으려고 노력해야 한다. 혹시 패배했더라도 유권자가 인정할 수 있는 정치인으로 남아야 한다.

최선을 다한 패배에 아쉬움은 없다. 후보자는 끝내 지지하지 않은 유권자들에게도 태도와 노력, 진정성을 인정받을 수 있어야 한다. 웃는 후보자는 개인의 내면적 강인함과 품위를 드러낸다. 항상 웃는 얼굴로 포지티브 캠페인을 고수했다면, 그 이미지는 향후 정치 인생에 자산으로 남는다. 불리하면 표변하는 소인배가 아닌 듬직하고 매너 있는 대인배 이미지를 쌓아보자.

다양한 사람들이 참여하는 만큼 선거캠프에는 도움이 되기보다 오히려 (일종의 팀워크인) 팀케미스트리team chemistry를 저해하는 인사들이 있을 수밖에 없다. 답답하지만 웃음으로 마무리하자. 그 역시 함께 가야 할 '우리 식구'다. 작은 일에 흔들리지 않고, 마지막까지 '웃는 선거캠프'로 내부 분위기를 긍정적으로 유지하면 결과와 관계없이 후보자와 선거캠프의 품격을 높일 수 있다.

20장
드디어 디데이!
투표일에 할 일

공식 선거 운동은 끝났다. 선거일에는 일체의 오프라인 선거 운동이 금지된다. 그러나 백척간두(百尺竿頭) 진일보(進一步)다. 특정 정당이나 후보자에 대한 지지 또는 반대 표명이 없는 투표 권유 활동은 전화로 가능하다. 소셜 미디어, 문자메시지, 모바일 메신저 등 온라인 선거 운동도 할 수 있다. 결승선 코앞에서 미리 긴장을 풀지 말자. 절박한 심정으로 마지막까지 최선을 다해야 한다.

후보자와 선거캠프는 유권자의 투표 참여를 극대화하고, 투표가 원활하게 이뤄질 수 있도록 솔선수범해야 한다. 투개표과정에서 일어날 수 있는 다양한 돌발 상황을 예측하고 대응책을 준비한다.

지역사회를 위한 후보자의 진심과 헌신하는 태도를 보여줄 수 있는 마지막 시간이다. 투표 당일에 빼놓지 말아야 할 체크리스트와 유권자 모빌라이제이션 전략을 점검해 보자.

01 투표일 체크리스트 및 투표 관리

　선거일 당일이다. 후보자와 선거캠프는 끝까지 침착함과 웃음을 유지한다. 마지막 날에도 예기치 않은 사건이나 문제가 발생할 수 있다. 신속하면서도 여유 있게 처리할 수 있는 대응 계획과 시스템을 마련하고, 필요 이상의 과잉반응은 하지 않도록 한다. 후보자와 선거캠프는 기존 콘셉트를 유지하고, 유시유종有始有終의 일관된 메시지가 나갈 수 있도록 한다.

　선거일에 오프라인에서는 모빌라이제이션, 즉 투표 권유 활동만 할 수 있다. 단, 집집을 방문한다든지, 확성기나 영상장비 또는 녹음기를 사용하거나 투표소로부터 100미터 안에서 투표를 권유하는 행위는 금지된다. 또, 개인의 소셜 미디어에 투표 인증 샷을 올릴 수는 있지만 기표소 내부나 기표한 투표지, 특정 후보자에게 기표한 사실을 드러내는 행위는 공개할 수 없다.

선관위는 선거일 당일에 인터넷과 소셜 미디어, 문자메시지 등을 이용해서 특정 후보자와 관련한 허위 사실을 유포하거나 비방하는 행위, 아파트 단지나 거리에 불법 인쇄물을 살포하는 행위, 후보자가 선거인에게 투표를 위한 교통편의를 제공하는 행위 등을 집중 단속한다. 경쟁 후보자 측의 법 위반 사례 여부를 모니터링하고, 발견 시 선관위와 경찰에 즉시 신고하도록 하자.

[체크리스트 27] 선거일 모빌라이제이션

구분	체크리스트	확인
사전 준비	GOTV(투표 독려) 대상 명단 정리	
	투표소 위치 현행화	
	자원봉사자 역할 분담	
	문자, 전화, SNS 메시지 예약(예: 오늘은 투표일! 투표합시다)	
06:00 ~09:00	투표소 초기 상황 점검	
	문자, 전화, SNS 발송	
09:00 ~12:00	주요 지지층 투표 여부 집중 확인	
	투표율 점검→저조 지역 집중 독려	
	소셜 미디어 업로드 독려(투표 인증)	
12:00 ~17:00	미투표 지지층 재연락(전화, SNS)	
	리마인드 문자 발송(예: 아직도 투표하지 않으셨나요?)	
	현장 투표소 모니터링(줄, 혼잡, 민원 등)	
17:00 ~20:00	마감 임박(final push) 메시지 발송(예: 오후 8시까지!)	
	소셜 미디어 투표 인증 캠페인 마무리	
종료 후	모빌라이제이션 총평	

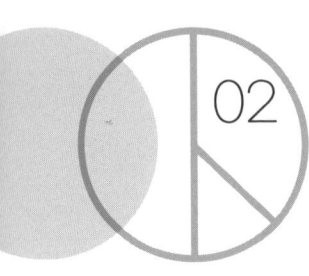

02 투표참관인 파견

투표참관인제도는 선거의 공정성을 보장하기 위한 장치다. 정당, 후보자, 선거사무장, 선거연락소장은 투표소별로 투표참관인 2인을 참여시켜 투표용지 교부 상황을 비롯한 투표 상황을 감시하게 하고, 투표참관인은 법 위반 사실이 있으면 이의를 제기하거나 시정을 요구할 수 있다. 후보자는 선거일 7일 전까지 투표참관인을 선정한 뒤 관할 선관위에 서면으로 신고해야 한다.

투표참관인은 투표소마다 8인으로 하는데, 선정 및 신고한 인원수가 8인이 넘으면 관할 선관위가 추첨으로 투표참관인을 지정한다. 다만 참관인 선정이 없거나 선정 및 신고한 인원수가 4인에 미달하면 관할 선관위가 해당 투표구를 관할하는 구·시·군에 거주하는 선거권자 중에서 본인의 승낙을 얻어 4인에 달할 때까지 투표참관인으로 선정한다.

선거구에 출마한 후보자가 8인을 초과할 경우 후보자별로 1인씩 우선 선정하고, 그중에서 추첨으로 8인을 지정한다. 후보자가 8인 미만이지만 선정 및 신고한 인원수가 8인을 넘으면, 후보자별로 1인씩 선정한 자를 지정한 후 나머지 인원은 추첨으로 지정한다. 후보자 등이 투표참관인 교체를 원하면 관할 선관위, 선거일에는 투표소에 신고하고 교체할 수 있다.

투표관리관은 필요할 경우 투표참관인을 교대로 참관하게 할 수 있으며, 정당·후보자별로 참관인 수의 2분의 1씩 교대한다. 또한, 투표참관인의 정당한 시정 요구를 수용한다. 투표참관인은 투표소 안에서 발생한 사고를 촬영할 수 있으나, 선거인에 대한 질문, 투표 방해·간섭·지연, 특정 정당·후보자에 대한 지지·반대 권유를 비롯한 선거에 영향을 주는 행위를 할 수 없다.

투표참관인과 사전 투표참관인은 수당 4만 원(식비 별도)을 받는다. 교체 시 6시간 이상 출석해야 한다. 정당·후보자가 선정한 투표참관인은 불참해도 처벌규정이 없으나, 선관위가 선정한 투표참관인은 정당한 사유 없이 불참하거나 게을리하면 100만 원 이하 과태료에 처해진다. 대한민국 국민이 아닌 자, 미성년자, 공무원, 후보자와 배우자 등은 투표참관인이 될 수 없다.

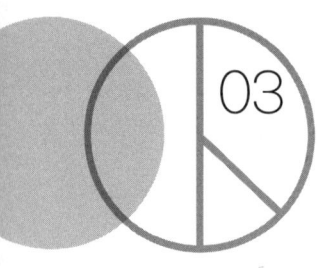

03 미디어를 위한 선거캠프 세팅

투표 종료와 선거 결과 발표 시점에 후보자를 취재하려는 미디어가 몰릴 수 있다. 주로 당선인에게 쏠리는 관심이 압도적인데 TV에 잠깐 비치더라도 선거캠프 내부 상태를 신경 쓰지 않을 수 없다.

당선인의 이미지를 강조하고, 취재진의 편의를 보장하며 조직적이고 전문적인 선거캠프의 모습을 기획하는 것도 후보자의 향후 정치 일정을 위해 간과할 수 없는 요소다.

먼저, 후보자가 마이크를 잡을 수 있는 공간, 취재를 위해 필요한 공간을 방송사 측과 상의해서 조율한다. ENG^{electronic news gathering} 카메라 자리 배정은 공보팀 입장에서 매우 예민한 문제다. 보통은 취재 요청이 들어온 순서와 영향력 등을 고려해서 우선 위치를 제공한다. 방송국에서 송출차량을 보내올 경우 사전에 건물관리인을 통해 전압 등을 확인해야 한다.

　주 출입구 맞은편 넓은 벽면 쪽으로 복수의 대형 TV를 배치한 뒤 되도록 취재 나온 방송사 위주로 채널을 세팅한다.

　TV 쪽 좌석 앞줄 중앙부는 후보자와 배우자, 선대위원장(선대본부장), 고문, 자문 등 핵심 인사들이 앉도록 하고, 주변으로 남녀노소를 두루 배치한다. 좌석을 무조건 많이 만들 필요는 없다. 영상 카메라에 가득 찰 수 있는 정도로 배정하고 허전하지 않게 채우자.

　취재 편의를 위해 프레스존press zone(취재구역)을 설치한 뒤 기자 외에는 앉지 못하도록 한다. 후보자의 모습이 시각적으로 잘 보이는 곳에 설치하고, 인터넷과 전기가 잘 제공될 수 있도록 한다. 사전 연락 없이 불쑥 찾아와서 타 언론사가 미리 선점한 자리를 차지한 영상 기자들을 설득해서 자리를 조율하는 것은 생각보다 큰일이다. 경험이 많은 공보팀장이 역할을 해야 한다.

　이기는 선거캠프라면 처음 보는 사람들이 후보자와 온갖 인연을 들먹이며 좌석을 차지하려고 할 것이다. 이에 대해 미리 대비해놓고 있어야 한다.

　휴대폰을 셀카봉 같은 장대에 높이 장착한 뒤 '라이브 중계'를 이유로 기자단과 자리를 경합하는 유튜버도 많아졌다. 이들은 일반 언론과 달리 균형을 지키지 않으면서 기여도를 주장하며 목소리를 높이는 경우가 많다. 처음부터 언론과 공간을 분리하자.

음향이나 영상 시스템은 넉넉하게 구축한다. 이기든 지든, 후보자가 소감을 발표하는데 마이크가 계속 끊기거나 조명이 부족한 일이 발생하지 않아야 하기 때문이다.

선거캠프가 실시간으로 방송하는 라이브 스트리밍은 카메라 위치와 화면을 미리 세팅하고, 후보자를 잘 비출 수 있는 앵글을 선점한다. 물론 영향력이 큰 방송사가 요청한다면 기꺼이 자리를 양보할 수도 있어야 한다.

21장
선거 분석과
향후 행보 수립

이겼든, 졌든 간에 선거 결과에 대한 분석은 필수적이다. 중앙당의 전략과 선거 분석이 해당 지역에서도 유효했는지, 지역 유권자의 실제 필요와 요구는 무엇이었는지, 경쟁했던 선거캠프 전략의 장단점과 그에 대한 우리 선거캠프의 대응은 적절했는지를 평가한다. 이후 백서를 만드는 과정에서 중요한 점은 감정에 휘둘리지 않고, 객관적인 사실에 근거해서 냉철하게 분석하는 것이다.

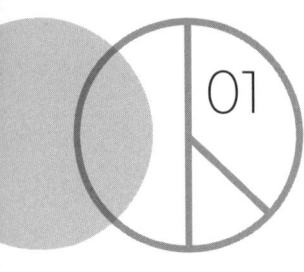

01 결과 분석과 피드백을 위한 백서 만들기

 선거가 끝났다.

 이겼다면 세상을 다 가진 듯하고 지나가는 사람 하나하나가 다 반갑다. 선거캠프에도 여전히 인파가 몰린다. 먹을거리는 수북이 쌓이고, 논공행상論功行賞에 대한 기대감도 높다.

 반대로 졌다면 텅 빈 선거캠프에 버려진 문서와 쓰레기들만 가득하다. 지나가는 지역주민이 예뻐 보일 리도 없다. 그래도 하루이틀 쉬었다면 향후 행보를 위한 준비를 다시 시작하자.

 선거캠프 해산 전에 선거 운동을 통해 배운 교훈과 경험을 바탕으로 향후 행보에 반영할 백서를 준비하자. 간단한 리포트도 좋다. 선거는 단순히 당락을 가르는 이벤트가 아니다. 그 과정을 통해 경험과 통찰을 축적하고, 미래의 정치 역정을 준비하는 과정이다. 형식에 구애받지 말고, 선거에 대한 전체적인 평가와 주요 명단, 일정, 연설문, 보도자료, 사진 등 콘텐츠를 정리한다.

승리한 선거캠프의 백서에는 주요 데이터(유권자, 성별·연령대, 투표율, 성향 등), 팀·캠페인별 역할과 기능(전략, 메시지, 공보·홍보, 미디어, 조직, 유세 전략 등), 지역별 이슈 공략, 당선인의 리더십과 선거캠프 내 팀워크 평가, 주요 위기국면 분석 및 유권자 반응(위기관리 성과 등), 지역사회 협력 및 주요 커뮤니티와의 소통, 교훈과 지속 가능한 전략 등을 담는다.

낙선한 선거캠프 백서에는 포스트모텀postmortem 기법을 동원해서 패인 분석(유권자 불만, 메시지 효과, 후보자 이미지, 선거캠프 내·외부요인 등), 소통 분석(메시지 전달력과 온·오프라인 캠페인 관리), 조직력과 팀워크(팀 내부의 문제와 비효율성 분석), 중앙당 공약의 지역 효율성, 공보·홍보·대언론 정책의 실효성, 회복 전략 및 향후 정치 행보 계획을 정리한다.

공통으로 선거백서에는 출마 결심, 지역 분석, 선거 기획, 캠페인 진행과정과 단계별 자료를 수집 및 평가하고, 여론 동향과 지역별 공약 등을 분석해 넣는다. 현장 반응이 좋았던 전략과 실패한 전략, 그리고 유권자 평가를 정리하고, 맞춤형 전략을 도출한다. 이뿐 아니라 선거 도중 발생한 위기와 갈등, 수습과정을 통해 얻은 깨달음을 정리해서 다음 선거와 상위 전략, 방향성을 재정립하는 데 활용한다.

일반적으로 공식 선거 기간이 시작되고, 팀별로 주요 업무가 마무리되는 시점에 자료를 취합하기 시작한다. 경험 많은 운동원은 선거 초반부터 백서용으로 제출할 목록을 정리한다.

  백서를 실제 책자로 출판할지, PDF로 만들어 온라인에서 다운받을 수 있게 제작할지는 승패와 상황에 따라 정리한다. 제작한 백서는 팀 내부뿐만 아니라 후보자와 관련자들에게 공유할 수 있어야 한다.

02 당선인, 낙선인이 해야 할 일

선거가 끝났으면 당선인은 당선사례當選謝禮, 낙선인은 낙선사례落選謝禮를 제작해서 내건다. 플래카드는 읍·면·동별 2장인 선거법을 적용하지 않지만 보통은 절반 정도 게첩한다. 온라인 메시지의 경우 소셜 미디어를 통해 웹자보나 짧은 문구로 전한다. 화려한 글재주나 윤문은 이번에도 필요 없다. 진솔하고 짧은 메시지로 사의謝意를 전하고, 지역을 위한 봉사를 다짐한다.

선거에서 승리했다면 당선인은 하루 정도 만끽한 뒤 다음 날부터 책임감 있는 모습으로 전환해야 한다. 자신의 정치적 비전과 공약 실현을 위한 구체적인 로드맵을 설정하고, 선거과정에서 유권자와 약속한 정책을 이행하려는 모습을 보여야 한다. 나아가 낙선인과 협력 가능성을 타진하고, 반대파의 의견을 수렴하며 상대를 지지한 표심을 끌어안기 위한 행보를 시작한다.

당선인은 일관성을 유지한다. 핵심 참모진과 함께 취임 후 업무를 파악하고, 다음 선거를 위한 준비를 시작한다. 선거 도중 만났던 유권자를 다시 만나서 감사를 표하고, 민원을 해결하려는 의지를 확인한다. 또한, 새로운 유권자그룹과 관계를 모색하고 이 과정에서 정치적인 성숙함을 보이도록 한다. 확장성을 발휘할수록 향후 정치적 기반이 공고해지기 때문이다.

낙선인도 마찬가지다. 충분한 시간적 여유를 갖고 선거과정에서 만난 이들을 재방문하고, 민원 해결을 위해 중앙정치권과 지역사회 네트워크를 동원한다. 비록 낙선했더라도 자신의 공약에 대한 책임감을 갖고 실현하기 위해 노력해야 한다. 낙심한 당원들과 지지자를 위로하고 당의 발전을 위해 마음을 모으는 데 주력한다. 미래 선거를 위한 새롭게 출발해야 한다.

마지막으로 소송 거리를 남기지 말자. 선거과정 전체를 관통하는 말이다. 선거 도중 발생한 정치적 갈등은 재론의 여지 없이 선거 직후 깔끔하게 마무리하는 게 최선이다.

단, 법적 분쟁은 향후 행보에 영향을 줄 수 있다. 모든 과정에서 법과 규정을 준수하면서 합법적이고 투명한 방식을 고수해야 한다. 되도록 소송이나 논란을 피하고, 통합적인 행보를 보이는 것이 중요하다.